종이에 깃든 아름다움,

선지 宣紙

宣纸之美　赵焰 著

Copyright © 2021 by Anhui Literature & Art Publishing House
Korean copyright © 2025 by Minsokwon Korea
Korean edition is published by arrangement with Anhui Literature & Art Publishing House
ALL RIGHTS RESERVED

이 책의 한국어판 출판권은 Anhui Literature & Art Publishing House(安徽文藝出版社)와의 독점 계약으로 한국 민속원에 있습니다. 저작권법에 의해 한국 내에서 보호를 받는 저작물이므로 민속원과 협의없이 무단전재와 무단복제를 금합니다.

중국학
총서
22

자오앤趙焰 지음
뤼이쉬앤呂翌炫 · 한정은韓正恩 옮김

종이에 깃든 아름다움,
선지宣紙

민속원

서문

강남江南,
강남江南

원대 화가 황공망黃公望의 부춘산거도富春山居圖(부분)

황공망黃公望의「부춘산거도富春山居圖」, 이 한폭의 그림이 바로 강남이다.

강남의 아름다움을 회상할 때, 그 정경을 가장 생생하게 묘사한 문장은 남조南朝 문학가 구지丘遲가 쓴 열여섯 글자로 된 유명한 싯구일 것이다.

모춘삼월暮春三月, 늦은 봄 3월
강남초장江南草長, 강남에는 풀이 길게 자라고
잡화생수雜花生樹, 온갖 꽃들이 나무에 피어나고
군앵난비群鶯亂飛, 꾀꼬리들이 노니는구나.

고개지顧愷之가 회계會稽(오늘날의 절강성 소흥)에서 돌아온 후, 사람들이 그곳의 산천 경치에 대해 물었을 때, 그는 이렇게 대답했다.

원·황공망黃公望 부춘산거도富春山居圖(부분)

'천암경수千巖競秀, 수많은 바위가 빼어남을 다투고

만곡쟁류萬壑爭流, 수많은 골짜기 물이 다투어 흐르며

초목몽롱기상草木蒙籠其上, 풀과 나무가 그 위를 덮고 있는 것이

약운흥하위若雲興霞蔚 구름이 피어오르고 노을이 가득 한 것 같다.

아직 부족하다 여겨진다면, 동시대 또 다른 문학가인 도홍경陶弘景의 『답사중서서答謝中書書』가 그 부족함을 메워 줄 것이다.

산천지미山川之美, 고래공담古來共談.

산천의 아름다움은, 예로부터 얘기해 왔으니.

고봉입운高峰入雲, 청류견저清流見底.

높은 봉에 구름이 들고, 맑은 물은 바닥이 보이고,

양안석벽兩岸石壁, 오색교휘五色交輝.

양안의 석벽은, 오색으로 빛나며.

청림취죽青林翠竹, 사시구비四時俱備.

푸른 숲 파란 대는, 사계절 변함이 없네.

효무장헐曉霧將歇, 원조난명猿鳥亂鳴,

아침 안개 사라지려니, 원숭이와 새들 어지러이 울부짖고,

석일욕퇴夕日欲頹, 침린경약沈鱗競躍.

저녁 해 지려하니, 물 속 고기 다투어 뛰논다.

실시욕계지선도實是欲界之仙都

실로 인간계의 선도로구나.

구지丘遲, 고개지顧愷之와 도홍경陶弘景이 모두 아름다운 경어景語로 강남의 산수화를 그려냈다.

강남은 처음에는 지리적 개념이었다. 한나라漢 이전, 강남은 전국 시대 이전의 초나라楚와 오나라吳때까지 장강 중하류 일대의 남부 지역을 가리켰다. 당나라唐 때에 강남도江南道를 설립했는데 이는 지방 감찰 지역 개념이며 행정 구역 개념이 아니었다. 설립 목적은 광대한 강남 지역을 순찰하고 감독하는 것이었다. 송나라宋에 이르러 강남로江南路로 변경되어, 강남동로江南東路와 강남서로江南西路 두 부분으로 나뉘었다. 명나라明때부터 그 중 일부 지역을 남직례성南直隸省이라는 행정 구역으로 변경했으며, 청나라淸 초기에는 강남성江南省으로 다시 바뀌었다. 일부 논란이 있긴 하지만, 강남의 대략적인 범위에는 현재 장쑤성江蘇省에 속하는 난징南京·쑤저우蘇州·우시無錫·창저우常州·진강鎭江, 상하이上海전체, 저장성浙江省의 항저우杭州·후저우湖州·자싱嘉興·사오싱紹興, 안휘성安徽省의 우후蕪湖·마안산馬鞍山·황산黃山·선성宣城·츠저우池州·퉁링銅陵지역 그리고, 푸젠성福建省·장시성江西省이 포함된다. 그리고 후난성湖南省과 후베이성湖北省의 남쪽 지역과 쓰촨四川동남부와 구이저우貴州 동북부의 일부 지역도 포함된다.

'고목이 된 등나무, 마른 덩쿨, 까마귀'가 있고, '작은 다리, 흐르는 시냇물, 사람 사는 집'도 있다(원대 시인 마치원의 〈천정사·추사〉에 나오는 싯구-역자주) 강남은 우아하고 부유하며 세련되고 완곡하다. 강남은 재기가 넘치고 장인정신이 독특하다. 강남의 문화는 정취가 가득하다. 강남은 물산이 풍부한 어미지향魚米之鄕, 부드럽고 감미로운 오방언(강남 특유의 사투리-역자주)의 땅이다. 매자황시우梅子黃時雨(매실이 노랗게 익을 때 내리는 장맛비), 기묘하게 구부러진 투명한 돌, 푸른 연꽃과 찹쌀 경단, 치자화, 재스민, 백목련, 웅어, 준치, 복어의 장강삼선長江三鮮, 녹차, 홍차, 백차, 취죽, 갈대, 수양버들, 월정, 돌다리, 수구, 정원, 호수, 사오싱주, 용정차, 삿갓 쓴 늙은이, 유지 우산, 미간채, 소금에 절인 오리알, 명주달걀고둥, 화이양 요리… 이 모든 게 강남이다.……

강남은 하나의 풍경이자 인상이며, 하나의 스타일이자 질감이다.

물질적 풍요로움을 넘어서는 품격과 기질이다. 강남은 경쾌하고 온화하며 섬세하고 은둔적이다. 유순하고 산만하며 고전적이면서도 개방적이다. 유연하되 강인하며, 섬세하고 작고 맑다. 우아하고 정교하며, 풍요롭고 편안하다. 수려하고 점잖으며, 세상사에 초연하고 소탈하다.

강남은 재자가인才子佳人의 고장이다. 남녀를 막론하고 모두 청아하고 재기가 있다. 남자는 학문이 깊고 호방하며, 지혜롭고 개방적이다. 여자는 용모가 단정하고 온화하며 우아하되 강인하다.

강남은 하나의 생활과 문화 방식이기도 하다. 청삼 두루마기靑衫長袍·수양버들 가는 허리楊柳細腰·화류가煙花柳巷·양주소마揚州瘦馬, 서원書院·시사詩詞·곤곡崑曲·평탄評彈·원림園林·용천검龍泉劍·목연희目連戲·문인화文人畵·장서각藏書樓……

강남은 내면의 정신이기도 하다. 뼛속 깊이 파고드는 기질, 일거수일투족에 드러나는 정신과 품격, 고개를 돌려 생긋이 웃는 아름다움과 멋스러움이 있다. 서로 다른 세월 속에서, 사람들은 저마다 세상에 나와 학문을 쌓고 기량을 익히고 성품을 만들어 가며 산다. 관련한 처지는 더 이상 중요하지 않다. 일부의 인식은 뼛속에 숨겨져 독특한 잠재 기억으로 남아 풀리지 않는 수수께끼가 된다. 강남에는 기억도 감추고, 풀리지 않는 수수께끼도 감추고 있다. 기억이 많아지고 수수께끼가 많아지고 아름다운 것들이 쌓이면 심성이 자연스럽게 변하고 기질도 깊어진다.

강남은 또한 중국 문화의 극유極柔와 극강極剛이 결합된 표현이다. 중국 문화가 내포하는 지혜, 합리성, 선진성, 상상력, 창의력, 문화력 및 실사구시實事求是의 정신 중 가장 중요한 부분이라고 할 수 있다. 강남은 겉은 부드럽고 화려하지만, 그 안에는 꿋꿋한 성품이 있어 종종 예상치 못한 느낌을 준다. 기고만장한 몽골 제국이 남송을 정복하는 데 거의 50년이 걸렸다. 강남은 문화적으로 여리지 않다. 북방에서 온 거의 모든 침략이 이곳에서 가장 치열한 저항을 만났다.

강남 문화는 줄곧 하늘 끝 차가운 달빛이었을 뿐, 찬란한 채운彩雲이 되지는 못했다. 오랜 세월 주류에 기대는 걸 어려워했고 중심적인 위치를 차지하는 것도 어려워했고 리더십이 되는 건 더 어려워했다. 여기에는 의존적일 수밖에 없는 지리적 특징, 권력의 기울기, 전통적인 관성, 그리고 문화적인 편견이 있다. 북방의 문화에는 중정中正(치우치지 않음-역자주)과 보수적인 성향, 욕심없는 굳건한 기질이 있고, 현상을 유지하면서 닥쳐올 변화에 적절히 대처하는 포용력 그리고 어느 정도의 독단적 행동력도 있다. 강남의 문화는 생동감 있고 지혜로우며 부드러우면서도 강직하다. 하지만 대개는 소심하고 유약해서 냉병기 시대의 거친 폭력성을 견제할 힘이 부족해 보인다. 또한, 중원 유가 문화의 건설성과 구조성에 비해 남방은 도가적인 자유와 은둔을 강조한다. 강남을 포함한 강남의 문화가 결국 종묘宗廟에 오르지 못하고, 옆길로 빠져 수의야행繡衣夜行(수놓은 옷을 입고 밤길을 걷는다는 뜻으로, 영광스러운 일을 남에게 알리지 않음을 뜻함-역자주)하며 중국 문화의 일렴유몽一簾幽夢(헛된 꿈-역자주)이 되었다는 것은 놀랄 일이 아니다.

강남 깊숙한 곳에 환남皖南이 있다. 이곳에는 '천하제일기산'인 황산이 있으며 구름과 노을이 피어오르는 신비하고 고요한 영산 구화산九華山, 그리고 아름답고 기이한 산봉우리가 첩첩이 둘러싸고 있는 제운산齊雲山이 있다. 산맥이 끊임없이 이어져 있고, 때때로 구릉이 있고 평원이 있다. 산들이 서로 둘러싼 가운데, 신안강新安江은 동쪽으로 흐르고, 청익강青弋江과 창강閶江이 각각 북쪽과 서쪽으로 흐른다. 병풍처럼 둘러싸고 있는 산, 구불구불 잔잔히 흐르는 강, 그 속에 가벼운 돛배가 비스듬히 그림자를 드리우고 있다. 청익강도 신안강도 모두 '달빛이 흐르는 강'이란 의미를 가지고 있다. 이 강들은 산의 장벽을 열고 산 안팎을 연결하며, 양안의 땅을 생동력있고 창의적인 힘으로 가득 채우고 있다. 강물은 대지의 영혼처럼 소리 없이 흘러가는데, 가까이에 있는 산은 한껏 푸르고 먼 산은 한층 검은데 사람은 더욱 아름답다.

　　강남에서 가장 뛰어난 곳은 환남의 황산이다. 황산은 우산대처럼 환남을 받치고, 환남은 거북이 등처럼 강남을 떠받친다. 황산은 수십 킬로미터에 걸쳐 이어지며, 일명 칠십이봉七十二峰으로 불린다. 기송奇松, 괴석怪石, 운해雲海, 온천溫泉은 '황산 사절黃山四絶'로 불린다. 당나라 시인 이백李白은 이 장려한 산천을 유람한 후 '황산사천인黃山四千仞, 삼십이연봉三十二蓮峰. 단애협석주丹崖夾石柱, 함담금부용菡萏金芙蓉'이라는 시를 지어 황산을 하늘에 있는 금빛 연꽃에 비유했다. 명나라 지리학자 서하객徐霞客은 황산을 유람한 후 깊이 감탄하며 말했다. '천하에 안휘의 황산만한 산이 없고 황산에 한 번 오르면 천하에 볼만한 산이 없다! (薄海內外無如徽之黃山, 登黃山, 天下無山, 觀止矣!)' 또 누군가는 황산에 대해 이렇게 말했다. 많은 산들이 산 밖에서 보면 아름답지만, 산 속에 들어가면 별 것 아닌 경우가 많다. 하지만 황산은 그렇지 않다. 황산은 산 밖에서 보면 아름답고 산 속에 들어가면 죽 잇대어 있는 짙푸른 산봉우리들이 한 층 더 아름답다. 초봄에는 구름 속에 꽃이 피어 골짜기마다 향내가 가득하고, 한여름에는 첩첩한 짚푸른 숲에 폭포가 울려퍼지고, 가을에는 단풍잎이 겹겹이 숲을 붉게 물들이고, 한겨울에는 천지가 눈에 덮혀 옥과 얼음으로 조각된 듯한 풍경이 펼쳐진다. 황산의 아름다움은 봄, 여름, 가을, 겨울 계절마다 다르고, 추위와 더위가 바뀔 때마다 다르며, 비바람과 천둥과 번개의 풍경이 다르며 또한 낮과 밤의 풍경이 다르고 심지어 순간마다 다르다.

환남皖南(중국 안후이성 남부)의 하늘과 땅은 드넓으며, 산은 높고 물은 멀다. 사방을 둘러봐도 끊임없이 이어지는 경치가 끝간데 없이 광활하게 펼쳐져 있다. 독립적이면서도 연결되며 서로의 배경이 되고 서로를 돋보이게 한다. 일반적으로, 산이 없는 물은 기복이 없어 비교적 평범하며, 물이 없는 산은 단지 우뚝 솟아 있을 뿐 영혼이 없다. 산수가 없는 풍경은 영혼과 활기가 부족하다. 하지만 환남은 산도 다르고 물도 다르다. 환남의 산은 천하에 제일로 꼽힐 만큼 험준하면서도 신선한 기운이 넘친다. 수려하고 초월적이며, 몽환적이고 특별하다. 황산黃山, 구화산九華山, 제운산齊雲山 외에도 경정산敬亭山, 선우산仙寓山, 고우강牯牛降, 청량봉清涼峰 등이 있다. 이 산들이 개별적으로 모습을 드러낸다면 동남평야를 갈아 엎고도 남았을 것이다. 하물며 한 곳에 이렇듯 모여있으니 말해 무엇하겠는가. 물은 또 어떤가. 어느 곳의 물이 이렇게 맑고, 날렵하고, 경쾌하고 매력적일까? 환남의 시냇물은 사방으로 흘러 장강長江과 전당강錢塘江으로 흘러들며 강남을 촉촉히 적신다.

환남皖南의 마을과 건축도 특이하고 아름답다. 그것은 밝고 우아하며 고요하다. 간결하지만 조형미를 잃지 않으며, 안정적이면서도 독특하고, 의도적이지만 대담한 느낌을 준다. 환남의 민가는 법천상지法天

象地(서유기에 나오는 둔갑술-역자주)라 할만큼 다양하면서도, 자연에 대한 존중과 경외심을 품고 있다. 건축 개념에 있어, 하늘·땅·물을 무엇보다 신성시한다. 하늘은 거대하고 끝없는 지붕처럼 산을 감싸고 있고, 세속적인 공간인 인간세계는 자연공간인 땅과 물에 대한 경외심으로 땅과 물을 존중하고 순종해야 한다. 이러한 이유로 환남에서는 기본적으로 집의 높이가 인근의 고목보다 높아서는 안 되며, '하늘'에 맞설 수도 지형을 마음대로 바꿀 수도, 강의 흐름을 마음대로 바꿀 수도 없다. 이러한 철학적 관념으로 환남의 마을은 지리와 강물의 요소를 최대한 활용하기 때문에 건축의 외관은 소박하고 담백하다. 환남皖南건축은 독창성과 창의성을 가지고 있다. 독특한 산벽 형태, 밀접하게 통합된 천정, 독특하고 변화무쌍한 들보 구조, 고풍스럽고 우아한 실내 장식, 그리고 분벽대와粉墻黛瓦(흰색 벽에 짙은 회색 지붕-역자주)가 있다. 고저가 뒤섞인 오층벽이나 마두벽馬頭牆은 마치『고산류수高山流水』선율처럼 기복이 있으면서도 고요하고 평화로우며, 멀리서 보면 마치 도화원(무릉도원)을 보는 것 같다. 동진東晉의 시인 도연명陶淵明은 40세 때, 팽택현彭澤縣에서 현령을 지냈는데, 팽택은 지금의 환남皖南과 멀지 않다. 천성적으로 성정이 평온했던 도연명은 공무를 마친 후 산수에 의지하여 여기저기 돌아다니는 것을 좋아했다. 따라서, 그의 붓 끝에서 탄생한 무릉도원은 아마도 자신이 본 환남皖南의 산수를 바탕으로 떠올린 정경이었을 것이다. 도화원에서는 모든 것이 자연스럽게 이루어진다. '토지가 평탄하고, 집이 단정하며, 좋은 농지와 아름다운 연못, 뽕나무와 대나무가 있다. 길이 교차하고, 닭과 개의 울음 소리가 들린다'라는 싯구는 '한漢도 모르는데 위진魏晉을 어찌 알랴'하는 느낌마저 들게 한다. 도화원이 어디에 있는지 항상 수수께끼였다. 도연명은 시인이고,

『도화원기桃花源記』는 문학 작품이며, 도화원은 실제 장소가 아니라 상상의 공간 유토피아로, 농경 시대의 생존에 대한 사람들의 이상을 대표하고 있다. 환남皖南에서는 서로 잇대어 의지하고 있는 산과 물, 소박하고 화목한 마을 모든 것들이 시적 서정성이 넘치는 도화원이라고 할 수 있다.

환남皖南은 시나 그림처럼 아름다울 뿐만 아니라 생생한 맛도 있다. 산봉우리의 맛, 땅의 맛, 강물의 맛, 솔숲의 맛, 대나무의 맛, 푸른 풀의 맛, 벼의 맛, 안개의 맛, 연기의 맛…… 이 향기로운 맛들이 사람을 황홀하게 하고 동시에 든든함을 가져다 준다. 맛은 또한 깨우는 기능을 가지고 있어, 풍경을 깨우고, 땅을 깨우고, 마을을 깨우고, 시간을 깨운다. 맛을 보면서 어느 시절을 떠올리곤 하는데, 그것은 맛이 기억을 일깨우는 것이다. 어떤 사람들은 이렇게 말한다. 한 곳을 진정으로 이해하려면 그곳 사람들의 성격을 이해하고, 그들의 기쁨과 슬픔을 알고 싶다면 그곳을 걸으며, 산과 물을 보고, 그곳의 맛을 보는 것이 가장 좋다. 이렇게 하면 그곳에 대한 깊은 이해를 갖게 되고, 그곳 산과 물의 영성이 당신의 골수 속으로 스며들게 된다. 맛이 그렇게 신비롭게 사람의 몸속으로 스며들 때, 기억도 함께 스며든다. 이곳에서 많은 일류 인물이 나오는 것도 놀랄 일이 아니다. 산과 물의 맛은 그렇게 순수하고 풍부하다. 이곳에서 사는 사람들의 영혼 속에 산과 강의 영기와 너그러운 심성이 베어 있을 수 밖에 없다.

환남皖南은 참으로 하늘이 내린 아름다운 땅이다. 아름다운 풍경 뿐만 아니라 내적인 아름다움도 구현하고 있다. 만약 헤겔이 말한 '이념'이 실제로 존재한다면, 환남皖南의 산수는 분명 '이념'의 모방적 구현, 절대적인 미의 구현일 것이다. 이곳의 많은 것들은 시간과 세월의 흔적, 송명宋明의 유풍을 품고 있다. 산도 송명의 산이고, 물도 송명의 물이며, 풍경도 송명의 풍경이고, 사람들도 송명의 모습이다. 마른 체격에 기품이 있으며 어려운 방언으로 말을 한다. 강 위의 아치형 돌 다리에 서서 풍경을 보고 있노라면 불현듯 송명 시대로 바뀐다. 사람들이 조각된 난간에 기대어 당신을 바라보는 순간도 부지불식간에 송명 시대가 된다. 흐르는 물도 시간의 파동을 일으키며 어느새 몽환속 송명이다. 환남皖南에서는 나날들이 부드러운 바람과 세밀한 비 속에서 천천히 펼쳐지며, 안개에 휩싸인 산들은 오래된 몽환 속에 잠겨 있다. '흰 구름 속 선경'이자 도화원 속이다. 이곳에서 사람들은 유유히 해 뜰 때 일하고 해 지면 쉰다. '물 다한 곳에 이르러, 구름 일어남을 앉아 바라보네.'

지리와 문화적인 측면에서 볼 때, 현재의 환남皖南, 즉 선주宣州, 휘주徽州 및 지주池州의 일부 지역은 실제로 하나의 통합체로, 중국 문화의 여러 특성들, 유교, 불교, 도교, 세속 문화가 '사위일체'를 이루며 집중적으로 드러낸다. 황산과 제운산은 도가의 웅장함과 초월적 자유로움을 품고 있는 도가의 산이다. 구화산은 불교의 포용과 지혜를 나타내는 불교의 산이다. 산 아래의 휘주, 선주, 지주는 유가의 진취적이며 세속적인 따뜻함을 가지고 있다. 농경 시대에 이 지역은 문화와 부의 상대적 풍부함으로 인해 다방면으로 발전의 표준이자 모범이 되었다. 특히 주목할 만한 것은, 남송 이후 환남皖南사람들이 산을 벗어나 동남부의 발달된 상업지역으로 용감히 들어갔다는 점이다. 큰 부를 이룬 후, 멀리 떠났던 이들이 금의환향할 때 외지의 우수한 설계사와 장인을 데려왔다. 그들은 장강, 신안강, 청익강, 수양강, 추포하를 따라 올라가며 땅을 사서 마을과 민가, 사당, 서원, 다리, 정자를 짓고, 자신들만의 정교한 '도화원'을 만들었다.

　아름다운 마을들이 바로 선휘宣徽상인들의 재력에 힘입어 환남의 산과 강 사이에 바둑알처럼 조밀하게 형성되었다. 처음 환남皖南을 방문하는 외지인들은 대개 많은 부유한 저택들이 이런 외진 청산녹수 속에 숨어 있다는 사실에 크게 놀란다. 각각의 마을 규모, 풍수를 중시한 설계, 자연스러운 전체 배치는 일반적인 재력으로는 도달하기 어려운 수준이기 때문이다. 환남皖南에서는 인구가 천여 명이 넘는 마을들과 저택들이 즐비하고, 웅장한 사원들이 곳곳에 있다. 거의 모든 집에 섬세한 '삼조三雕(목조각, 석조각, 전조각)'의 가구와 장식, 서화 그리고 값비싼 보물들이 있다. 화려함, 세련됨, 품격의 배후에는 강력한 실력과 아름다운 삶에 대한 동경이 있다. 확실히 말할 수 있는 것은, 휘주부徽州府상인들, 영국부寧國府상인들, 지주부池州府상인들이 없었다면 환남皖南의 아름다운 마을들도, 환남皖南사람들의 부유하고 안정적이며 세련된 삶도 없었을 것이다.

　부유한 땅에는 반드시 문화가 존재하며, 문화의 땅에는 반드시 내적 정신이 담겨 있고, 상응하는 상징이 있다. 그래서 중국 문화의 상징적인 도구인 '문방사보文房四寶'가 강남江南에서, 특히 환남皖南에서 생산된 것은 놀랄 일이 아니다. '문방사보'란 통상적으로 선지宣紙, 휘묵徽墨, 단연端硯, 호필湖筆을 말한다. 단연(벼루)만 광동에서 생산되고, 나머지는 모두 강남에서 생산된다. 선필宣筆의 오랜 역사와 흡연歙硯의 뛰어난 품질을 고려한다면, 환남皖南이 '문방사보'의 고장이라고 해도 과언이 아니다. 왜 환남皖南에 이렇게 영성이 넘치는 '문방사보'가 있을까? 그것은 물화천보物華天寶(자연의 보물, 진귀하고 귀중한 사물-역자주), 인걸지령人傑地靈(걸출한 인물이 나면, 그 지방도 그로 인해 이름이 난다는 뜻-역자주)이 적절히 어우러진 결과일 것이다. 또한 수많은 기회의 결집, 운명적인 하늘의 뜻일 수도 있다. 풍우뢰전風雨雷電, 산하초목山河草木, 조수충해鳥獸蟲豸 모두 변화무쌍한 하늘의 뜻일지 모른다. 이렇게 많은 신비한 힘이 감춰져 있다면 그것으로 충분하지 않을까? 이곳을 방문한 사람이라면 누구나 발견할 것이다. 최고의 '문방사보'가 환남皖南에서 집중적으로 생산되는 것은 당연한 일이다. 영험하고 아름다운 땅에는 반드시 그럴 만한 이유가 있으며, 문화가 번성하는 땅에는 반드시 그에 따른 번영이 있다. 산천의 아름다움은 필묵지연筆墨紙硯(붓, 묵, 종이, 벼루)로 묘사해야 하며, 세도인심世道人心도 필묵지연으로 묘사해야 하고, 금수문장錦繡文章 역시 필묵지연으로 묘사해야 한다.

　　강남의 영혼이 그렇게 푸른 산과 물의 표면을 따라 흐르며, 산과 강을 지나, 풍물을 지나, 마을을 지나, 도시를 지나, 가볍고 무형의 형태로 만물에 스며든다. 이는 더없이 신비롭고, 운명적이기도 하다. 필묵지연 '문방사보'의 탄생, 문인화의 부상, 공필에서 수묵으로의 전환, 선지의 '천하통일天下統一' 모든 것이 이에서 비롯된 은혜일지 모른다. 그것들은 기회의 만남을 통해 아름다움과 사명, 예술, 무형으로 변한다. 나는 가끔 생각한다. 그것은 분명 하늘이 이 곳을 특별히 아끼어 '문방사보'를 탄생시키고, 필이 묵을 이끌고, 연의 도움으로, 세상의 아름다움과 신비를 선지 위에 드러낸 것이다.

　　모든 것은 은밀하게 영향을 끼치며, 모든 것은 운명에 의해 정해져 있으며, 모든 것은 서로 흥미롭게 상호작용한다. 강남江南은 예술화된 산수이다. 관조를 거쳐, 감정에 잠겼다가, 미적 세정을 거친 산수이다. 이러한 산수는 인류와 공감하고, 서로의 정신과 영혼이 물과 젖이 섞이듯 온전한 하나가 된다. 이러한 이유로 이곳은 중국의 문화와 정신에 맞는 예술과 표현 형식 그리고 철학적 도구들을 만들어왔다. 또한 이곳은 항상 인문학과 예술의 광휘를 발산하며, 후세 사람들이 방대한 예술 작품 속에서 이곳에 높이 걸린 초승달을 엿볼 수 있도록 만들어왔다. 달빛 속에는 우주의 진리와 별자리의 질서가 있다. 눈을 감고 느낌을 좇아가면 선지宣紙의 특성이 달빛의 특성, 강남의 특성과 맞물린다는 것을 알 수 있다. 그것은 가벼우면서도 깊고, 날아오를 듯 예술적이며, 영적이고 형이상학적이다. 강남의 영혼은 오직 선지로만 표현될 수 있다. 먹물의 깊고 얕은 색상, 교차하는 선들, 은은한 기운, 모호한 풍경, 고귀한 의미를 나타낼 수 있다. 이러한 풍경과 그림은 천연덕스럽고, 운명적인 은총이다.

영국 시인 워즈워스William Wordsworth의 시가 연상된다.

저녁 노을의 잔광에서,
대양과 신선한 공기에서,
푸른 하늘과 인간의 마음에서,
한 가지 힘, 한 가지 정신,
모든 사고가 있는 것, 모든 사고의 대상,
모든 것을 통과하여 움직인다.

선지는 환남皖南에서 탄생한 하늘의 은총이며, 현실, 역사, 미래와의 묵시적인 합의이다. 선지는 기억이며, 인류와 해와 달과 별, 산과 강, 나무와 꽃이 공유하는 기억이다. 그것은 마치 하얀 백로처럼 환남皖南의 들판을 날아다니며, 시간과 공간 위를 비상하거나 하늘의 흰 구름이 되어 날아오른다. 이러한 비상 속에서, 기억은 보존되거나 시간 속에 숨어, 또는 무의식적으로 다른 방식으로 열린다. 산과 강은 끊임없이 흐르고, 인간의 시간은 무한하며, 세계는 넓다. 선지의 사명은 공령정원空靈靜遠(신묘하고 정적이며 원대하다는 의미-역자주)한 방식으로 인간 세상에 아름다운 위안을 제공하는 것이다.

선지는 단순히 단향목이나 논밭의 볏짚만이 아니며, 푸른 하늘과 밝은 달, 맑은 바람, 은은한 산안개, 피어오르는 연기, 나룻배 한 척, 맑은 시내, 백로의 날개, 목련 꽃잎이다. …… 그것은 하나의 감각, 하나의 영성, 하나의 연결, 하나의 도달, 하나의 환상, 하나의 은총, 하나의 해방이다. 그것은 마치 시간과 공간 위에 피어난 연꽃처럼, 구름 위의 아름다움, 자연의 아름다움, 시간과 공간의 아름다움 그리고 하늘과 땅 사이의 질서와 리듬의 아름다움을 선명하게 드러낸다.

차례

서문 강남江南, 강남江南 _ 4

**01.
채륜蔡倫이라 불리는
종이의 신**

1. 식물 종이야말로 진정한 종이 ················· 23
2. 종이의 역사적 경로 ······························ 31
3. 그 옛날의 '고선지古宣紙' ························ 48
4. '징심당지澄心堂紙'의 수수께끼 ················ 56

**02.
서예와 회화의 종이 속
세계**

5. 종이 위의 서예 ···································· 69
6. 『평복첩平復帖』에서 『난정집서蘭亭集序』까지 79
7. 그 아득하고 아련한 그림들 ···················· 95

**03.
이백에서 이욱李煜까지**

8. 이백의 등장 ······································· 107
9. 「오우도伍牛圖」에서 「오마도伍馬圖」까지 ····· 125
10. 이욱李煜과 조길趙佶 ···························· 142

**04.
선지宣紙 선지宣紙**

11. 천조지설天造地設 ································ 159
12. 오직 한 길 ······································· 167

	13. 선지의 종류와 특징 ……………………181
	14. 환남에서, 경현에서 …………………189

05. 선지宣紙의 철학적 정신	15. '천인합일' ………………………………201
	16. 온윤하고 정결하다………………………208
	17. 현묘玄妙와 공령公靈 …………………217
	18. 간결과 평온………………………………228
	19. 붓, 먹, 벼루의 만남……………………242

06. 선지宣紙 위의 문화 풍경	20. 선지宣紙 위의 원나라……………………253
	21. 선지宣紙에 담긴 명나라…………………271
	22. 선지宣紙에 담긴 청나라…………………286
	23. 선지宣紙에 담긴 만청민국晩淸民國 …………309

맺음말 영원한 선지宣紙 _ 328
후기 선지宣紙는 구름 한 조각 _ 338
참고문헌 _ 346

01

채륜蔡倫이라 불리는 종이의 신

1. 식물 종이야말로 진정한 종이

중국의 4대 발명품 중 하나인 제지술은 한漢나라 때 생겨났으며, 이는 마치 운명 내지는 필연적인 것처럼 보인다.

한나라의 유래는 유방劉邦이 이전에 한중왕漢中王으로 봉해진 데서 비롯되었고, 다른 한편으로는 '한漢'이라는 글자의 의미는 물의 흐름이 매우 강하다는 의미이다. 상고 시대에 '한漢'은 한강漢江을 지칭하기도 하고 하늘의 은하수를 의미하기도 했으며, 한강이 넓고 길어 하늘과 직접 연결된다고 여겨졌다.

왕조를 '한'이라고 명명한 것은 천하통일과 웅장하고 광활한 기상을 의미한다. 한나라는 확실히 영토를 확장하고 기초를 다진 시대였으며, 중국의 영토를 크게 확장했을 뿐만 아니라 사회적으로 일련의 정치, 윤리, 풍속 체계를 확립했다. '중국'이라는 개념이 외적으로나 내적으로 모두 공고해졌으며, '한민족漢民族'의 개념도 자리잡았다. 이 위대한 시대에 문자를 담는 매체인 식물 종이가 탄생한 것은 너무나 자연스러운 일이었다.

4대 발명의 정확한 정의로 보자면, 중국은 종이를 발명한 것이 아니라 제지술을 발명했다. '제지술 발명'과 '종이 발명'은 개념적으로 다르다. 오천년 전, 고대 이집트에는 이미 파피루스 라는 종이가 있었으며, 이것이 세계 최초의 종이로 불린다. 파피루스는 제조된 것이 아니라, 종이로 활용된 것이었다. 나일강가에서 무성하게 자라나는 파피루스는 양파처럼 껍질을 벗기면 그 안에는 얇은 층이 있었다. 무거운 물체로 누르거나 두드려서 편편하게 만든 후에는 그 위에 글씨를 쓸 수 있었다. 고대 이집트인들의 최초의 상형문자는 파피루스에 기록되었다.

제지술이 발명되기 전에, 유럽과 중동 사람들은 양가죽을 얇게 벗겨내어 그 위에 글자를 썼는데, 이것을 양피지羊皮紙라 불렀다. 식물 종이와 비교했을 때, 양피지는 비용이 많이 들고 식물 종이만큼 편리하지 않았다. 파피루스와 양가죽은 고대 이집트, 유럽, 중동에서 글자를 쓰는 재료로 사용되었지만, 그 자체가 종이는 아니었다. 마찬가지로, 일부 나뭇잎이 종이의 기능을 가지고 있었지만, 종이라고 부를 수는 없었다. 초기에는 여러 지역에서 나뭇잎에 글을 쓰거나 몇 가지 상징을 그리려고 시도했다. 넓은 나뭇잎은 정보를 전달하는 기능을 가지고 있었고, 돌, 목판, 죽간과 비교했을 때 휴대성도 더 좋았다. 하지만 나뭇잎에 글을 쓰는 것은 표현에 있어서든 보존 면에서든 치명적인 약점을 가지고 있었다.

사람들이 글자를 쓰기 위해 사물을 활용했던 것과 비교해 볼 때, 중국의 제지술은 위대한 발명이라고 할 수 있다. 이 방법은 뚜렷한 산업적 특징이 있었고, 글자를 쓰기에 편리하고 질적인 재료를 생산할 수 있어 인류 문명의 보존, 전승 및 교류에 큰 편의를 제공했다. 문명은 중복적으로 전승될 때만 진정으로 활발한 진전을 이룰 수 있으며, 사회 진행에 더욱 효과적으로 영향을 미칠 수 있다. 이런 관점에서 볼 때, 제지술은 인류의 위대한 발명이었으며, 다른 어떤 제품보다 사회적으로 촉진효과가 컸다.

채륜蔡倫이 식물 종이를 개량하기 전, 사회에는 종이와 비슷한 얇은 조각들이 있었으며, 이는 나중의 종이와 유사했지만 주요 성분은 누에고치실이었다. 현재 중국에서 발견된 가장 오래된 종이는 1986년 감숙성甘肅省 천수시天水市 방마탄放馬灘의 한나라 무덤에서 출토된 서한西漢 지도로, 서한의 문제文帝 또는 경제景帝 시기에 그려졌다. 검증 결과에 따르면, 도면에 사용된 재료는 가장 초기의 마지麻紙, 즉 마류 식물 섬유로 만든 종이였다. '방마탄지放馬灘紙'의 표면은 비교적 완전하고 조밀했으며, 산, 강, 절벽, 길 등이 먹물 선으로 그려져 있고, 그림은 유연하면서도 단호했다. 종이 위에 먹물이 번지지 않는 것으로 보아 당시 종이 제작에 이미 압축 기술이 사용된 것으로 보인다. 『설문해자說文解字』는 '지紙'에 대해 '살자薩苴는 조각의 일종이다. 멱糸에서 유래하고, 씨氏 소리를 낸다'라고 설명하고 있다. 이로부터 '지紙'가 멱糸에서 유래했으며, 멱糸은 '세사細絲' 즉, 뭉친 실과 같은 형태를 가리킨다는 것을 알 수 있다. '지紙'의 본래 의미는 실을 뽑은 후 더이상 실을 뽑을 수 없는 찌꺼기를 물에 녹인 누에고치의 아교질과 함께 건조하여 만든 얇은 조각이었다. 동한東漢의 복건服虔은 『통속문通俗文』에서 '방서方絮를 지紙라 한다'고 했는데, 바로 이러한 종류의 '지紙'를 가리킨다. 1957년, 서안西安 파교灞橋의 한나라 때 무덤에서 발굴된 도기 항아리 안에는 구리 거울이 있었고, 그 아래에는 폐기된 마사麻絲 뭉치가 있었는데, 이는 '파교지灞橋紙'로 명명되었다. 실험을 통해 그 구성이 마과 식물임이 밝혀졌다. 이러한 출토된 종이들은 중국에서 이미 서한 시대부터 식물 종이가 생산되었음을 증명한다. 서한 시대는 마지의 초기 단계로, 종이 생산량이 적고 생산지가 많지 않으며 품질도 뛰어나지 않아 간簡(죽간)과 박帛(얇은 비단)을 대체하지 못했다.

동한東漢 시기에 조정의 주도로 종이 제조업이 빠르게 발전했다. 광무제光武帝 유수劉秀가 나라를 세운 후, 조정에 상서대우승尚書臺右丞과 수궁령守宮令을 두어 인장과 궁중 보관품을 관리하고, 동시에 어용지御用紙, 필筆, 묵墨의 제조에 관한 책임을 맡겼다. 동한 응소應劭의 『풍속통의風俗通義』에는 '광무가 수도를 낙양洛陽으로 옮기고, 소소, 간簡, 지경紙經 등을 총 이천 대나 실어 날랐다'라고 기록되어 있다. 소, 간, 지경은 조정의 중요 문서와 경전을 의미한다. 이 기록은 동한 초기에 종이가 이미 중요한 서면 재료로 자리잡았음을 의미한다. 당시의 종이는 비단과 마의 혼합물로 이루어진 것으로 보인다. 동한 화제和帝 시기, 황후 등수鄧綏는 금은보화보다 오직 종이와 먹을 사랑했다. 채륜이 제지술을 개량한 때가 등태후鄧太后가 집권하던 시기였다.

『후한서後漢書』에 채륜에 대한 대략적인 설명이 기록되어 있다. 그는 계양군桂陽郡(오늘날 호남湖南 뢰양耒陽) 출신이며, 서기 75년에 궁중에 들어가 환관이 되었고, 89년에 중상시中常侍로 승진했다. 그는 궁중에서 필요한 물자를 공급하는 일을 담당했는데, 주로 관련 도구, 무기, 의복을 공급하는 일이었다. 따라서 젊은 채륜은 관련된 물건을 만드는 실습에 적극적으로 참여해야 했다. 이외에 그의 생에 대해서는 역사책에 구체적으로 언급되어 있지 않다. 종종 한 사람과 역사와의 연관성은 단지 잠깐의 모습으로, 어떤 중요한 사건이나 시점에서 나타날 뿐이며, 그의 전체 모습은 여전히 시간의 빛과 그림자 속에 가려져 있다. 사료를 살펴보면, 채륜과 종이와의 연관성은 직무행위에 가깝다. 그는 양질의 종이를 생산하는 행정 책임자였고, 구체적인 기술의 운영자나 관련 기술의 발명가는 아니었다.

성공은 천천히 쌓여 이루어진다. 채륜蔡倫이 제지술을 개량한 것은 갑작스러운 일이 아니라 의식적인 탐구였으며, 이전에 일해 오던 사람들의 작업을 이어받은 것이었다. 그것은 합리적이고 과학적이며 의식적인 정제와 요약이었다. 제지술의 경로는 견백絹帛의 탄생에 비해 목표와 경로가 더욱 명확하고, 점진적으로 자연스럽게 나타난 결과였다. 진秦나라 대장군 몽념蒙恬이 붓을 발명한 후, 사람들은 죽간竹簡, 목독

木牘, 견백에 대체할 붓 글씨에 더 적합한 도구를 계속 찾아왔다. 채륜은 종이를 만들어 문화 발전에 기여하려는 일념으로 붓과 견백의 특성과 과거의 경험을 바탕으로 다양한 나무 껍질로 시도를 거듭한 끝에 마과 식물과 저피楮皮에서 성공을 거두었다. 이는 목본 섬유로 종이를 만드는 기술적 난제를 극복하고 원료 공급의 다변화, 제지술의 개념 확장에 실질적으로 기여했다. 이런 점에서 중국사람들이 채륜을 '종이의 신'이라 부르는 것도 결코 과언이 아니다. 엄밀히 말하면 채륜은 종이의 발명가가 아니라 제지술의 개량자이며, 종이 발전 역사에서 중요한 인물이다. 채륜이 식물을 종이에 사용한 이후, 종이는 질적 변화를 겪었고, 제지술의 틀이 초기에 정립되었다.

채륜이 종이를 만들기까지 목표와 경로가 명확했다. 나무 껍질을 원료로 확정한 후, 식물 원료를 충분히 희석시켜, 적절한 그물망으로 채를 쳐서 균일한 섬유층을 형성하는 것이 그 목표였다. 이후 반복적인 시도 끝에, 식물 종이 제작 방식이 결국 원흥元興 원년(서기 105년)에 이르러 마침내 성공을 거두었다.

종이를 식물 섬유로 만드는 것은 큰 돌파구였으며, 당시 '만물에 영혼이 있다'는 철학적 사고와 단순한 논리적 사고가 그 바탕에 깔려 있었다. 나무 조각과 대나무 조각이 글쓰기에 사용될 수 있다면, 나무와 대나무를 사용해 새로운 매개재료를 생산할 수 있다고 생각한 것이다. 당시로서는 이 모든 것이 매우 신기할 따름이었는데, 당시에는 사람들이 섬유가 식물의 기본 성분이라는 것을 몰랐고 관련한 화학적 지식도 없었기 때문이다. 사람들은 거칠고 단순한 나무 껍질, 마두麻頭, 어망 등을 물에 넣어서 문드러지게 만들어 세포막질 섬유로 분해시키고, 그 액체를 체망으로 걸러내어 물이 모두 빠져나갈 때까지 두었다. 얇게 뒤엉켜 펼쳐진 섬유질만 남을 때까지 기다렸다가 건조시키면, 일정한 강도를 가진 섬유제품이 되는데 이것이 '종이'가 되었다.

채륜 시대의 종이는 어떤 모습이었을까? 난주蘭州 복룡평伏龍坪에서 동한東漢 시대의 먹물 종이 세 장이 출토되었다. 이 종이들은 원형으로 구리 거울 사이에 끼워져 있었는데, 가정 편지의 일부로 추정된다. 이 세 장의 종이는 마과를 원료로 하여 접착 및 연마 처리가 되어 있었고 서한西漢 시대의 종이보다 글쓰기에 더 적합했다. 연마 기술은 매끄러운 연광석이나 소라껍질, 소뿔, 사발 등으로 종이 표면을 연마하여 울퉁불퉁한 표면이 매끄럽게 윤이 나도록 만드는 것이다. 접착제로는 초기에 전분을 첨가하거나 종이 표면에 발랐으며, 종이의 숙성과 인성을 증가시키는 기능을 했다.

채륜蔡倫의 제지재료에 관해서는 『후한서後漢書』에 명확히 기록되어 있지 않다. 당시에 이러한 조제법과 절차가 '국가기밀'에 속해 엄격히 관리된 영역이었기 때문이다. 그러나 후대의 일부 문헌에 이에 관한 내용이 언급되어 있다. 『진서晉書』에 따르면 위나라의 장의張揖가 저술한 『고금자훈古今字訓』에서 '채륜이 낡은 천을 으깨어 종이를 만들었다'고 적고 있으며 서진西晉의 장화張華가 저술한 『박물지博物志』에서도 '채륜이 나무 껍질을 삶아 종이를 만들었다'고 기술하고 있다. 전자가 언급한 '낡은 천'은 당시의 마포麻布(당시에는 면이 없었음)을 의미하며, 후자가 언급한 '나무 껍질'은 닥나무와 같은 외피를 가리킨다. 진晉 나라 사람 유중옹庾仲雍의 『향주기湘州記』에는 '뇌양현耒陽縣 북쪽에 한황문漢黃門 채륜의 집이 있었으며, 집 서쪽에 돌 절구가 있었는데, 이것이 바로 채륜이 종이를 빻던 절구라고 한다'는 기록이 있다.

채륜의 종이 제작은 주로 두 가지 측면에서 혁신적이었다. 첫째, 제지의 원료를 확장했다. 이전에는 종이를 만들 때 주로 대마 식물을 사용했지만, 채륜은 나무 껍질을 도입하여 광범위한 원료 출처를 개척하고 종이의 대량 생산 가능성을 제공했다. 둘째, 채륜은 종이를 거르는 도구를 편리하게 개량하여 마직렴麻織簾 대신 죽간렴竹竿簾을 사용했다. 그 결과로 만들어진 종이는 상대적으로 평평하고 매끄러우며 두께가 균일했다.

채륜이 만든 종이가 비단처럼 얇고 옅은 백색의 빛을 발하며 사람들 눈앞에 펼쳐졌을 때, 사람들은 신기한 듯 웃으며 동시에 경외감을 가졌을 것이다. 종이의 복잡한 기원을 망각한 채 그것의 등장을 하늘의 뜻, 자연의 선물로 여기며 그저 겨울에 내리는 눈송이 같다고만 여겼을 것이다.

이렇게 종이가 성공적으로 만들어졌다. 이 역사적 의미를 지닌 발명은 음양오행陰陽五行의 이론을 따랐다기보다는 '대담한 상상력'과 경험 축적의 결과였다. 종이의 등장은 창힐倉頡의 문자 창제와 같은 의미를 지녔다. 창힐은 전설 속 인물로, 네 눈을 가지고 하늘의 현상을 관찰했다고 한다. 전설에 의하면 그는 땅 위의 짐승 발굽과 새 발자국의 흔적을 보고 영감을 받아 문자를 창조했다. 그때 '하늘에서 조가 떨어지고 귀신들이 밤에 울었다'고 하는데, 문자가 나온 후 인류는 거대한 도약을 이루었으며 이는 마치 인류의 직립보행 만큼이나 엄청난 변화였다. 굳이 비교해 보자면, 제지술의 발명이 훨씬 평온했다. 역사책에 종이가 등장한 후 '천지를 놀라게 하고 귀신을 울렸다'고 기록되어 있지는 않지만, 사람들에게 큰 놀라움을 주었을 것이다. 하늘은 인류에게 옷을 주기 위해 누에신을 인간 세상에 보냈고, 인류에게 종이를 주어 글자의 영혼을 담을 수 있게 해주었다.

종이의 등장은 문자를 해방시켜 빠르게 달릴 수 있게 했다. 사람들은 오랫동안 비단처럼 가볍고 가격이 저렴한 무언가를 만들기를 원했다. 결국, 간독簡牘은 너무 무겁고 불편했고, 비단은 너무 비쌌다. 오랜 시간 동안, 중요한 역사, 종교, 지도, 왕실의 교지 등 문서들만 비싼 비단에 기록되었으며, 왕족과 귀족만이 비단에 글을 쓸 수 있었다. 심지어 권력과 지위가 있는 사람들도 종이 발명 이전에는 비용때문에 나무 조각이나 대나무 조각에 먼저 초안을 작성하고, 최종본은 비단에 옮겨 썼다. 채륜의 발명으로 인류는 숙련되게 종이를 생산할 수 있게 되어 비용을 크게 줄이고 생산량은 크게 늘렸다. 이후 사람들은 새로운 재료로 다양한 종류의 종이를 만들기 위해 지속적으로 노력했다. 종이는 사회생활에서 널리 사용되었으며, 그 편리함, 저렴함, 아름다움으로 간독과의 경쟁에서 승리를 거두어 서기 4세기경에는 주요한 글쓰기 재료가 되었다. 이는 문화와 교육, 과학, 종교의 발전을 촉진했을 뿐만 아니라 사람들 간의 의사소통도 훨씬 용이하게 만들었다.

종이의 등장을 붓도 기뻐했을 것이다. 더욱 자유롭고 편리하게 한자를 쓸 수 있게 된 것이다. 종이에서는 붓과 먹의 선이 더욱 자유롭고 유연하며 아름답고 매끄러웠다. 비단과 간독의 '종유행縱有行, 횡무격橫無格(세로로 가지런히 행을 맞추고, 가로로는 격식이 없다는 뜻-역자주)'의 구도를 깨고, 글쓴이에게 더 큰 자유를 발휘할 수 있는 공간을 마련해 주었다. 종이는 글쓰기가 도구와 권력의 속박에서 벗어나 인간의 생각과 정신을 보다 효과적으로 표현할 수 있게 함으로써 서예 예술의 기반을 마련했다. 이전의 청동, 석비石碑, 간독, 견주와 비교할 때, 종이는 시간처럼 가볍고 종잡을 수 없었다. 그 덕분에 글자들은 한 장의 종이에서 다른 장의 종이로 가볍게 날아가 빠르고 편리하게 전파될 수 있었으며 벼와 조처럼 강력한 '번식' 능력을 갖게 되었다. 종이 위에 붓으로 쓴 글씨는 더 이상 칼과 도끼로 새겨진 단단함을 가지지 않고, 물과 결합되어 무한한 유연함을 가지며 '살아있는 것'이 되었다. 그것들은 자유롭게 걷고 달리며, 하늘을 날며 춤을 추며, 아이를 낳고 기르며, 노인과 아이이 손을 잡고 즐겁게 길을 걸었다.

종이의 등장은 또한 붓에게 최고의 단짝이 되어, 붓을 더 이상 외롭게 하지 않았다. 몽염蒙恬이 붓을 발명하고 채륜이 제지술을 개선하기까지 300여 년이 걸렸지만, 결국 하늘은 붓에게 완벽한 선물, 최고의 짝을 찾게 해주었다. 붓과 종이는 서로 물처럼 어우러져 교칠을 한 듯 붙어 다녔다. 이후의 세월 동안, 그들은 서로 어우러져 이 세상에 무한한 경이로움을 선사했다.

2. 종이의 역사적 경로

선지宣紙의 신비와 전승 맥락를 탐구하는 과정에서, 수많은 역사의 공백이 자주 탄식을 불러 일으킨다. 예로부터 문인들은 대체로 시선을 바깥으로 돌려 세상사와 인생을 묘사하고 노래하는 데 열중하면서, 손에 쥔 글쓰기 도구와 매체에는 크게 신경 쓰지 않았다. 이로 인해 종이와 붓의 역사가 희미한 모호함으로 남았다. 이는 종이 자체의 가치와 과거의 시간, 그리고 시적인 기원에 대한 아쉬움을 남긴다.

중국에서 문자의 시작은 신비하게도 소의 갑골과 거북이 등껍질이었다. 초기 중국인에게 이러한 물건들만이 문자를 담을 자격이 있는 것으로 인식되었다. 왜냐하면 문자는 신성하고 영혼을 가진 것이었기 때문이다. 이후 문자는 웅장하고 고상한 청동기에 기대어 존재했고, 기념비 같은 건축물에 기대어 존재했다. 각종 예기禮器뿐만 아니라 기와, 인장, 석고, 석비 그리고 산과 물 사이의 절벽에도 새겨졌다. 갑골문甲骨文이든 명문銘文, 암각巖刻이든, 한 글자 한 글자가 천근의 무게를 지녔다. 죽간竹簡과 목간木簡조차도 쉽게 수정할 수 없는 성격을 가졌다. 글자가 그 위에 놓이면 도끼로 쪼개고 칼로 새긴 듯한 단단함이 있었다. 상나라商朝부터 자리잡은 사관제도에 힘입어 천자의 말과 행동이 사실대로 기록되었다. '좌사기언左史記言, 우사기사右史記事'라 하여 신하가 아뢰는 일, 국왕의 대답, 모든 말이 간독에 기록되어야 했다. 이것은 사실상 문자의 불멸이자 권력에 대한 구속이었다. 사관의 기록은 황제가 열람할 수도, 마음대로 변경할 수도 없었다. 사관은 죽음을 두려워하지 않았고 굴복하지도 않았다. 춘추시대春秋時代, 제나라 대부 최저崔杼가 제장공齊莊公을 살해했을 때, 제나라 태사太史는 이를 사실대로 기록했다. 최저는 분노하여 태사를 죽였다. 태사의 두 동생 중仲과 숙叔도 사실대로 기록하여 최저에 의해 죽임을 당했다. 최저는 태사의 세 번째 동생 계季에게 말했다. '너의 세 형제가 모두 죽었다. 너는 죽음이 두렵지 않느냐? 내 요구대로 제장공의 죽음을 병사病死로 기록하라!' 계는 정색하고 대답했다. '사실대로 기록하는 것이 사관의 의무입니다. 직무를 소홀히 하고 삶을 구걸하는 것보다 죽음을 택하겠습니다. 전하께서 하신 일은 결국 사람들에게 알려질 것입니다. 제가 쓰지 않더라도 전하의 죄를 숨길 수 없으며, 오히려 영원한 웃음거리가 될 것입니다.' 최저는 할 말을 잃고 계를 풀어줬다. 계가 나왔을 때 남사씨南史氏가 간簡을 들고 오고 있었다. 남사씨는 계가 죽은 것으로 생각하고 용감히 죽음을 맞이하려 한 것이었다. 중국 고대 지식인들이 이처럼 장엄하고 강직하게 사서史書를 대한 것은 문자에 대한 존경과 신에 대한 경외였다.

종이의 등장은 이 모든 것을 변화시켰고, 문자는 무거움에서 벗어났다. 권력의 통제에서 벗어나 실용적이고 자유로워졌고, 더 이상 도끼로 칼로 자르는 듯한 단단함을 벗었다. 귀갑, 청동, 죽간과 비교할 때, 종이는 가볍고 부드러우며, 부패하기 쉽고 인화성이 있어 사람들의 주목을 끌기 어려웠다. 마치 신이 머무는 듯 한 기운도 훨씬 줄어들었다. 하지만 전통과 관습으로 인해 사람들은 여전히 종이에 적힌 글자에 대해 어떤 경외심을 가지고 있었다. 종이가 발명된 후 오랜 시간 동안 사람들은 글자가 적힌 종이로 불경스러운 일을 하지 못했고 화장실에서 사용하는 것도 두려워했다. 글자가 있는 종이를 폐기할 때도 화로에 넣어 태워야 했다. 그러나 전체적으로 볼 때, 사람은 종이에 대해 더 이상 갑골과 마주하는 것처럼 겸손하지도, 간독과 마주하는 것처럼 경외하지도 않았으며, 서로 간의 관계가 평등하게 이완되어 갔다. 이러한 상황은 더욱 현대적인 각성 또는 진보로 볼 수 있다. 종이에서 한자는 더 이상 도끼로 새긴 무거운 둔탁함이 아니라 물과 섞이고, 먹과 융합되며, 인간의 성정 때로는 운명과 어우러졌다.

종이는 이렇게 해서 서서히 사람들의 생활에 스며들었다. 이 과정에서, 제지술의 수준을 높이고 종이를 더 평평하고 매끄럽고 가볍게 만드는 것이 제지 장인들의 목표였다. 오랜 시행착오를 거쳐 제지술은 크게 몇 가지 필수적인 단계로 고정되었다. 1. 좌剉, 제지 원료를 잘라 부순다. 2. 자煮, 잘린 원료를 쪄서 섬유 간의 접착 물질을 분해한다. 3. 도搗, 원료를 돌 절구에 넣어 빻는다. 4. 교攪, 으깬 원료를 물통에 넣고 물과 부유제를 첨가한 후 지속적으로 저어준다. 5. 초抄, 점苫, 즉 발로 종이물의 종이를 뜨는 작업이다. 이 과정은 '침습 - 두드리기 - 풀어주기 - 종이뜨기 - 건조 - 도침'으로 요약할 수 있다. 이 중에서 가장 복잡하고 숙달하기 어려운 기술은 '초'의 기술이다. 실습 과정에서 사람들은 상대적으로 빠른 새로운 틀, 다시 말해 대나무 발을 만들어서 종이물을 앞뒤로 흔들어 종이를 걸렀다. 종이물이 고르게 대나무 발에 깔린 후, 물을 빼고 뒤집으면 얇은 종이 한 장이 만들어졌다. 나중에 사람들은 종이에 닥풀을 바르기도 했는데, 이는 종이의 흡수성을 낮추어 쓰기에 더 적합하게 만들었다.

제지술이 발명된 후, 제지업이 빠르게 발전하며, 각지에서 다양한 종류의 종이가 등장하며 경쟁했다. 오랜 세월 동안 간독, 견백, 마지가 글씨 쓰기의 매개체로서 확고부동한 위치를 점유했지만, 종이가 곧 우위를 차지했는데, 이는 가벼움, 편리함, 빠른 속도 외에도 종이가 글쓰기 상황을 변화시킨 덕분이다. 종이에 붓으로 글을 쓰는 즐거움이 그간에 힘든 노동이었던 글씨 쓰기를 상대적으로 즐거운 창조 활동으로 바꾸어 놓았다. 기술이 지속적으로 발전하고 원료가 개발되면서, 종이는 곧 천하의 절반을 평정하고 앞서 나갔다.

진晉 시대에 글쓰기 재료에 큰 변화가 있었다. 더욱 편리해진 제조된 종이 때문에 사람들은 점차 비싼 견백과 무거운 간독을 멀리하고 종이를 선택했다. 그러나 당시의 종이는 견백과 비교했을 때 여전히 치명적인 약점이 있었다. 주된 문제는 습기와 벌레의 침식이었다. 습기 문제는 비교적 쉽게 해결됐다. 습기가 많은 곳을 멀리하고 건조한 상태를 유지해 물의 침식을 피하면 됐다. 벌레의 침식 문제는 좀 더 까다로웠다. 일반적으로 어느 정도 시간이 지나면 종이는 내부에서 벌레가 생기기 쉬웠다. 이 문제는 종이 발전을 크게 저해했다. 사람들은 벌레를 죽이거나 벌레가 꺼리는 식물을 종이풀에 섞는 등 여러 방법을 시도했다. 전반적으로 보면, 종이 발명 이후 오랜 기간 동안 견백의 지위가 종이보다 높았다. 견백은 방수성과 방충성이 있어 보관에 유리했기 때문이다.

위진魏晋 시대에 등장한 염지술로 종이는 다양한 색상을 가지게 되었다. 도가道家의 갈홍葛洪이 황벽黃檗으로 염색하여 가장 초기의 염색 가공 종이인 황마지黃麻紙를 발명했다. 이는 사실 우연한 결과물이었는데, 본래는 황벽의 살충 효과를 이용해 살충 종이를 만들려 했으나, 황벽즙을 첨가한 것이 종이를 더 아름답고 매끄럽게 만들었다. 마지麻紙와 비교할 때, 황벽즙이 첨가된 황마지는 필자들에게 더욱 인기가 있었다. 이후 염지 기술이 점차 발전하여, 염색 후에 글을 쓰기도 하고, 글을 쓴 후에 염색하기도 했다. 왕희지王羲之, 왕헌지王獻之는 황지黃紙로 글쓰기를 좋아했고, 그들의 많은 서예 작품이 황지에 쓰여졌다. 왕희지의 『이모첩姨母帖』이 바로 딱딱한 황지에 쓰여졌다.

위진남북조魏晋南北朝 시대에는 각지에 종이 공방이 속속 등장했는데, 관영官營과 민영民營이 있었다. 관영 종이 공방은 조정과 관청에 소속되어 종이를 생산했으며, 민영 종이 공방은 민간에서 생산하고 관청에서 매입했다. 지역마다 자연 식생의 특성에 따라 현지에서 종이를 만들었다. 북부 지역에서는 주로 장안長安(오늘날 산시陝西 시안), 낙양洛陽 및 산서山西, 산동山東, 하북河北이 중심이 되어 마지, 저피지楮皮紙, 상피지桑皮紙를 생산했다. 동진東晋 남하 이후에는 회계會稽, 안휘安徽 남부, 건업(建業, 오늘날 장쑤江蘇 남경南京), 양주揚州, 광주廣州 등 지역이 종이 생산의 중심이 되었다. 동남 지방의 일부 지역은 죽지竹紙 생산을 시작했다. 갈홍의 『포박자抱朴子』에 '소요죽소逍遙竹素(자유로이 죽소에 글씨를 쓰고), 기정헌호寄情玄毫(붓 글씨 속에 정을 담다)'라고 했는데, '죽소'가 바로 죽지竹紙를 말한다. 남부 지방의 드넓은 죽림이 종이 생산에 이용되었다. 죽으로 만든 종이의 장점은 가볍고 얇으며, 깨끗하고 하얗다는 것이지만, 종이가 부서지기 쉬워 쉽게 손상되는 단점이 있었다. 이처럼 각지의 종이 생산량, 품질 또는 가공기술이 크게 향상되고, 원료의 공급원도 지속적으로 확대되면서 더욱 평평하고 매끄러운 정사각형의 섬세한 종이를 생산할 수 있게 되었다. 남북조 시대의 소찰蕭察이 지은 『영지시詠紙詩』에 '교백유상설皎白猶霜雪(새하얗기는 서릿발 같고), 방정약포기方正若布棋(네모 반듯하기는 바둑판 같다). 선정차기사宣情且記事(감정을 토로하고 일을 기록하니), 영동어망시寧同魚網時(차라리 그물을 치는 게 낫겠노라)'라고 한 것에서 이를 알 수 있다.

당시 남부 지역의 종이 가공에는 시교施膠 기술도 등장했다. 초기 시교제는 식물 전분으로, 종이 표면에 칠하거나 종이물에 섞었다. 이렇게 처리하면 종이물의 부유성을 개선하고 종이의 투수성을 줄일 수 있었다. 서량西凉 건초建初 십이년十二年(416)에 쓰여진 『율장초분律藏初分』에 사용된 종이가 시교 기술로 만든 것이다. 아광砑光 기술도 등장했는데, 이는 접착제로 백색 무기 미분을 종이 표면에 고르게 도포한 후 알 모양, 원보 모양 또는 호 모양의 돌로 압착하거나 문질러 종이 표면의 백도와 평활도를 높이고 투광도를 감소시켜 종이 표면의 흡묵성을 좋게 만들었다. 전량前凉 건흥建興 삼십육년三十六年(348) 문서지文書紙 및 동진東晉 필본筆本『삼국지三國志·손권전孫權傳』에 사용된 종이가 모두 이 기술을 사용했으며, 유럽보다 1400년 이상 앞선 기술이었다. 동진 말년, 권신 환현桓玄이 진안제晉安帝를 폐위하고 스스로 황제로 즉위하며 다음과 같이 명령했다. '옛날에는 종이가 없어 간을 썼는데, 이는 예의나 경의에서 비롯된 것이 아니다. 이제 간을 쓰는 모든 이들은 모두 황지로써 이를 대신하라.' 이 명은 불과 스무어 개의 글자에 불과하지만, 수백 년 동안 지속된 간독, 견백, 종이의 공존 상황이 막을 내렸다는 것을 의미했다. 이로써 세 매체의 줄다리기에서 상대적으로 젊은 종이가 대승을 거두고, 종이의 시대가 공식적으로 도래했다.

수당隋唐 시기는 중국의 종이 발전사에서 매우 중요한 단계로, 종이 재료와 용품이 일상생활에서 널리 사용되기 시작했다. 불교의 전파 과정에서 대규모로 경전을 베끼고 불전을 그리는 활동이 종이 수요를 크게 증가시켜, 남북 각지의 제지업 발전을 촉진했다. 각지의 관영 및 민영 종이 작업장들이 종이물의 성능과 제지 장비를 지속적으로 발전시켜, 종이의 크기가 점점 커지고 종이 표면도 점점 평평해졌다. 전반적으로 보면, 마지麻紙가 여전히 당시의 주류였으며, 관청의 조령, 표 등은 모두 백마지白麻紙를 사용했다. 민간에서 서책을 베껴 쓸 때도 백마지를 사용했고, 절에서는 경전을 쓸 때 황마지黃麻紙를 선호했다. 감숙甘肅 돈황敦煌 막고굴莫高窟 장경동藏經洞에 소장되어 있는 대량의 경권 및 회화 작품들은 대부분 마지에 베껴 쓴 것이다. 현재 고궁박물관에 소장되어 있는 당대의 문인 우세남虞世南이 모사한 왕희지王羲之의 『난정집서蘭亭集序』 천력본天歷本과 두목杜牧 대화大和 삼년三年(829)의 서예 작품 『장호호시張好好詩』도 마지가 사용되었다.

종이의 품질은 뚜렷하게 향상되었지만, 방충 기술은 여전히 제자리 걸음이었다. 당나라 때, 조정의 문서를 제작할 때 희림우喜林芋 화피에서 추출한 독소를 첨가해 벌레나 쥐가 종이를 좀먹는 것을 방지했다. 당대의 일부 고급 종이, 예를 들어 황랍전黃蠟箋, 즉 경황지硬黃紙는 천연 황백즙을 방충제로 첨가하고 균일하게 밀랍을 발라 압광하여 만든 숙지熟紙로, 경전이나 고첩을 모사하는 데 사용되었다. 벌레가 좀먹는 문제가 완전히 해결되지 않아, 귀중한 서화나 고전은 가능한 한 종이를 피하고 상대적으로 비싼 견백을 사용했다.

중당中唐 이후 종이에 대한 수요가 점점 많아지면서 마류麻類 식물로는 수요를 충족하기 어려워지자, 나무 껍질을 주요 원료로 하는 피지皮紙가 대량으로 사용되었다. 가장 일반적인 것은 저피楮皮와 상피桑皮로 만든 종이였다. 저피를 주요 원료로 한 피지는 생산량이 많을 뿐만 아니라 마지에 비해 더 섬세하고 튼튼해 점차 주류가 되었다.

당시에 각지에서 제지 원료에 대한 탐구가 지속되었는데, 일부 지역에서는 서향피瑞香皮, 목부용피木芙蓉皮, 대나무를 이용해 종이를 만들었다. 또한 절강성 승주嵊州와 같은 일부 지역에서는 지역 특산인 등피藤皮를 이용하여 종이를 제작하였다. 등피는 섬계剡溪 연안에서 생산되었으며, 이를 이용해 만든 종이는 한층 희고 섬세하면서도 윤기가 나서 글씨를 쓰기에 적합했기 때문에 당시 서화가들에게 인기가 높았

당나라 우세남虞世南이 필사한 『난정서蘭亭序』 두루마리

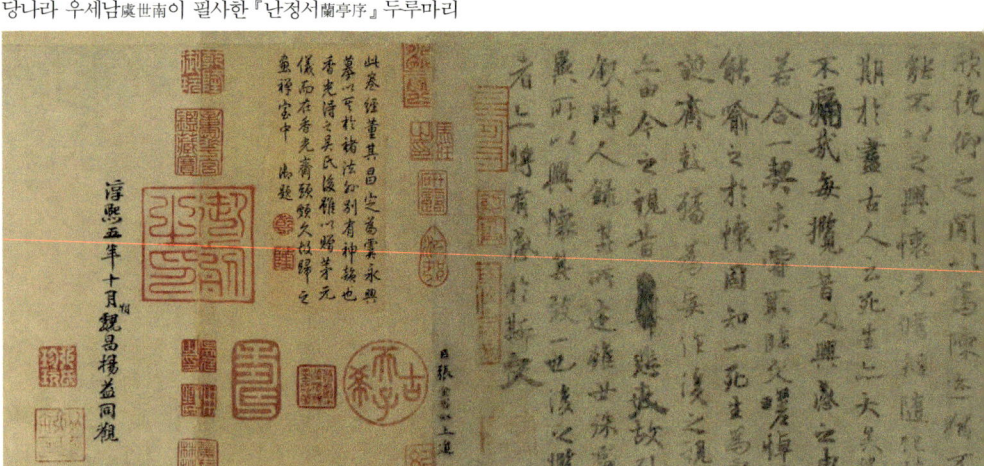

다. 그러나 등지藤紙의 생산량이 적고 원료가 한정되어 있어 대량 생산이 어려웠다. 당대의 문인 서원여舒元輿는 『비섬계고등문悲剡溪古藤文』에서 등피의 수요가 너무 늘어 계절에 상관없이 고등古藤이 벌목되어 생업이 끊어지게 된 상황을 적었다. 6세기에 관청의 조령은 대개 등지를 사용했고, 서화가들은 먹물 흡수력이 강하고 가장자리가 부드러운 상피지桑皮紙나 죽지竹紙를 선호했는데, 이는 중국 산수화의 몽롱한 아름다움을 훨씬 돋보이게 하는 효과가 있었기 때문이다.

일부 견해에 따르면 서원여의 『비섬계고등문悲剡溪古藤文』에 언급된 등대는 실제로는 청단靑檀을 가리키는 말로 등藤이라는 이름을 붙였을 뿐이라고 한다. 이 추론이 맞다면, 선지宣紙의 역사에 새로운 근거가 추가되는 셈이다. 사라진 고등조지古藤條紙가 선지에서 위안을 찾을 수 있을 것이다.

종이의 세계도 선지의 세계도 한가로이 떠다니는 구름처럼 추적할 수 없는 꿈과 같고 역사의 작은 조각과 같다. 중당中唐 이후에는 숙지

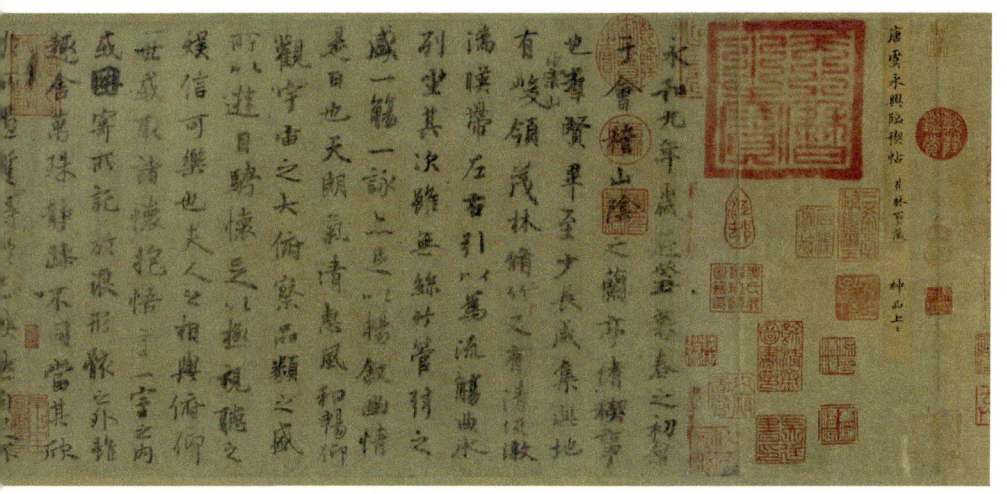

01   채륜蔡倫이라 불리는 종이의 신

熟紙 제작이 성행했다. 소위 숙지는 생지生紙를 재가공한 것이다. 생지는 종이물에서 바로 건져 말린 가공되지 않은 원지이며, 숙지는 아광砑光, 타장拖漿, 전분填粉, 가랍加蠟, 시교施膠 등을 통해 종이를 더욱 평평하고 정교하게 만들어서 글쓰기와 그림 그리기에 더 적합하게 만든 것이다. 당대의 회화가 구성과 세밀한 필법을 중시하고 사실주의적인 특징을 가지고 있어 숙지에 표현할 때 더 나은 효과를 보여주었다. 중당 이후부터 개성화된 종이를 널리 추구하였으며, 조정에서 개인에 이르기까지 다양한 방법으로 생지를 가공하기 위한 밀랍법, 시교법과 같은 비교적 진전된 방법들이 시도되었다. 전분제, 동물성 아교, 송진 등을 접착제로 사용하고 명반을 침전제로 사용했다. 이를 종이에 칠해 종이 면의 모세공을 막아 백묘白描, 공필 채색 화조花鳥 및 인물을 그릴 때 먹물이 번지는 것을 막고 색소가 침투하는 문제를 해결했다.

당나라 말기에는 개성 있는 고급 서신지(편지지)가 매우 인기가 있었다. 당시 이름난 문인들은 모두 서신지를 맞춤 제작하길 즐겨했고, 심지어 일부는 직접 서신지를 제작하여 시적이고 독특한 서화의 분위기를 만들었다. 당 원화 4년(809년), 청두 교외 백화담百花潭에 은거했던 여성 시인 설도薛濤는 명성을 듣고 방문한 젊고 재기 넘치는 감찰어사 원진元稹을 만났고, 두 사람은 첫눈에 반했다. 왕건王建은 이에 대해 "만리교 옆 여류 문인, 비파꽃 속에서 문을 닫고 사는 여인. 그녀만큼 재능있는 사람이 드무니, 봄바람도 그녀보다 못하다"고 시로 남겼다. 설도는 당시에 마흔한 살이었지만 세월이 흘러도 여전히 매력적이었고, 원진은 천하에 이름난 재능 있는 젊은이로 당당하고 풍류가 넘쳤다. 설도는 원진의 젊음과 재능에 반했고, 원진은 상대의 고요한 아름다움과 배려심에 매료되었다. 두 사람은 금강錦江변과 촉산蜀山에서 함께 더없이 행복한 삼개월을 보냈다. 설도는 가득한 애정을 담아『지상쌍조池上雙鳥』등의 시를 썼다. "쌍조가 연못 위에 둥지를 틀고, 아침저녁으로 함께 날아간다"는 시구는 부드럽고 아름다운 감정이 넘친다. 이후 원진은 촉지에서 떠나 낙양으로 부임했다. 아침저녁을 함께 보내던 날들은 갑자기 이별의 아픔으로 변했다. 애틋한 마음을 전하기 위해 설도는 집 옆 시냇물, 부용화, 맨드라미 등을 원료로 서신지를 만들었다. 각종 신선한 꽃잎을 따서 씻어 말린 다음 꽃잎을 으깨어 물과 접착제를 첨가하여 종이에 바르고, 손으로 그림을 그리고 금을 뿌려 아름답고 향기로운 진홍색 작은 서신지를 만들었다. 그리고 이 서신지를 '완화첩浣花牒' 혹은 '설도첩薛濤牒'이라 불렀다. 서신지에 적힌 글자마다 떨어지는 꽃잎처럼 향기를 품고 따뜻한 정을 담아 봄날의 연처럼 날아갔다. 이러한 아름다운 감정은 일본 여성 작가 세이 쇼나곤淸少納言의 『마쿠라노소시枕草子』에서 여러 번 묘사된 편지와 편지에 적힌 감정과 닮았다. 종이를 통해, 종이로 인해, 종이로 표현되는 마음. 하지만 모든 것은 어쩔 수 없이 시들어, 설도의 그리움과 애틋한 기다림은 갑자기 끝이 나고, 천년의 명시『춘망사春望詞』가 탄생했다.

꽃이 피어도 함께 감상하지 못하고, 꽃이 져도 함께 슬퍼하지 못하네.
묻고 싶네 님이 계시는 곳을, 꽃이 피고 지는 때를.

풀을 꺾어 한 마음을 묶어, 내 마음을 아시는 이에게 보내고 싶네.
봄 시름을 끊어내려 하니, 봄새가 다시 애절히 우는구나.

꽃잎은 날로 바람에 시들고, 만날 날은 아득하기만 하구나.

마음을 같이하는 사람과 맺지 못하고,

헛되이 마음을 같이하는 풀만 맺는 구나.

꽃이 가득한 가지가 어찌 견딜까,

사랑하는 두 사람의 마음에 괴로움만 일으키네.

아침 거울에 눈물이 떨어지니, 봄바람이 이를 알까 하노라.

오대五代 이후로, 저피를 주요 원료로 하는 저피지가 점차 널리 사용되며, 마지麻紙가 사라졌다. 북부와 서남 지역의 일부 지방에서만 생산이 계속되었다. 저수楮樹가 넓은 지역에서 자라고 있었고 껍질을 충분히 확보할 수 있었기 때문에, 저수 껍질로 만든 종이가 부상한 것이다. 이 종이는 표면이 매끄럽고 단단하면서도 부드러워서 글씨와 그림에 모두 사용되었다. 제지술이 지속적으로 발전하여 종이물에 명반明礬과 같은 침전제를 첨가하여 종이의 질감이 더욱 풍부하고 밝아졌으며, 먹물이 번지지 않았다. 숙피지熟皮紙의 품질이 향상됨에 따라, 종이는 점차 비단을 대체하여 그림을 그리는데 필요한 재료가 되었다.

송나라宋朝 때에 종이에 그림을 그리는 방식이 성행하여, 많은 그림들이 종이 위에 그려졌다. 이공린李公麟의 『위마연교도維摩演教圖』, 조창趙昌의 『사생협접도寫生蛺蝶圖』, 모익毛益의 『목우도牧牛圖』, 법상法常의 『수묵사생도水墨寫生圖』 등이 모두 저피지에 그려졌으며, 특히 『위마연교도維摩演教圖』는 당시 최고급 저피지로, 종이 질이 균일하고 매끄러웠다. 소식蘇軾의 『삼마도찬三馬圖讚』은 상등 상피지桑皮紙를 사용했다. 북송北宋의 많은 법첩, 예를 들어 미불米芾의 『초계시첩苕溪詩帖』, 소식의

『인내득서첩人來得書帖』, 이건중李建中의 『귀택첩貴宅帖』, 조길趙佶의 『하일시첩夏日詩帖』 등도 모두 저피지를 사용했다. 이 종이들은 깨끗한 회색으로 표면이 매끄럽고 먹을 잘 받아들이며, 섬유가 균일하게 교차되어 있어, 묶임이 거의 없고, 미세한 세렴(가느다란 대로 촘촘하게 엮은 -역자주) 무늬가 매우 선명하다.

    송나라宋朝의 제지製紙 기술발전은 종이 크기의 확대로도 나타났다. 이로 인해 거대한 필지匹紙를 만들 수 있게 되었다. 이 필지는 길이가 세 장丈이 넘고 중간에 이음새가 없어, 당시 서화가들이 큰 화폭의 그림을 그리기에 이상적인 재료가 되었다. 송혜종宋徽宗 조길은 길이 1172센티미터, 폭 31.5센티미터의 거대한 금박 운룡雲龍 전지箋紙 위에, 광초狂草(흐르는 듯이 쓴 초서-역자주)로 『천자문千字文』을 거침없이 썼는데, 호방하고 유려한 필체가 특징이다. 송나라의 남부에서는 피지皮紙와 마지麻紙가 주류였고, 일부 작업장은 대나무와 볏짚을 사용한 종이 제작을 지속적으로 시도했다. 송나라의 죽지竹紙는 주로 동남부의 절강浙江, 복건福建, 광동廣東에서 생산되었으며, 동진東晉과 수당隋唐 시기의 죽지보다 기술적으로 크게 발전하였다. 이 종이는 섬유질이 풍부하고, 감광 가공을 거쳐 표면이 매끄러우며 옅은 황색을 띠었다. 사람들은 품질이 좋은 죽지로 글씨를 쓰고 그림을 그리기 시작했다. 기록에 따르면, 왕안석王安石은 죽지를 작게 만들어 시를 쓰고 편지를 썼다. 송나라의 소역간蘇易簡은 『문방사보文房四譜·지보紙譜』에서 이렇게 기록했다. "오늘날 강절江浙(강소성과 절강성-역자주) 지역에서는 연한 대나무로 종이를 만드는데, 밀서密書로 쓰면 누구도 감히 펴지 못한다. 손에 닿는 즉시 찢어지고 다시 붙일 수 없기 때문이다." 이 기록에서 죽지가 쉽게 파손되는 문제가 여전히 해결되지 않았음을 알 수 있다. 미불米芾

북송, 이공린李公麟이 그린 『유마연교도維摩演教圖』

북송, 조창趙昌의 『사생협접도寫生蛺蝶圖』(부분)

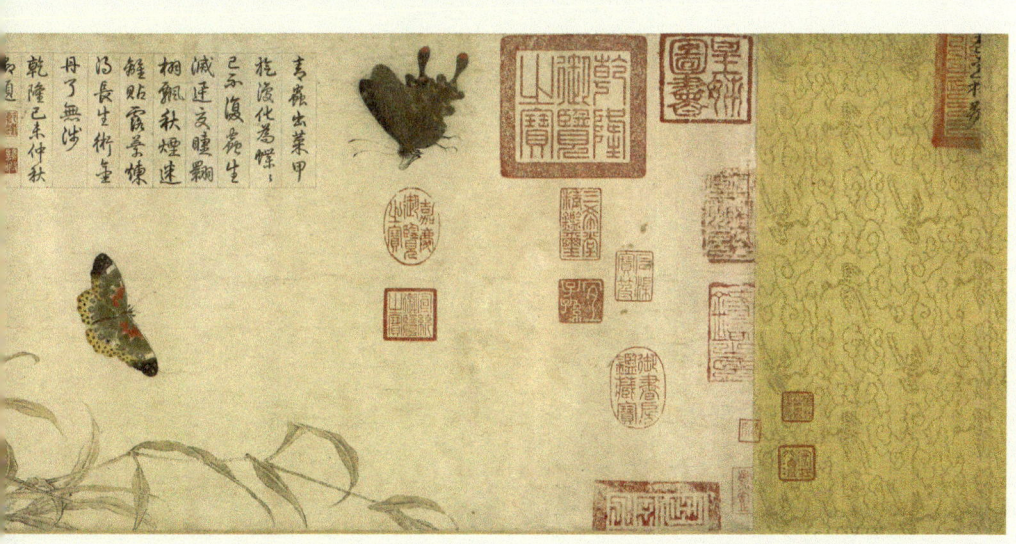

青蟲出菜甲
脫殻化為蝶
已矣復羲生
滅迹交睫翻
栩飄秋煙迷
雙貼霞景煉
為長生術量
丹了無涉
乾隆己未仲秋
御題

은 말년에 죽지 위에 유명한 『산호첩珊瑚帖』을 적었는데, 이 작품은 북송北宋부터 현재까지 900년이 넘는 세월 동안 잘 보존되어 죽지의 질이 얼마나 우수한지를 보여준다. 미불은 『평지첩評紙帖』에서 월주越州의 죽지가 유명한 항주杭州의 유권지由拳紙(섬등지剡藤紙)보다도 품질이 뛰어나다고 평가했다. 남송南宋 시기에 이르러서는 죽지의 품질이 더욱 향상되어, 점점 더 많은 서화가들이 죽지 위에 글을 쓰고 그림을 그리기 시작했다. 남송의 진유陳槱는 『부선야록負暄野錄』 권하에서 죽지의 특성에 대해 언급했다. "근골이 투명하고, 봄 기름처럼 맑다. 그 색은 밀랍과 같다. 만약 좋은 먹으로 글씨를 쓴다면, 그 광택이 거울에 비칠 수 있을 정도이다." 송나라에는 죽지로 왕희지王羲之의 『우후첩雨後帖』과 왕헌지王獻之의 『중추첩中秋帖』을 필사한 사람도 있었다.

죽지竹紙의 대량 생산은 제지술에 있어 한 걸음의 도약이었다. 이전의 제지에서는 주로 나뭇가지의 견피가 원료였다. 죽지 제작에서는 대나무의 가지뿐만 아니라 줄기도 함께 사용되었는데, 이는 종이 생산량의 증가와 비용을 낮추는 효과를 가져왔다. 이후 볏짚과 밀짚을 원료로 사용한 방식이 죽지에서 영감을 받은 것으로 보인다. 볏짚과 밀짚의 도입은 명청明淸 시대에 청단피靑檀皮와 볏짚을 원료로 하는 선지宣紙의 탄생에 기초가 되었다.

종이 위에 쓰인 모든 글자들이 반딧불이처럼 깜깜한 길을 밝혀준다. 낮과 밤, 매 순간 먹물에 적신 붓끝이 종이 위를 빠르게 달린다. 그들은 기억을 쌓고, 감정을 풀어헤치며, 꿈을 펼친다. 종이는 별과 해와 달이 가득한 하늘이자, 온화하고 따뜻한 봄바람이며, 생명을 잉태하는 대지이다. 종이는 끊임없이 흐르는 강물처럼, 힘차게 흘러 무한한 생기를 잉태하고 촉발한다. 강 양안에는 도연명陶淵明의 '도화원桃花源'이 있

북송, 미불米芾의 『산호첩珊瑚帖』

고, 사령운謝靈運의 산수시, 이백李白의 '천리강릉일일환千里江陵一日還', 왕유王維의 '대막고연직大漠孤煙直, 장하락일원長河落日圓', 이청조李淸照의 오동비, 신기철辛棄疾의 '등화란산처燈火闌珊處', 그리고 황공망黃公望의 명작「부춘산거도富春山居圖」가 있다.…… 비유하자면, 종이는 『천일야화』의 비단양탄자처럼 중국 문화를 실어 나르고, 세계 문명의 긴 여정을 시작하는 통로가 되었다. 역사와 문화의 광대한 기억은 흐르는 폭포수처럼, 끝없는 구름과 안개처럼, 빠르게 지나가는 배처럼 지나간다. 생각해보라, 만약 종이가 없었다면 문화의 기억이 어디에 깃들었을 것이며, 개인의 마음의 여정은 어떻게 감지하고 깨달을 수 있었을까?

01 채륜蔡倫이라 불리는 종이의 신

3. 그 옛날의 '고선지古宣紙'

　염황시대(염제와 황제, 중국의 시조로 여겨짐-역자주), 황하 유역을 중심으로 화하문명華夏文明이 탄생했다. 이후, 중원 지역에서 화하문명이 축적되고 발전하며, 중원을 중심으로 한 중화문화中華文化가 형성되었다. 중화문화가 북에서 남으로, 동서로 끊임없이 성장하며 확장되었다. 진나라 '영가의 난(서진 말기에 흉노족 유연과 그 후계자들이 서진을 공격해 수도 낙양을 함락시키고 황제를 포로로 잡은 사건. 서진의 멸망과 오호십육국 시대의 개막을 알린 중대한 역사적 전환점이 된 난이다-역자주)' 후, 북방 사족士族이 대거 중부지역으로 이주하면서, 중화문화의 중심이 금릉金陵을 중심으로 한 동남부로 이동했다. 북방의 제지 기술도 이와 함께 남하했는데, 강남의 풍부하고 다양한 제지 원료는 종이 생산에 더욱 큰 변화를 가져왔다. 제지업의 번성은 문화 전파를 더욱 용이하게 하였고, 시서에 박식한 지식계층의 영향으로 강남의 문화가 북방지역으로 널리 전파되었다.

　역사 자료에 따르면, 위진魏晉 시대의 환남皖南은 이미 종이를 생산할 수 있었다. 동진東晉 시기, 휘주徽州 지역에서는 '응상지凝霜紙', 즉 백옥같이 하얀 종이가 등장했다. 송나라의 소역간蘇易簡은 『문방사보文房四譜』에서 '이흡黟歙 일대에 응상, 증심으로 불리는 양질의 종이가 많다'고 기록했다. 또한 기록에 따르면, 위진 시대의 환남에서 특별히 하얀 은빛 종이를 생산했는데, 글씨를 쓰기에 더없이 적합했다. 이 은광지가 응상지와 같은 것인지는 알 길이 없다. 위진 시대에는 아직 '선지宣紙'라는 용어가 없었고, 당시 선성宣城에서 생산된 종이는 강남 지역과 비슷하게 대부분 마류 식물을 주요 원료로 하는 마지麻紙였다. 이들 중에는 저피楮皮나 청단피青檀皮 성분이 포함되었는지, 후기의 징심당지澄心

堂紙와 연관이 있는지, 현대의 선지와 동일한 특징이 있는지는 모두 고증할 수 없다.

위진魏晉부터 수당隋唐에 이르기까지, 제지술이 지속적으로 발전한 데 힘입어 종이 제품은 계속 풍부해졌으며, 전국 각지에서 종이를 만들 수 있게 되었다. 특히 장강 중하류와 관중關中, 중원中原, 산동山東, 사천四川 등이 중심이 되었다. 여기에는 당연히 강남에 위치한 선주宣州, 휘주徽州, 지주池州도 포함되었다. 당나라때부터 제지의 중심이 남쪽으로 이동하기 시작했다. 각 지역에서 제지술을 개량하여 양질의 종이를 만들어 조정에 바쳤다. 상주常州, 항주杭州, 월주越州, 무주婺州, 구주衢州, 선주宣州, 흡주歙州, 지주池州, 강주江州, 신주信州, 형주衡州 등지에서는 조정에 아름답고 품질 좋은 종이를 자주 진상했다. 당시 유명한 종이로는 익주益州의 황백마지黃白麻紙, 항주, 무주, 구주, 월주의 등지藤紙, 균주均州의 대모지大模紙, 포주蒲州의 박백지薄白紙, 선주의 선지宣紙, 소주韶州의 죽전竹箋, 림주臨州의 활박지滑薄紙 등이 있었다. 이때까지 선지는 많은 유명한 종이들 중 하나였다. 강남 지역에서 좋은 종이가 생산된 것은 풍부한 식물 자원 덕분으로, 강남에는 제지에 적합한 나무가 많았다. 당시 강남 각지에 종이 공방이 즐비하게 늘어서 있었을 것임을 어렵잖게 상상할 수 있다. 물론, 민간과 비교할 때 조정의 제지 기관이 훨씬 크고, 그들이 만든 종이의 품질도 훨씬 더 우수했다.

'선지宣紙'라는 용어는 당대 장언원張彥遠의 『역대명화기歷代名畫記』에서 처음 등장한다. 이 책의 두 번째 권에서 '강동江東 땅은 촉촉하고 먼지가 없으며, 사람들이 정교한 기예에 뛰어나다... 호사가好事家들은 많은 선지를 쟁여두고 밀납 처리를 하여 모사화에 사용하길 권한다. 옛날에 그림 모사에 능했는데, 십 중에 일곱 여덟은 원작의 정신과 기풍,

필채를 잃지 않았다. 또한 황실에서 모사한 본도 있는데, 그것을 관탁官拓이라 한다. 국조國朝의 내고內庫, 한림翰林, 집현集賢, 비각祕閣에서는 모사 작업을 멈추지 않았다'고 기록되어 있다. 장언원의 이 말에는 두 가지 의미가 있다. 하나는 강남, 즉 강동이 좋은 종이를 생산하는 곳이라는 점이고, 또 하나는 선지가 가장 뛰어난 종이라는 점이다.

장언원의 『역대명화기』에서 '선지'라는 용어가 처음으로 등장하며, 당시의 명성과 품질을 보여준다. 문맥을 연결해보면, 이 구절은 선지의 모사화 기능에 대해 설명하고 있다. 반문란范文瀾이 저술한 『중국통사간편中國通史簡編』에는 "모탁술摹拓術은 진대晉代에 이미 있었으며, 원래는 비석 모사에 사용되었다. 고계지顧愷之는 모탁에 뛰어난 방법을 가지고 있어, 좋은 종이에 밀납 처리하여 명화를 모사하면 원작의 기풍과 필체를 잃지 않았다. 이는 비석 모사보다 훨씬 섬세하다"고 기록되어 있다. 모사화에 사용되는 종이는 얇고 투명하며, 질감이 조밀해야 한다. 만약 종이의 질이 느슨하고 부서지기 쉽다면, 모사화는 분명히 손상을 입게 될 것이다. 선지는 바로 그 품질로 인해 모사화에 널리 사용되었다. '밀납 입히기'는 모사화에 필요한 과정으로, 감광 처리, 가반加礬, 시교施膠, 도랍塗蠟 등의 공정을 거쳐 생선지가 더욱 조밀하고 윤이 흐르는 숙선지로 바뀌었다.

장언원은 당대 관료 가문 출신으로, 그의 고조부 장가정張嘉貞, 증조부 장연상張延賞, 조부 장홍정張弘靖, 부친 장문규張文規 등이 모두 조정의 고관이었다. 어린 시절부터 장언원은 폭넓은 견문을 갖게 되었는데, 다양한 서화에 대한 인식과 서화 재료에 대한 친숙함은 일반인과 비교할 수 없을 정도였다. 『역대명화기』는 이러한 세가世家 자제의 뛰어난 통찰력을 충분히 보여주고 있다. '선지'라는 말이 등장하는 또 다

큰 기록이 명나라 호시胡侍가 『진주선真珠船』에서 적은 내용이다. '영휘永徽 선주宣州의 승려가 '화엄경華嚴經'을 필사하고자 하여 침향으로 저수楮樹를 심어 종이를 만들었는데, 이것이 선지 제조의 시작이었을 것이다.' 이 구절은 당나라 시기의 일을 언급한 것으로, 시간이 오래되어 사건의 진위는 알 수 없으나, 침향으로 저수를 심었다는 부분은 전설적인 의미를 지닌다.

당나라 중기 이후 선성宣城의 제지는 전국적으로 큰 명성을 얻었다. 『구당서舊唐書』에는 섬군陝郡 태수이자 수륙전운사水陸轉運使 위견韋堅이 패수㶚水와 산하滻河를 봉춘루望春樓 아래로 이끌어 광운담廣運潭을 형성했다는 기록이 있다. 현종玄宗이 누각에 올라 새로 만든 저수지를 시찰할 때, 위견이 양자강과 회수에서 조운선漕船 수백 척을 모아 배마다 군명郡名을 표시하고 차례로 전진시켰다. 배 안에는 각 지역 특산품이 가득 실려 있었다. 광령군廣陵郡 선박에는 비단, 거울, 동기, 해물이, 예장군豫章郡 배에는 명자名瓷, 주기, 차구 등이 실렸다. 그중 선성군宣城郡 배는 공청석空青石, 종이, 붓, 황련黃連 등을 실었다. 수백 척의 조운선 중에서 오직 선성군만이 종이와 붓을 실어 날랐는데, 당시 선성의 종이와 붓이 전국적으로도 유명했다는 것을 말해준다.

당나라 때에 서법書法이 엄격했는데, 생선지는 심수성沁水性이 강해 먹이 너무 빨리 번져 선명도에 영향을 미쳤다. 그림은 세밀한 사실적인 표현을 중시하여 점과 선의 조화에 중점을 두었는데, 생선지는 이를 표현하기 어려웠다. 당시 회화 재료는 주로 비단과 같은 직물이었고, 종이는 부차적으로 사용되었다. 종이의 특성이 불안정하고 거칠어서 비단에 비해 먹물이 쉽게 번지는 단점이 있었다. 반면 비단은 더욱 섬세하며 수묵의 침투가 적어 섬세하고 밝은 선을 나타내는데 유리했고, 색을 칠하기도 쉬웠다. 세밀하게 선을 거리거나 윤곽을 그린 후 색을 칠해 메꾸는 기법에도 적합해 색상 효과가 사실적이고 자연스러웠다. 당나라 때에는 주로 숙지熟紙를 사용했기 때문에 조정과 관청은 숙지 가공 작업장을 따로 설치하고 전문 인력을 배치했다. 『당육전唐六典』과 『신당서新唐書』에 따르면, 조정 문하성門下省에는 숙지장熟紙匠 8명, 중서성中書省에는 6명, 비서성祕書省에는 10명이 배치되어 생선지를 숙선지로 가공하는 일을 담당했다.

당나라 이후로, 일반 서적, 편지, 경문 등에 거의 모두 종이를 사용했다. 종이의 질이 점차 향상되면서 서예가 크게 발전했다. 안진경顔眞卿, 유공권柳公權, 회소懷素 등 많은 유명 서예가들이 서예를 새로운 예술의 경지로 이끌었으며, 선지宣紙가 이 과정에서 중요한 역할을 했다. 이러한 서화가들의 일부 작품은 선지와 밀접한 관련이 있었다.

송나라 이후, 종이가 점차 비단을 대체하기 시작했다. 종이의 품질이 점점 좋아지면서 비단의 단점이 드러났는데, 그것은 비단이 가격이 비싸서 그림을 그리는데 많은 비용이 소요되었을 뿐만 아니라, 종이에 비해 더 복잡한 공정, 예를 들어 견을 팽팽하게 매는 공정 등이 필요했다. 반면 종이는 언제든지 펼쳐서 글을 쓸 수 있었다. 선지宣紙가 서화 재료의 주류로 자리잡은 것은 너무나 당연한 일이었다.

송나라 선주宣州의 제지가 더욱 명성을 알리게 되었는데, 그 공예와 품질은 전국에서 최고 수준이었다. 북송 시인 왕령王令은 『재기만자권이수再寄滿子權二首』라는 시에서 이렇게 노래했다. "돈이 있거든 금을 사지 말고, 강동지江東紙를 많이 사라. 강동지는 봄 구름처럼 하얗고, 오직 그대의 시재가 이와 어울리나니." 남송 시인 이도李燾가 지은 『속자치통감장편續資治通鑑長編』에는 신종神宗 희녕熙寧 7년(1074년) 6월에

"조정에서 명을 내렸다. 선지의 제작 방식을 항주杭州로 옮겨, 매년 오만 회 제작하며, 차후로 공문서에는 오직 종이를 사용하고, 길이와 폭을 혼동하지 말고 지키라"고 기록되어 있다. 이는 선지의 수요를 충족시키지 못하는 상황에서, 조정이 선지의 제조 기술을 타 지역으로 옮겨 생산량을 늘리려 한 것을 의미한다. 하지만 선지의 생산은 특정 원료와 수질이 필요했기에, 타 지역에서 모방한 선지의 품질은 원산지의 수준에 이르기 어려웠다.

오늘날 선지의 개념을 간단히 정의하자면, 청단피青檀皮를 주재료로 해야 하며, 일정 비율의 짚을 첨가하는 것을 말한다. 그 탄생 시기에 대해서는 의견이 분분한데, 원명元明 시대라고 보는 이도 있고, 남송이나 북송, 심지어는 당나라라고 보는 이도 있다. 이러한 주장들은 각각 그 나름의 근거가 있다. 최근 연구 결과에 따르면, 선지는 당나라 시대로 거슬러 올라간다. 왕국화王菊華 등이 저술한 『중국고대조지공정기술사中國古代造紙工程技術史』에 따르면, 1985년, 경공업부 조지공업과학연구소가 고궁박물관의 의뢰를 받아 수나라 시대의 문인 전자건展子虔의 『유춘도遊春圖』와 당대 한황韓滉의 「오우도五牛圖」에 사용된 종이를 분석하고 감정했다. 『유춘도』의 탁지托紙(밑에 바르는 종이) 원료는 단피로, 중당中唐 시기의 것일 가능성이 높다. 「오우도」의 명지 서화 표구 분야에서는 화심(종이든 견본이든) 뒷면에 붙어 있는 받침지층, 중당 시기의 종이로 여겨지며, 배지背紙는 20% 단피, 80% 짚으로 만들어졌다. 새 탁지는 50% 단피, 50% 짚으로, 백지의 품질과 제조 공정이 유사하여, 이는 당나라 시대의 종이일 수도 있고, 당나라 이후의 종이일 수도 있다.

문헌 기록에 따르면, 원명元明 이전에는 선지宣紙의 원료로 청단피青檀皮에 대한 언급은 없으며, 오직 저피楮皮에 대한 언급만 찾아볼 수 있다. 송대宋代 진유陳槱의 『부훤야록負暄野錄』에서는 '지금 중국에는 오직 상피지桑皮紙, 촉나라 등지藤紙, 월나라 죽지竹紙, 강남江南 저피지가 있으며, 남당南唐에서 휘지徽紙로 징심당지澄心堂紙를 만들어 명성을 얻었다'고 기록되어 있다. 송대 소이간蘇易簡의 『문방사보文房四譜』에는 "이 흡黟歙 지역에는 좋은 종이가 많아, 응상凝霜, 청심淸心이라는 이름이 있고, 또한 긴 것은 50척을 한 폭으로 만들 수 있다. 흡현의 장인들이 여러 날 동안 다듬은 대죽을 긴 배에 실어 물 속에 담궈 두었다. 그 후 수십 명이 힘을 합쳐 대나무가 든 물을 휘저어 균일한 종이물을 만들었다…'고 기록되어 있다. 이상의 내용들은 강남 지역의 종이 제작에 대한 기록으로, 모두 청단피가 아닌 저피에 대해서만 언급하고 있다.

당송唐宋 시대의 선지가 어떤 재료를 사용했는지에 대해서는 의견이 분분하다. 어떤 이는 당송 시대의 선지가 처음부터 청단피를 사용했다고 말하고, 또 어떤 이는 닥나무와 청단이 비슷하게 생겼기 때문에 선인들이 이 둘을 구분하지 못해, 제지용 나무를 고를 때 청단을 닥나무로 오인했다는 것이다. 실수로 만들어진 종이가 더 좋은 결과를 만들었다고 보는 견해다. 이런 주장은 일정한 근거가 있다. 또 다른 이들은 원나라 이전까지 선주에서의 제지는 저피, 상피, 청단피를 혼용했으며, 명나라 이후에야 청단피만을 사용하게 되었다고 본다. 명나라 이전까지 전통 식물학에서 저楮와 단檀을 구분하지 않았다. 명대의 관료 서광계徐光啓가 이 두 가지 비슷한 식물을 구별하고 청단을 새롭게 정의했다. 서광계는 『농정전서農政全書·권오십육卷五十六』에서 "청단나무는 중모현의 사구沙丘에서 자라며, 나무 가지는 섬세하고 얇으며, 잎 모양은 대추와 비슷하게 약간 뾰족하고, 뒷면은 희고 떫으며, 또한 백신수白辛樹와 비슷하고 잎이 작고, 흰 꽃을 피우며, 청색 열매를 맺는데 오동나무 열매 크기와 같다. 잎은 맛이 시고 떫으며, 열매는 달콤하고 신맛이 난다"고 적었다.

고대에 각 지역의 제지 작업장이 사용하는 재료에 대해 철저히 비밀에 부쳤기 때문에, 많은 역사서에서도 그 기록을 찾기 어려운 것은 당연하다. 안타깝게도 고대의 선지는 거의 남아 있지 않아, 과학적으로도 그것을 판단할 수 없게 되었다. 종이가 비단을 대체한 것은 회화 양식의 변화 때문이기도 하다. 남송 이후, 문인화가 부상하면서 세심한 사실적 묘사가 아닌 필묵이 주목을 받게 되었다. 물기가 쉽게 번지는 선지는 먹물을 마음대로 펼칠 수 있어, 즉흥적인 문인화와 잘 어울렸다. 선지와 서화의 만남은 '금풍옥로일상봉金風玉露一相逢(인간사 한 번의 만남이 무수한 만남보다 낫다는 뜻-역자주)'이라 할 수 있었다. 선지는 문인화를 완성시켰고, 문인화 또한 선지를 완성시켰다. 양자는 마치 천생연분처럼 완벽한 인연을 맺으며 새로운 시대를 열었다. 송원宋元 이후로, 문인화가 널리 퍼지면서 선지의 생산과 기술 개선에도 큰 도움을 주었다.

선지宣紙의 역사는 이처럼 몽롱하고 아득하다. 마치 허공에 떠 있는 신기루나 뭉게구름 같이 무형적이고 아득하다. 원나라 시대가 되어서야 역사적 기록을 통해 선지의 구성 요소가 청단피靑檀皮임이 확인되어 선지의 정통성이 확립되었다. 어찌 되었든, 선지의 탄생은 과거로부터 현재까지 다양한 종이 제조의 기반 위에 세워진 것으로, 과거의 백마지白麻紙, 황마지黃麻紙, 백면지白綿紙, 황면지黃綿紙, 랑독지狼毒紙, 자청지磁靑紙, 화초지花草紙, 죽지竹紙, 태사련지太史連紙, 잠견지蠶繭紙, 마사지麻沙紙, 나문지羅紋紙, 황랍전지黃蠟箋紙, 개화지開化紙, 명련지棉連紙, 모변지毛邊紙, 모태지毛太紙 등이 없었다면 현대적 의미의 선지는 존재할 수 없었을 것이다. 선지의 몸속에는 다양한 고대 종이의 피가 흐르고, 여러 지역 종이의 영혼이 깃들어 있다. 과거로부터 현재까지의 수많은 기회와 종이에 대한 끊임없는 집념이 현대적 의미의 선지를 탄생시켰다.

명나라 이후로, 선지의 이미지는 점점 더 명확해졌다. 특히 청나라 건륭乾隆 이후에는 현대적 의미의 선지가 확립되었다. 종이의 품질과 크기가 점점 향상되었고, 촘촘하게 이은 듯한 문양이 점점 세밀해졌다. 이미 다른 지역에서 생산하는 서화용 종이보다 월등히 앞서 선지가 '천하를 통일하는' 상황이 형성되었다.

선지의 탄생, 발전 그리고 맥락이 마치 운명적 의미를 지닌 것 처럼 여겨진다. 마치 끊임없이 살아가는 고목이나 자연과 생명 그 자체인 듯하다. 선지는 결코 돌처럼 단단하고 고정된 물체가 아니다. 살아서 움직이며, 생명력이 넘친다. 심지어 그것은 인간처럼 호흡하고, 흡수하고, 받아들이고, 성장한다…… 과거와 현재를 넘나들며, 마치 전설 속의 불사조처럼 영원히 살아 있다.

4. '징심당지澄心堂紙'의 수수께끼

남당南唐부터 송나라에 이르기까지 '징심당'을 필두로 한 맞춤형 고급 서화용 종이는 중국의 종이 산업을 새로운 경지로 이끌었다.

'징심당'이라는 이름은 『회남자淮南子·태족훈泰族訓』에서 유래한다. '학문을 하는 사람이 하늘과 사람을 구분하고 다스림과 어지러움의 근본을 밝히고 이해하며, 마음을 맑게 하여 그것을 지키면, 그 시작과 끝을 볼 수 있으며, 이는 지략을 안다고 할 수 있다.' 남당의 열조烈祖 이

변李昪이 금릉金陵의 절도사로 부임하여 징심당을 건립하고, 그곳을 회의, 문서 작성, 독서의 장소로 삼았다. 징심당지에 대해, 송대宋代의 정대창程大昌이 『연번로演繁露』에서 이렇게 기록했다. '강남의 이후주李後主가 징심당지를 만들었다. 선인들이 이를 매우 귀하게 여겼으며, 강남이 평정된 후 60년이 지난 후에도 그 종이는 여전히 남아 있었다.' 또한 송대의 소이간蘇易簡은 『문방사보文房四譜』에서 '이흡黟歙 지역에는 좋은 종이가 많아, 청상淸霜, 징심澄心이라는 이름이 있다'고 언급했다.

황성皇城 내에서는 직접 대량으로 종이를 만들 수가 없었기 때문에 외지에서 맞춤 주문한 종이를 궁중에서 가공했다. '징심당지'의 원산지에 대해, 채양蔡襄은 『문방사설文房四說』에서 다음과 같이 기록했다. '이주의 징심당지는 제일이며, 강남의 지주池州와 흡현歙縣에서 생산되었다. 오늘날에는 더 이상 정교한 제품을 만들지 않는다.' 채양의 견해로는, 생산지는 지주와 흡현이었다. 다른 견해도 있는데, 미불米芾은 『서사書史』에서 이렇게 말했다. "오늘날 사람들이 흡을 징심으로 여기는 것은 웃을 일이다. 하나를 펼치면 두 갈래로 나뉘며, 질이 연해서 말기 어렵고 쉽게 기털이 일어난다. 고대에 징심을 물에 하룻밤 담갔다가 다음 날 탁자 위에 펼쳐 말려, 접착제를 제거하고 종이의 원래 성질로 돌아가게 했는데, 그것이 오늘날의 지지池紙이다." 이 말은 징심당지가 흡현이 아닌 지주에서 만들어졌다는 것을 의미한다. 지주의 제지 장소는 주로 청양현靑陽縣이었으며, 역사적으로 백마지白麻紙 제작으로 유명했다. 당대에는 선주宣州에 속했으니, 징심당지가 지주지라고 해도 사실상 선주지이다. 징심당지가 이미 100년 넘는 역사를 가지고 있으면서도, 더 이상 생산하지 않아 원산지에 대한 논란이 있는 것은 당연하다. 어쨌든, 징심당지의 원산지는 환남皖南에 속하며, 이에 대해서는 이

견이 있을 수 없다. 환남에서 생산된 반제품을 금릉의 남당 궁중으로 옮겨, 왕실 기술자의 세심한 가공을 거쳐 징심당지가 되었다.

관련 역사서에 따르면, 징심당지의 주요 구성 요소는 용수초龍鬚草, 저피楮皮 등이었다. 용수초로 종이를 만들 수는 있지만, 대량 생산이 어려웠다. 징심당지의 구성 요소인 용수초와 저피의 비율도 또 다른 미스터리이다. 명나라 이전에 중국인들은 대부분 박달나무, 청단, 상나무 등을 구분하지 않고 모두 저수楮樹로 불렀다. 징심당지의 저수가 오늘날의 닥나무인지, 아니면 청단인지는 중요한 문제이다. 어떤 이는 당시의 상황을 고려할 때, 가공된 종이, 즉 숙지熟紙만이 일종의 브랜드로 명명될 수 있으며 징심당지가 그 예라고 본다. 여러 지역에서 생산된 생선지는 브랜드 개념이 없었다. 따라서 징심당지의 출처를 정확히 말하기는 어렵지만, 그것은 하나의 지역에서 유래했을 것이다. 어쨌든, 지역적으로나 기술적으로, 징심당지는 현재의 선지와 떼려야 뗄 수 없는 연관성이 있다. 징심당지는 조정에서 맞춤 주문한 공지貢紙로 제작과 가공에 일정한 기준이 있었으며, 공정에도 요구 사항이 있었다. 제지용 저피 등 원재료를 엄선해야 했다. 시간 면에서도, '한계침저寒溪浸楮'라고 하여 매우 엄격해 겨울밤에 저피를 물에 담가야 했다. 또한 제조 공정과 시간에 대해서도 매우 까다로워서, '얼음이 어는 한겨울에 종이물을 끓이고, 이를 특별한 환경에서 건조시켜 질감을 강하게 만들어야 한다'고 명시했다. 이렇게 엄격한 시간 선택은 신에 대한 공경심에서 비롯되었다. 또 다른 한편으로, 극도로 추운 날씨를 선택함으로써 제작된 종이가 벌레의 피해를 입지 않도록 하려는 의도였다. 징심당지澄心堂紙의 제작이 매우 세밀하여, '처음부터 끝까지, 균일하게 얇다'는 평을 얻었다. 명성이 높아지면서 그 값이 금값처럼 비싸져 '백금으로도 한 장을 구매할 수 없고', '한 폭을 사는데 백 전도 부족할' 정도였다고 한다.

이경李璟(당나라 원종)과 이욱李煜(이경의 아들로 남당의 마지막 왕-역자주) 부자는 제지 작업장으로 쓸 수 있도록 궁궐에 장소를 마련해주었다. 이로 볼 때 이씨 부자가 종이를 지극히 중요시했음을 알 수 있다. 이욱이 자주 이곳에 와서 종이의 가공 과정을 지켜보고, 때로는 용포를 벗고 앞치마를 두르고 장인들과 함께 일했을 지도 모른다. 어떤 물건을 무척 사랑하게 되면, 그것에 온 정신을 쏟게 되는 법이다. 이욱은 징심당지의 공정에 대해 유달리 까다로웠으며, 한 필을 만들 때마다 직접 시험해보며, 만족할 때까지 반복했다. 그의 감독하에 환남에서 온 이 징심당지는 제작 기법이 더욱 완벽해져서, 진정한 '종이의 왕'으로 거듭났다. '질감이 알의 막처럼 얇고, 단단하며, 섬세하고 광택이 났다. 가히 당대 최고였다.'

송나라때 문인 증조曾慥는 『류설類說·문방사보文房四譜』에서 이렇게 적었다. "이후주李後主(이욱을 가리킴-역자주)는 필장筆札에 특히 관심을 기울였다. 사용한 징심당지, 이정규李廷珪가 만든 송인묵, 용미에서 생산되는 용미 벼루 세 가지는 천하의 으뜸이었다." '필장'은 고대에 글, 서신 등 여러 가지 의미를 지닌 말이었다. 이욱은 시와 문서에 뛰어났고 자주 칙서를 직접 쓰곤 했기 때문에 청루靑鏤, 사벽麝璧, 옥저玉楮, 용반龍盤, 즉 필묵지연筆墨紙硯에 대한 요구가 높았다. 징심당지도 그 명성에 걸맞게 당시 최고의 서화용 종이가 되었다. 남당의 화가 동원董源이 그린 『노산도廬山圖』, 『하산림목도夏山林木圖』, 『계산풍우도溪山風雨圖』 등 명작들이 모두 징심당지를 사용하여 그렸다. 원대의 하문언夏文彦이 저술한 『도회보감圖繪寶鑑』 권삼卷三에는 '서희徐熙, 는 대대로 강남 지방의 세도가 집안 출신으로, 금릉金陵에서 태어났다…… 꽃, 나무, 새, 짐승, 매미, 나비, 야채, 과일…… 대부분 징심당지 위에 그렸다'고 기록되어 있다. 남당의 궁정 화가였던 서희가 징심당지에 꽃, 나무, 새, 짐승, 매미, 나비, 야채, 과일을 그리는 것을 매우 좋아했다는 것이다. 미불米芾의 『화사畵史』에도 명사 위태魏泰가 서희의 『비순도飛鶉圖』를 소장했는데, 징심당지에 그린 그림이었다고 기록되어 있다. 미불은 서화 전문가로서 남당 징심당지의 재료를 연구하기 위해 종이를 '해체'하여 세밀히 분석했다. 그의 말은 사실적인 근거가 있는 말일 것이다.

징심당지가 강남江南에서 명성이 높았지만, 남당南唐이 멸망한 후 북송北宋에서는 주목을 받지 못했다. 금릉金陵이 함락된 후, 남당의 궁궐에 있던 대량의 징심당지는 잡동사니에 섞여 방치되어 있다가 그 후 개봉開封으로 옮겨져 궁궐 창고에 쌓여 있었다. 송태종宋太宗 때, 선인들의 귀한 서책을 징심당지에 모사하여 『순화각첩淳化閣帖』을 만들었다. 이후의 송나라 황제들은 징심당지를 몇몇 대신에게 상으로 주었다. 선성宣城 출신의 대신 매요신梅堯臣은 징심당지의 가치를 잘 알고, 고향에서 생산된 좋은 종이가 이런 냉대를 받는 것에 마음 아파했다. '성이 파괴되어도 수천 폭이 남아 있어, 본조에 들어온 것이 놀라울 뿐이다. 창고에 쌓인 채 먼지를 뒤집어쓰고, 칠십년 동안 사람들이 모르고 있었다.' 매요신 등의 적극적인 노력 덕분에 징심당지의 명성이 크게 높아져, 한때 '낙양지귀洛陽紙貴'라 불렸다.

구양수歐陽修는 석만경石曼卿이 징심당지에 쓴 이상은李商隱의 시 『주필역주筆驛』을 받고 매우 기뻐하며, 이를 가정의 삼절三絶로 칭했다. 그는 『육일시화六一詩話』에서 "오늘날에도 보관하고 있는데, 삼절로 불리는 것은 진정 내 집의 보물이다"라고 하였고, 더 나아가 시도 지었다. "만경曼卿(당대 시인 이교李嶠의 자-역자주)과 자미子美(두보의 호-역자주)를 보지 못했는가, 앙상한 꽃잎처럼 황토에 묻혀 있구나.…… 그대의 집에 징심지가 있어도, 글을 쓸 줄 아는 자가 있느냐!" 소식蘇軾, 채양蔡襄 등도 징심당지에 깊은 애정을 가졌다. 징심당지를 늘 칭찬하던 매요신은 구양수로부터 두 폭의 징심당지를 선물로 받자 기쁨을 감추지 못하고, 징심당지의 과거를 다시 떠올리며 『영숙기징심당지이폭永叔寄澄心堂紙二幅』을 지었다:

어제 동군에서 사람이 왔는데, 고지古紙 두 축을 들고 왔네.
부드러우면서도 치밀해 놀라움과 기쁨에 마음이 머물렀네.
촉에서 생산된 종이는 벌레 먹기 쉬워 오래 보관하기 어렵고,
섬계에서 만든 종이는 얇고 광택이 나지만 촉의 종이보다 오래가네.
보내온 서신을 귀히 여기고, 함부로 남에게 주거나 문자를 수정하지 말지니.
강남 이씨(이경과 이욱을 지칭-역자주)의 나라였을 때,
백금으로도 한 장丈을 시장에서 구하기 어려웠노라.
징심당 안에는 오직 이것뿐이었고,
조용히 펼쳐 놓고 글씨를 쓰면 티끌 하나 없구나.
그때 나라가 어지러이 갈라지니, 국고가 텅 비고 이끼만 남았구나.
오직 책과 이 종이만 남았는데,
수레와 말이 떠들썩한 도읍에서 귀히 여김을 받지 못하네.
오늘 이미 육십이 넘었는데, 한때 빛나던 건축물이 구석에 버려졌구나.
지폭이 좁아 조서詔書를 쓰기에 부적합하고,
붓이 정교하지 않으나 난대鸞臺에 주어 일상적으로 글을 쓰는데 사용하게 하리.

난대의 천관이 징심당지를 보내오니,

이를 받아 귀히 간직하며 손상될까 저어하네.

그대가 오늘 다시 주니 부끄러움이 더하는 것은

그대와 같은 문재文才가 내게 없음이라.

마음이 불안하고 초조한 것은 정리할 궤가 부족함이라.

날마다 찢어질까, 아이의 손을 탈까 두려움이라.

마음 속에 생각이 많아도 붓을 잡기 어렵고,

마음에 친구 자산子山의 슬픔을 생각하노라.

　　징심당지澄心堂紙로 그림을 그린 사람은 북송北宋의 대화가 이공린李公麟이었다. 명대明代의 도륭屠隆이 지은 『지묵필연전紙墨筆硯箋·지전지전紙箋』에는 "송나라의 종이 중에 징심당지가 있으니, 매우 뛰어나다. 송나라의 여러 명인들이 글씨를 쓰고 이백시李伯時(이공린)가 그림을 그릴 때, 대부분 이 종이를 사용하였다"고 기록되어 있다. 등춘鄧椿이 지은 『화계畵繼』에도 이공린이 '주로 징심당지로 작업하고, 견소絹素를 사용하지 않으며, 단분丹粉도 칠하지 않았다'고 적혀 있다. 이공린은 당시 그림 분야의 일인자로, 그림 재료 선택에 매우 까다로웠다고 한다. 주로 고급 비단을 사용했는데, 그가 징심당지를 사용한 것은 적어도 징심당지의 품질이 뛰어났다는 것을 의미한다. 징심당지의 명성이 점점 더 커져 북송北宋시대 민간에도 많은 모조품이 나타났다.

　　휘종徽宗 시대의 대서예가 채양蔡襄은 징심당지의 비법을 발굴하려 했다. 현재 남아있는 『징심당첩澄心堂帖』은 그가 친구에게 보낸 서간으로, 전문은 "징심당지 한 폭, 넓이나 두께, 견고함이 모두 이와 같으니 좋네. 장인들이 만들기를 꺼려하고, 만들 수 없을까 두려워한다네. 두터운 종이로 시도해보았으나 얻을 수 없었네. 그 종이의 질감이 섬세해 징심당지를 모방할 수 있을 것 같네. 대신 백 폭만 구해주시게. 계묘중양일. 양서襄書." 서간의 내용으로 보아, 채양은 남아있는 징심당지에 매우 관심이 많았으며, 친구에게 여러 방법을 동원해 달라고 부탁했고, 기술자에게도 찾아달라고 의뢰했다. 채양이 징심당지를 사용해본 것이 분명해 보인다. 그는 한 번 사용한 후에 그 종이를 잊지 못하여 이토록 깊은 애착을 가졌던 것 같다.

미불米芾과 미우인米友仁 부자는 여러 그림을 징심당지 위에 그렸는데, 예를 들어 미불의 『호산연우도湖山煙雨圖』, 미우인의 『대요촌도大姚村圖』 등이 있다. 명나라 시대 왕라옥汪砢玉이 지은 『산호망珊瑚網』에는 "미서청米西淸의 『운산소권雲山小卷』은 여묵의 농담과 기운이 매우 특별하여, 이후의 성취를 가늠하기 어려울 것이다. 원휘元暉의 글씨 …… 송표宋裱(송대의 표구 기술-역자주), 징심당지 위에 그려져 있는 그림이 길이가 장丈이 넘고, 구름과 산의 세밀함과 정교함이 다른 그림들과 확연히 다르다"라고 기록되어 있다. '미서청'은 미우인을 가리킨다. 이 책에서 왕각옥은 또한 자신이 경구京口에서 미불이 징심당지에 그린 『운산묵희도雲山墨戱圖』 한 권을 본 적이 있다고 기록했는데, '필치가 기이하고, 예상 밖이었다'고 했다.

징심당지澄心堂紙도 불완전한 점이 있었는데, 주로 크기가 작아 대형 그림을 그리려면 여러 장을 이어 붙여야 했다. 따라서 징심당지의 가장 큰 용도는 여전히 서예와 서간에서 찾아볼 수 있다. 그림에 비해 서예와 종이가 더 이른 시기에 더욱 밀접한 결합을 이루었다. 종이 위에 쓰여진 붓글씨가 한결 단아하고 자연스러워, 마치 천생연분인 듯했다.

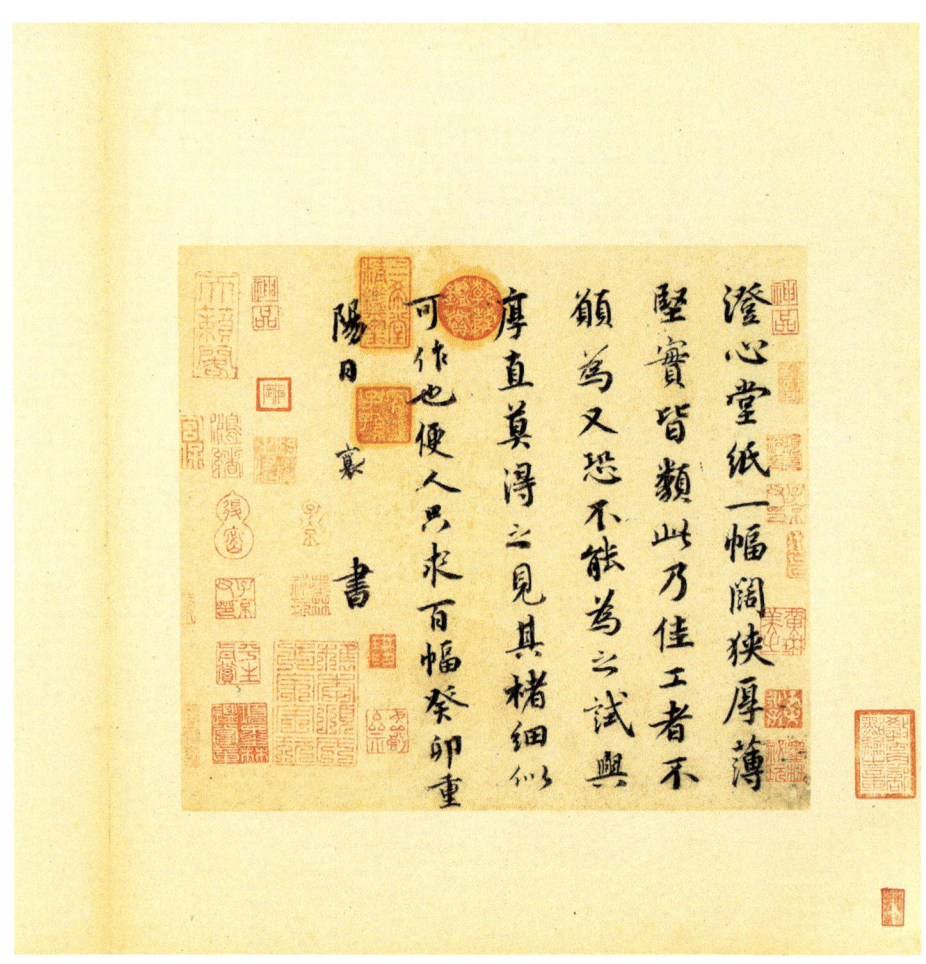

북송北宋, 채리蔡襄의 『징심당첩澄心堂帖』

 이후 금나라金의 남하와 사회적 혼란 등의 이유로 징심당지의 명성이 퇴색하고, 환남皖南의 제지업도 큰 타격을 입었다. 그러나 발전된 제지술과 장인정신, 전통은 사라지지 않고 민간에 여전히 남아 있었다. 남송南宋의 나원羅願이 지은 『신안지新安志』 권십에는 징심당지 이후 남송 시대의 적계현績溪縣에 징심당지를 직접 계승한 우수한 품질의 종이가 있었다고 기록되어 있다. '흡주歙州와 적계지績溪紙에서 생산된 종이는 징심당의 유물이니, 새롭고 뛰어나다. 오늘날 대부분의 종이는 남방에서 나오는데, 오전烏田, 고전古田, 유권由拳, 온주溫州, 혜주惠州 등이 유명하다. 그러나 계계지와 비교하면 그 문벽門壁에 이르지 못한다.'고 했다. 또한 권이卷二에서는 '종이에는 맥광麥光, 백활白滑, 빙익冰翼, 응상凝霜 등의 종류가 있다. 오늘날 흡현歙縣과 계계 지역에는 용수龍須라는 지명이 있는데, 종이가 그곳에서 생산되어 용수지龍須紙라 불린다. 대개 신안新安의 물은 맑고 투명하여 종이를 만들기에 적합하며, 그 종이는 마치 옥처럼 맑은 묵색을 띤다. 그 해 늦게 얼음을 깨어 만든 것은 더욱 견고하다'고 기록되어 있다. 이 문구는 당시 휘주徽州의 제지가 여전히 징심당지의 전통을 이어가고 있음을 보여준다. 계계에서 만든 용수지는 원료로 주로 저피楮皮를 사용했고, 용수초龍須草를 첨가했을 수도 있으며, 방법과 기술은 징심당지에서 직접 유래했다.

원대元代에 이르러 징심당지가 다시 등장했지만 뚜렷한 생산지는 따로 없었다. 원나라의 비저費著가 쓴 『촉전보蜀箋譜』에는 "징심당지는 이씨李氏의 징심당 양식을 따라 만들어졌다. 겉은 가볍고 부서지기 쉬우며 지극히 정교하다. 중간 등급은 옥수지玉水紙라 하고, 최하급은 냉금전冷金箋이라 해서 일반적으로 사용된다"고 기록되어 있다. 그의 말에 따르면 원대의 징심당지 모조품은 가볍고 찢어지기 쉬웠으며, 송나라 방식으로 제작된 것으로 보인다. '냉금전'은 금분을 뿌린 종이로, 종이의 질이 떨어지는 것을 보완하기 위해 사용되었을 것이다. 당시의 종이는 징심당지 모조품 외에도 설도전薛濤箋 모조품도 있었다. 원대에 고급 서화지가 대량으로 생산되었다는 것은 대규모 사회적 수요를 반영하며, 국내 소비뿐만 아니라 원나라 밖으로도 수출됐을 가능성이 높다.

휘주부徽州府의 흡현歙縣과 계계繼溪가 모두 선주부宣州府의 경현涇縣과는 불과 백여 킬로미터 거리에 있었고, 모두 환남皖南 산악 지역에 속한다. 어느 날 우연히 징심당지澄心堂紙의 비밀이 어떤 인연을 통해 경현의 어느 마을로 퍼져나갔을 것이다. 징심당지를 본보기로 삼아 현대적 의미의 선지宣紙가 뒤따라 나타난 것은 자연스러운 일이었다. 결국, 전통 공예는 인간 세상 속에서 무형의 강물처럼 흐른다. 오늘날 경현에서 생산되는 '왕육길汪六吉' 선지는 당시 휘주의 왕씨汪氏 가문이 북쪽으로 이주한 후, 가문의 전통 기술을 계승한 결과라는 설이 있다. 어쨌든 깊은 산속의 흡현보다 청익강青弋江가에 위치한 경현이 교통이 훨씬 편리했다. 논리적으로 추론하건대, 현재의 선지가 징심당지의 영향을 받았을 가능성은 충분하다. 역사는 대체로 모호하나, 때로는 세세한 부분에서 반짝이는 빛을 발하며 사물과 사물 사이의 긴밀한 연결을 보여준다.

명나라 이후 징심당지는 사라졌다. 심지어 여러 책에서도 사라졌다. 징심당지와 함께 수많은 종이 상표와 상호도 사라졌다. 생각해보면 농업 문명의 수많은 기술이 '기, 승, 전, 합'의 과정을 거치고, '시작, 발전, 전승, 합류'의 과정 혹은 '흥망성쇠'의 과정을 겪는 것도 당연하다. 그 시대의 오래된 상표들이 여러 가지 문제로 인해 점차 사라졌다. 그러나 자연의 영성과 기가 담긴 것들은 여전히 영혼이 남아, 사라짐을 재생으로, 고통을 기쁨으로 변화시킨다.

현재 자료와 기록만으로는 징심당지와 후에 나온 선지 사이의 밀접한 관계를 분명히 파악하기 어렵다. 확실한 것은, 그들 모두 황산黃山 기슭에서, 환남에서 시작되었다는 것이다. 이 지역은 유구한 문화 전통을 가지고 있으며, 오랜 제지 전통도 가지고 있다. 초기의 제지 전통, 문화적 축적, 관련 기술의 전승 없이는 후에 나온 현대적 의미의 선지, 즉 청단피靑檀皮와 볏짚을 주요 원료로 하는 선지가 탄생할 수 없었을 것이다. 두 종이 사이에는 불가분의 관계가 있다. 고선지古宣紙와 현대의 선지 사이에는 중국 문화의 영혼이 유영한다. 어떤 종류의 고대 종이도 선지의 전생이라고 보는 것이 과학적이고 합리적인 태도일 것이다.

관점을 달리하여, 만약 종이에도 영혼이 있다면 오늘날 선지의 혼은 징심당지에서 비롯되었다고 보아야 할 것이다. 선지는 징심당지의 직접적인 계승자로, 마치 징심당지의 환생과도 같다. 또한 징심당지뿐만 아니라, 환남의 모든 옛 종이들은 선지의 '전생'이라 할 수 있으며, 선지는 환남의 모든 고서지의 '현생'이다. 선지는 환남 지역 제지의 발전을 상징하며, 모든 고서지의 기억을 재현한다.

02

서예와 회화의 종이 속 세계

5. 종이 위의 서예

　세계 어디에도 중국 문화처럼 문자를 숭배하고 서예의 미학에 주목하는 문화는 없다. 중국의 한자는 원래 신과의 소통을 위해 사용되었으며, 무속의 일부였다. 인간 간의 수평적 소통은 언어만으로 가능하나, 인간과 신의 수직적 소통은 사적이고 소리가 없으므로, 거북 껍데기에 칼로 기호를 새겨 신이 읽을 수 있게 했다. 문자가 사람들 간의 소통 도구가 된 것은 나중의 일이다. 한자에는 많은 이치가 숨겨져 있으며, 이를 만든 선인들의 세계관이 녹아 있다. 이른바 '자자주기字字珠璣'란 글자 하나하나가 주옥같이 귀하며 그 속에 많은 현묘한 이치가 숨겨져 있다는 뜻이다. 따라서 '자字'는 보존할 가치뿐만 아니라 애착을 가질 가치도 있다.

　문자를 중시했던 중국인은 문자와 관련된 것들, 예를 들어 서예나 문장도 귀하게 여겼다. 두보杜甫의 시구 "문장천고사文章千古事(문장은 천고의 사업이라), 득실촌심지得失寸心知(그 득실을 스스로의 마음이 안다)'도 문장과 역사를 동일시 하는 표현이다. 명대의 진계유陳繼儒는 '고풍뇌우로故風雷雨露, 천지영天之靈, 산천명물山川名物, 지지영地之靈, 어언문자語言文字, 인지영人之靈"이라 하여 언어와 문자를 신성한 위치로 끌어올렸다. 중국인은 세계와 생명에 대한 모든 인식을 자신들의 문자 속에 모두 담아냈다. 문자의 검은 선과 종이의 하얀 바탕은 음양 두 극처럼, 세상의 풍운과 굽이굽이 흐르는 변화를 나타낸다. 중국의 상형 문자가 가진 '형形, 상象, 의意'의 기능은 표음 문자의 미학적 의미를 무색하게 만든다. 이것이 중국 서예 미학의 기초이다.

　초기 중국의 문자는 거북 껍데기, 종정鐘鼎 위의 와당瓦當, 새인璽印,

그리고 야외의 석벽, 석구, 석비에 새겨졌다. 간독이 등장한 후에는 문자가 목간과 죽간에 기록되기 시작했다. 이러한 문자들은 크기와 모양이 다양하고 굵기와 가벼움의 리듬이 유연했으며, 특별한 경쾌함과 묵직함을 지녔다. 그러나 즉흥적인 필체와 거친 도구로 인해, 이 거칠고 단단한 문자들은 초기 서예라고 불리지만, 전체적으로 볼 때 아직 체계화되고 성숙한 규범을 형성하지 못해 문자의 우아한 정신을 충분히 표현하지 못했으므로 성숙한 예술 형태라고 할 수 없다.

채륜蔡倫이 제지술을 개선한 것은 중국 사회 발전에 있어 중대한 사건이자 중국 문화사의 중대한 사건이며, 더 나아가 서예 탄생의 전제였다. '채후지蔡侯紙'의 출현은 당시 사회적으로 큰 반향을 일으켰다. 중국 문자에 마침내 적절하고 편리하며 저렴한 매개체가 생긴 것이다. 제지술 발명 이후, 종이는 점점 얇고 부드럽고 깨끗하고 섬세해졌다. 번거롭고 무거운 간독과 비싼 비단에 비해, 종이는 더없이 가볍고 편리했다. 한 장의 종이가 무거운 간독 한 두루마리와 같은 양의 글자를 담을 수 있었다. 또한 종이는 휴대하기 쉽고, 책으로 묶기에도 용이했다. 게다가 종이의 가격이 비단보다 훨씬 저렴해, 일반 백성들도 쉽게 접근할 수 있었다. 이에 종이가 중국인들에게 순식간에 받아들여졌고, 곧바로 간독을 대체하며 일반적인 쓰기 재료가 되었다.

종이의 발전은 곧바로 서예의 발전을 일으켰다. 글씨 쓰기가 이렇듯 편리해졌는데 누군들 글씨를 더 아름답게 쓰고 싶지 않겠는가? 따라서 누구나 서예가가 될 수 있는 가능성과 기회를 갖게 되었다. 당나라의 『서단書斷』에는 한나라 헌제 시기에 동래東萊 사람 좌백左伯이 만든 종이가 아름답고 광택이 흘러 일시에 명성을 얻었고, 서예 대가 채옹蔡邕은 좌백의 종이가 아니면 붓을 들지 않았다는 일화가 있다. 이는 동한東漢의 문인들이 이미 종이의 묘미를 느끼고 의식적으로 좋은 종이를 선택하기 시작했음을 의미한다.

제지술이 등장한 이후의 삼국 및 위진남북조 시대는 춘추전국시대처럼 혼란했고, 문화의 융합과 발전도 춘추전국시대만큼이나 활발했다. 북쪽에서 불교가 전파되어 여러 지역에서 대규모 석각 벽화가 성행했다. 문학, 회화, 서예가 빠르게 발전하며 한층 화려하고 장엄해졌다. 도교와 불교에서 비롯된 화학과 수학이 발전했고, 갈홍葛洪과 조충지祖沖之는 기발한 생각과 깊은 통찰로 당대 사람들을 앞서 나갔다. 또한 공학, 역법, 금속공학 등 분야에서도 큰 진전이 있었다. 이러한 것들은 유불도儒佛道가 초기에 융합하면서 발생한 힘으로, 만남과 더불어 천지를 뒤흔드는 변화를 가져왔다. 불교의 전파는 사회문화에 활력을 불어넣었고, 중국인의 생명 의식과 자아 의식을 일깨웠다. 만물의 성장, 그 자체가 결국 자유였다. 사회가 깨어나고 인류가 자각하며 자유를 추구함으로써 생명이 더욱 의미 있고 풍부해졌다. 위진남북조 시기에 나타난 화려함은 중국 문화사에서 유례없는 것이었다. 다만 혼란한 시대 상황으로 인해 백성들의 삶이 고통을 겪었고 문화와 미학의 빛을 가렸다.

문화 발전에는 내재된 법칙이 있다. 중국 역사에서 가장 혁신적이고 창조적인 시대는 한나라나 번영한 당나라가 아닌, 전쟁이 끊이지 않았던 춘추전국시대와 위진남북조시대였다. 춘추전국시대는 큰 혼동 속에서 제자백가를 배출하고 백가쟁명을 이끌었다. 위진남북조는 수백 년 동안 문화의 번영기를 이끌었을 뿐만 아니라, 큰 혼란 속에서 수당 제국의 갑작스러운 등장을 잉태했다.

위진남북조시대는 문화인들이 온몸으로 글자와 종이를 포용한 시대였다. 사람들은 글자와 종이 앞에서 겸허와 경외심을 느꼈고, 한편으로는 대담하고도 열의에 차 있었다. 이러한 상황에서 좋지 않은 '자字'가 있었겠는가? 종이의 등장은 필묵에 영향을 미쳤고, 서예를 위한 새로운 공간과 규칙의 형성을 가져왔다. 종이, 붓 그리고 묵의 관계는 대지와 인간의 관계와도 같았다. 또한 모성애적인 마음과 보이지 않는 인도가 그 속을 관통했다. 종이 위에서 글자는 처음에 비틀거리며 걸었고, 걷기에서 달리기로, 달리기에서 춤추기로, 마침내 변하여 날아올랐다. 간독 위에서 멈칫거리며 주저하던 글자들은 종이 위에서 자유롭고 활기차게 활보했다. 그 움직임이 율동적이고 재바르며 운치가 있었다. 글자의 외양이 아름다운 품격을 갖추게 되었고, 단순하면서도 깊고 두터워졌다. 그 후, 구조는 형태가 되고, 선은 예술이 되며, 먹색은 영원이 되었다. 서예가 종이의 도움으로 전례 없이 발전했다. 종이가 없었다면 서예가 어려웠을 것이고, 후에 정형화된 글자도 어려웠을 것이다. 만약 종이가 없다면, 문자는 마치 물을 잃은 낚시꾼, 바둑판을 잃은 바둑꾼, 연무장을 잃은 무인과 다름없을 것이다.

　특별한 예외도 있는데, 그것은 바로 여러 비문들이다. 남조의 문인들이 종이 위에서 감정과 탄식을 마음껏 표현할 때, 북방 민족들은 문자를 하나하나 돌비석에 새겼다. 이 중에서 유명한 비문들이 『장맹룡비張猛龍碑』, 『용문이십품龍門二十品』 등으로, 이들은 먼저 누군가가 종이 위에 글씨를 써서 석공에게 주면 석공이 다시 비석에 새겼다. 석비 위에서 원형 필체는 각형 필체로 새겨지고, 원만한 전환은 각진 전환으로, 이어진 필체는 단절된 필체로, 가벼운 필체는 무거운 필체로 변환되어, 비문의 글씨에 독특한 매력을 부여했다. 비문의 다양한 형식은 비문을 새긴 석공의 흔적으로, 명쾌하고 강인한데 이는 필법도 서법도 도법刀法이다. 그러나 이러한 도법은 창조적으로 서예를 변화시켰고, 붓글씨의 점, 획, 구조, 형식에 참고가 되었다.

육조 이전의 서예는 기본적으로 금석金石 속에 존재했다. 금은 일반적으로 청동으로 만든 고대 유물을 지칭하며, 상고시대의 청동 예기와 그 명문, 무기, 청동 조각, 부새 등을 포함한다. 석은 주로 석질의 유물을 지칭하며, 여러 비각碑刻(예를 들어 묘비, 마암석각)과 불교 사원의 경당經幢 등 다양한 석재 조각을 포

북위北魏, 장맹룡비張猛龍碑(일부)

함한다. 후일에는 종이와 붓이 주도하는 서예가 점점 부드러워지는 가운데, '북비'를 포함한 금석이 서예에 경각심을 줄 수 있었다. 이들은 한자의 초심이자 서예의 아득한 기억이었으며, 종이 위의 무골無骨을 일깨우는 역할을 할 수 있었다. 많은 경우, 비문은 일종의 전망대가 되어, 끝없는 고도古道 위에 서 있는 경계비와 차가운 바람이 되어 서예를 맑게 침잠하게 만들었다.

중국에서 서예는 더 깊은 차원에서, 철학과 문화로부터 동력을 얻고 더 나아가 인간사의 시작부터 글자와 그림은 동일한 근원에서 출발했으며, 태초에 거북 껍데기, 짐승 뼈, 석구에 새겨진 글자는 그림이자 글자이자 문장이기도 했다. 당나라의 장회관張懷瓘이 쓴 『서단書斷』에

"옛날 포희씨庖犧氏가 괘를 그려 상징을 세우고, 헌원씨軒轅氏가 문자를 만들어 가르침을 정립했다. 요순堯舜 시대에 이르러 화려한 문장이 나타났다"는 글귀가 있다. 여기서 '문장'은 문자로 구성된 문장뿐만 아니라 '화려함' 즉 새와 짐승의 아름다운 털을 의미한다. 진한秦漢 이전까지 불문이나 종정문, 칠서나 죽간에는 구조미만 있었을 뿐, 선이 다소 단조로웠다. 소전小篆은 진시황이 통일 후에 보급한 글씨체로, 이사李斯가 대전을 단순화하여 만든 것이다. 예서는 정막程邈이라는 사람이 창조했다고 전해지는데, 그는 진시황에 의해 운양옥雲陽獄에 갇혀 십 년간 깊이 고심한 끝에, 다소 어려운 전서篆書를 간소화하여 3,000자의 예서를 만들고 그것을 진시황에게 바쳤다. 한자의 전서는 '그린' 것처럼 보이지만, 예서부터 필획의 개념을 가진 '쓴' 문자가 되었고, 3000년 이상 지속된 상형 문자에서 벗어나 상징화된 오늘의 문자를 창조했다.

한나라 이후, 서예 도구에 큰 변화가 생겼는데, 모필, 죽지, 연묵의 도입으로 한자의 선이 복잡하고 유려해졌으며, 사람들의 글씨 쓰기에 미학적인 자각이 생겼다. 동한의 서예가 사이관師宜官이 글씨를 잘 썼다고 전해지는데, 술을 좋아해 취기가 오르면 종종 벽에 글을 썼다고 한다. 그의 제자 양곡梁鵠도 글씨를 잘 써서 위무제魏武帝 조조曹操의 눈에 들었다. 위무제는 종종 전쟁을 치르는 중에도 양곡의 글씨를 가까이에 두고 감상했다. 진대에 이르러 종이가 재빨리 간독을 대체하면서 글씨 쓰기에 대한 일련의 요구사항이 서서히 새로운 규범으로 바뀌었다. 이후 장초가 등장했는데, 이는 예서를 기반으로 한 변화였다. 장초는 예서의 파절을 유지하되, 속도가 훨씬 빨라 대량의 필사에 적합했다. 장초서의 특징은 글자와 글자 사이가 이어짐이 없이 독립적이지만, 필기 속도가 한 글자 범위 내로 제한되어 글자와 글자가 이어지는 행서가 발전하지 않았다.

해서의 탄생은 또 다른 진전이었다. '해楷'자는 법도, 규범, 모범의 의미를 가지고 있다. 해서의 시조에 대해 두 가지 설이 있다. 하나는 전설 속 인물인 왕차중王次仲으로『서단書斷』,『권학편勸學篇』,『선화서보宣和書譜』,『서선기序仙記』등에 그가 '예서로 악법을 만들었다'고 적혀 있다. 다른 하나는 종요鍾繇이다. 왕차중의 생애는 불분명하며 작품도 남기지 않았기에, 종요를 해서의 창시자로 보는 것이 더 설득력이 있어 보인다. 해서의 출현은 일종의 표준을 만들고자 했던 것으로, 한자의 쓰임새를 규범화하고 서예를 규정하고자 했다. 규범과 자유는 항상 상호보완적이어서, 규범은 자유에, 자유는 규범에 도움이 된다.『삼국지三國志』에 따르면 종요와 호소胡昭는 함께 하남의 포독산抱犢山에서 류덕승劉德升을 스승으로 모시고 삼 년 동안 서예를 배웠다. 이후 두 사람의 서예 실력이 크게 향상되었으며, 누군가는 그들의 서예를 '비홍희해飛鴻戱海(기러기가 광활한 바다 위를 나르다-역자주), 무학유천舞鶴游天(학이 춤을 추 듯이 하늘을 날다-역자주), 호비종수胡肥鍾瘦(필체가 두텁고 둥글며, 가늘면서도 힘차다-역자주)'라 표현했다. 즉, 호소의 글씨체는 두텁고 종요의 글씨체는 가늘다는 뜻이다. 종요는 공부를 마친 후 동한 조정에서 여러 차례 하급 관리를 역임했으며, 이후 위나라에 투항하여 현명한 재상이자 '해서의 조상'으로 명성을 얻었다. 호소는 원소袁紹, 조조曹操의 청을 모두 거절하고 한가로운 삶을 살았다. 여러 서적에서 호소의 예서가 세상에서 가장 뛰어나다고 칭송했다. 전해지기로 조위의 명신 사마의司馬懿는 젊은 시절 호소에게 배웠다고 한다. 호소는 스승 류덕승과 마찬가지로 서예 작품을 남기지 않았다. 인간세상의 지극히 좋은 것들이 종종 불꽃처럼 찰나적이어서 화려함이 지나간 후에는 구름과 연기만 남는데, 이는 마치 생명과 세상의 본질과도 같다.

금초는 해서에서 파생되었으며, 해서를 기반으로 하되 절필折筆이 더 많다. 논란의 여지가 있지만, 일반적으로 금초의 시조는 한말의 장지張芝로 여겨진다. 장지는 예서의 틀에서 벗어나, 글자별 구분과 필획 분리의 장초법을 상하 연결과 변화가 풍부하고 독창적인 필법으로 만든 것으로 평가받으며, 금초의 시초로 여겨진다. 장지는 또한 변화무쌍한 필법으로 자형의 크기 변화를 교차시키는 광초狂草를 창조했다. 장초, 금초, 광초의 등장으로 중국 서예는 방대하고 자유로운 경지에 들어서게 되었고, 서예의 예술적 개성이 경지에 이르게 되었다.

위진 시대에 이르러 왕희지王羲之가 장지張芝의 금초법을 계승했는데, 글씨의 방향이 횡에서 종으로, 소박미에서 유려미로, 외형적 확장에서 내적 절제로 변했다. 한자가 더욱 아름다운 생동감과 리듬감을 갖게 되었고, 동시에 서예가의 미적 감각과 마음의 흐름이 선의 강약과 변화를 통해 생동감 있게 표현되었다. 서예는 자유분방한 미적 단계로 진입하여, 마치 흐르는 물의 선, 춤의 빼어남, 음악의 기복과 같은 서예의 미적 지향성이 향상되었다.

한자 서예에서 한, 위, 진, 남북조 시대는 매우 중요한 단계로, 중국 서예의 전, 예, 해, 행, 초가 점차 완성되어 갔다. 예서는 정형화된 한자의 기본 형태를 확립하고 해서의 발전을 준비했으며, 행서와 초서가 위진 시대 이백 년 동안 정립되었다. 위진 시대에는 종요鍾繇, 왕희지, 왕헌지王獻之 등 불세출의 서예 대가들이 등장하며, 한자 서예는 자각적인 예술로 변신했다. '서법'이라는 특정 용어도 이 시기에 처음 나타났는데, 예를 들어 남조의 왕승건王僧虔이 사종謝綜의 글씨를 "서법에 힘이 있으나 아름다움이 부족한 것이 아쉽다"고 평했다. 서진西晉 시대에는 서체를 주제로 한 글이 여러 편 등장했는데, 예를 들어 성공수成公綏의 『예서체隸書體』, 양천楊泉의 『초서부草書賦』, 색정索靖의 『초서장草書狀』 등이 서예에 대한 숭상과 경외심을 드러냈다. 남조의 제량齊梁 시기에는 감상, 수집, 기록하는 분위기가 점차 확산되었다. 마종곽馬宗霍은 『서림조감書林藻鑑』에서 "서예는 진晉 사람들이 가장 뛰어나며, 또한 진나라 때 가장 번성했다. 진의 서예는 당의 시詩, 송의 사詞, 원의 곡曲과 같아, 모두 한 시대의 유행이라 할 수 있다"고 말했다. 이는 진나라의 서예를 당시, 송시, 원곡과 동등한 위치에 둔 것이다.

진나라 시대는 서예의 고조기였다. 이후 당나라 때에 이르러 풍부하고 화려한 기풍과 엄숙한 분위기가 서예에 스며들어 서예 예술을 또 다른 정점으로 끌어올렸다. 당대의 자유분방한 분위기 속에서 자유방임적인 초서, 아름답고 우아한 전예, 고고하고 맑은 행서, 규범적이고 뛰어난 해서가 모두 성행했고, 우세남虞世南, 구양순歐陽詢, 저수량褚遂良, 설직薛稷, 안진경顔眞卿, 육간지陸柬之, 유공권柳公權, 양응식楊凝式 등 서예가들의 대거 등장을 가져왔다. 예를 들어 저수량의 서예는 비단결처럼 규칙적이고, 지용智永의 서예는 고고하고 독특하며, 구양순의 서예는 섬세하고 정교하며, 안진경의 서예는 웅장하고 진지하며, 육지지의 서예는 천연스럽고, 양응식의 서예는 소박하고 자연스러우며, 유공권의 서예는 신비하고 청정하다고 표현할 수 있다.

송宋과 원元 이후, 청단피青檀皮를 주요 성분으로 하는 새로운 형태의 선지宣紙가 등장하고, 모필이 개선되면서 선지와 모필이 더욱 섬세하고 민감해져 서예 예술에 새로운 함의를 부여하였다. 모필과 종이의 조합은 운율과 형태의 변화라는 특별한 효과를 가져왔다. 문인들은 글씨 쓰기를 통해 한자의 구조, 골격, 선, 의미의 아름다움을 점차 인식하게 되었고, 장단의 교차, 좌우의 상호 양보, 원근의 조화, 여백과 필묵, 매끄럽고 조밀한 선, 동적인 아름다움 등의 방식으로 필묵의 힘, 매력, 속도, 변화를 통해 서예의 정교함, 경쾌함, 간결함, 두께, 파절, 신중함, 소탈함, 자유로움을 표현했다. 이에 따라, 서예 예술의 미학적 주장이 중국의 철학, 미학과 완벽한 융합을 이루었다.

전서, 예서, 해서, 행서, 초서는 이렇듯 자유롭고 신비로운 변화를 거쳐왔다. 전서는 춤을 추 듯, 예서는 활보하듯, 해서는 반듯한 걸음으로 걷는 듯, 행서는 산책하 듯, 초서는 달리는 듯이 …… 도달한 곳마다 꽃잎이 흩날리며 표표히 날아올랐다. 종이 위에 남겨진 모든 글자는 독특한 향기를 지니고 있으며, 종이 위를 거니는 영혼으로 여겨졌다. 그것은 시대의 기운과 개인의 체온을 담고 있으며, 사라진 생명과 시간으로 이끄는 신비한 통로와 같다. 시간의 흐름 속에서 더 많은 발자국이 종이 위에 꽃잎과 나뭇잎처럼 떨어지고 예술의 두께와 밀도도 따라서 증가하였다. 한자의 여정을 따라가는 것은 신비로운 전설을 따라가는 것과 같다. 예를 들어 채옹蔡邕이 젊은 시절 숭산嵩山의 한 돌방에서 신선의 가르침을 받아 삼 년 후 오묘한 서법을 터득했다고 전해진다. 이후 채옹은 필법을 제자 최원崔瑗과 딸 채염蔡琰에게 전수했다. 채염은 다시 삼국 시대의 서예가 위탄韋誕에게 전수했다. 위탄이 죽은 후, 종요鍾繇는 무덤을 파헤쳐 필법을 훔치고 밤낮으로 연구하여 마침내 해서의 시조가 되었다. 종요는 필법을 위부인衛夫人에게, 그녀는 다시 왕희지王羲之에게, 황희지는 왕헌지王獻之에게, 왕헌지는 양흔羊欣에게, 양흔은 왕승건王僧虔에게 전수했다. 이후 서예는 소자운蕭子雲, 지용智永, 우세남虞世南, 구양순歐陽詢, 육간지陸柬之, 장욱張旭, 이양빙李陽冰, 서호徐浩, 안진경顔眞卿에게 전승되어, 만당晩唐의 최막崔邈에게 이르렀다. 그 과정이 마치 불씨를 전달하듯 길게 이어지며 긴박하면서도 신비스럽다. 더 많은 세세한 이야기들은 물 속에 가라앉아 설니홍조雪泥鴻爪(기러기가 눈밭에 남기는 선명한 발자국-역자주)에 불과하다가, 가끔 물 위에 파문을 일으키며 반짝인다.

중국 문화에 있어서, 서예는 단순한 선의 예술이 아니라 시, 음악, 무용, 서정적 산문이다. 그것의 사명은 '언지言志(생각의 표현)', '서회抒懷(감흥의 토로)', 더 나아가 '오도悟道(철학적 진리)'이다. 중국에서 예술은 항상 높은 차원에서의 '융통融通'과 '초월超越'을 추구하며, 부지불식 중에 혼돈의 최고 경지에 이른다. 따라서 이러한 예술 형태는 시, 산문, 소설, 회화를 훨씬 뛰어넘으며, 음악과 무용의 '도道'와 비슷한 신성한 빛을 발한다.

6. 『평복첩平復帖』에서 『난정집서蘭亭集序』까지

중국의 서예 예술이 왜 위진魏晉 시대에 성숙한 발전을 이루었을까? 이는 당시 서예 도구의 발전과 사람들의 내면적 각성과 관련이 있다. 종백화宗白華는 '진나라 사람들은 외부로 자연을 발견하고 내면으로 자신의 깊은 감정을 발견한다'고 말했다. 서예 예술은 사람이 자연과 대면하여 발굴한 깊은 감정이며, 필묵지장筆墨紙張을 도구로 삼아 내면의 개성을 드러내고, 자연과 신령에 대한 탐구와 경의를 표하는 것이다. 위진 시대에는 유도儒道가 먼저 융합되었고, 이어서 불교가 가세했다. 불교가 중국인의 생명 의식과 자아 의식을 일깨우고 개별적인 생명을 세상의 모든 것과 연결짓는 역할을 했다. 이 시기에 중국 문화는 철학적 사유를 통해 인식의 확대, 관용, 내향성의 외적 표출 그리고 자유로운 사고의 전환을 이루었다. 이에 따라 일부이기는 하나 사람들의 행동과 내면이 고결함과 소탈함의 경지에 이르렀고, 다양한 문학과 예술 형식이 보기 드문 아름다움을 지니게 되었다.

생명의식과 사고의 깨우침을 통해, 영리함이 지혜로 바뀌고, 지혜가 공허와 만나 예술과 철학으로 바뀌었다. 회화, 서예, 무용, 음악 등 다양한 분야에서 수준 높은 작품이 탄생하였다. 문학의 영역에서는 조조曹操, 도잠陶潛의 시문, 조비曹丕의 『전론典論·논문論文』, 육기陸機의 『문부文賦』, 유협劉勰의 『문심조룡文心雕龍』, 종영鍾嶸의 『시품詩品』, 사혁謝赫의 『고화품록古畵品錄』 등은 탁월한 통찰력과 독특한 시각을 보여주었다. 서예에서는 왕희지王羲之 부자父子를 비롯한 많은 서예가들이 활약하였다. 회화에서는 조불흥曹不興의 불화, 위협衛協의 인물화, 고개지顧愷之의 『낙신부도洛神賦圖』와 『여사잠도女史箴圖』 등 명작이 탄생했으며, 이 작품들은 천년 후 명청明淸 시대의 화가들을 놀라게 하였다. 음악에서는 환이桓伊(동진시대의 장군으로 피리를 잘 불기로 유명했다고 전해진다-역자주)의 피리, 계강嵇康과 대규戴逵의 거문고 등이 여운을 남겼다. 자연과학 분야에서도 눈에 띄는 발전이 있었는데, 지리학 저작으로는 장화張華의 『박물지博物志』, 역도원酈道元의 『수경주水經注』가 있으며, 의학 저작으로는 갈홍葛洪의 『포박자抱朴子』, 장중경張仲景의 『상한잡병론傷寒雜病論』 등이 있다.

제지술의 발전이 이 모든 면에서 발전을 가져왔다. 인간 교류에서, 사람들은 보편적으로 종이에 편지를 써서 소식을 전달하고 문안인사를 주고 받았다. 『평복첩平復帖』, 『이모첩姨母帖』, 『초월첩初月帖』, 『절종첩癤腫帖』, 『신월첩新月帖』, 『쾌설시청첩快雪時晴帖』, 『원환첩遠宦帖』, 『평안첩

平安첩』, 『하여첩何如帖』, 『봉귤첩奉橘帖』, 『백원첩伯遠帖』, 『중추첩中秋帖』 등이 위진 시대 사람들이 흔히 주고받던 편지나 쪽지, 인사, 병문안, 애도, 날씨 변화나 기쁨, 분노, 슬픔, 고통 등을 서술한 작품이다. 첩은 즉흥적이고 일상적인 특징으로 인해 있는 그대로의 감정이 더욱 잘 드러난다. 비석에 새긴 글자의 공식성과 위엄에 비해, 종이에 쓴 먹물은 더욱 가볍고 솔직하며, 필묵의 자유로움과 성품을 더욱 잘 나타낸다.

왕희지王羲之의 『쾌설시청첩快雪時晴帖』은 설니홍조雪泥鴻爪와 같은 시적인 의미를 담고 있다. 어느 해 모월모일, 큰 눈이 내린 날, 왕희지는 불현듯 무언가를 떠올리며 종이와 붓을 들어 산음山陰의 장후張侯에게 척독尺牘(한 자 정도의 짧은 글로 된 편지-역자주)을 썼다. "큰 눈이 어느새 멈추고 맑아지오. 안녕하기를 바라오. 결과도 맺음도 없소, 힘이 미치지 못하오. 희지 돈수頓首(상대에 대한 존중의 뜻에서 편지 끝에 쓰는 표현-역자주)." 이 글을 쓴 후 왕희지는 편지봉투에 산음장후山陰張侯(왕희지가 서신의 말미에 쓰곤 했던 표현. 오늘날 그 뜻에 대해 수신자가 '산음에 사는 장선생'이라는 견해와 '산음에서 만날 수 있기를 바란다'는 의미라는 견해가 있다-역자주)라는 네 글자를 덧붙였다. 짧지만 의미심장한 서신이다. '쾌설시청'이라는 네 글자는 마치 감동적인 설경을 보 듯 깊고 신비한 아름다움을 담고 있다. '서성書聖'으로 불리는 자신도 평범한 삶을 살며 친구의 질문에 대해 도움을 줄 수 없음을 인정한다. "힘이 미치지 못하다"라고 말하며 어떠한 우회적인 핑계나 변명도 하지 않았다. '산음 장후'가 사람인지, 무슨 일을 말하는 것인지는 알 도리가 없다. 중요한 것은 왕희지의 이 편지가 봉투와 함께 보존되었다는 것이다. 사람들은 이 편지에서 가장 아름다운 네 글자를 골라 '쾌설시청첩'이라 이름 붙였다. 이는 왕희지 서예의 집대성으로, 글씨체는 주로 행서이며 간혹 해서가 섞여 있는데, 힘차고 우아한 필체로 자신의 생각을 기품 있게 표현했다. 『난정집서蘭亭集序』의 필주용사筆走龍蛇(필세가 웅건하고 생동하다는 의미-역자주)와 달리, 『쾌설시청첩』은 여유롭고 담백한 아름다움과 깊은 풍격이 느껴진다. 마치 흩날리던 눈발이 순식간에 고요해지는 듯하다. 눈 오는 하늘은 아름답고, 눈이 멎은 후 맑아진 하늘은 더욱 아름답다. 종이 위의 필묵도 아름답지만, 눈 내리는 날의 서예는 더욱 아름답다. 『쾌설시청첩』은 '천인합일天人合一'의 사고와 필체로 중국 서예사에서 놀라운 한 순간을 완성했다.

당시 종이에 즉흥적으로 쓴 글이 후에 '첩帖'으로 추앙받으며 숭배의 대상이 되었다. 생각해보면 당연한 일이다. 종이는 연약하고 얇아 작은 불꽃이나 몇 방울의 빗물만으로도 손상을 입고 사라질 수 있다. 한 통의 서첩書帖이 수많은 위험을 겪고도 남아 있는 것은 '천의天意의 자비'일 것이다. 많은 시간이 흘러 청나라 황제 건륭乾隆이 동진東晉 왕희지의 『쾌설시청첩』, 왕헌지王獻之의 『중추첩中秋帖』, 왕순王珣의 『백원첩伯遠帖』을 얻고 너무나 기쁜 나머지, 그것들을 양심전養心殿의 서실에 두고 매일 세 작품을 펼쳐 감상했다. 건륭의 그 작은 서실은 이로 인해 '삼희당三希堂'이라는 이름을 얻게 되었다.

'삼법첩三法帖'보다 더 이른 시기에 나온 육기陸機의 『평복첩平復帖』은 전해지는 명첩 중 가장 오래된 것으로 '첩조帖祖'라 불리는데, 왕희지의 『난정집서』보다 이른 시기의 작품이다. 이것은 '종이의 시대'가 도래한 후 서예의 가장 초기의 유산이자, 서예의 새벽을 상징한다.

『평복첩平復帖』은 육기陸機가 독필禿筆(끝이 거의 다 닳은 붓-역자주)로 마지麻紙에 써서, 먹물이 얼룩덜룩하고 글씨가 분간하기 어렵다. 전문은 네 번 먹을 찍어 썼으며, 먹색이 자연스레 습濕에서 건乾으로 변한다. 전체 글은 아홉 줄에 팔십여섯 글자였는데, 두 글자가 종이 손상으로 떨어져 나가 팔십네 글자만 남아 있다. 종이에서는 부드럽고 가는 견사도 이후의 서예에서 볼 수 있는 아름답고 우아한 자태도 찾아 볼 수 없다. 마치 그 안에 생명력이 고집스럽게 얽혀 분투하는 듯하다. 후세 사람들은 글의 내용을 따서 『평복첩』이라고 불렀다. 청대 금석문학자 양수경楊守敬은 『평첩기平帖記』에서 "뭉툭하고 딱딱한 붓으로 글씨를 썼는데, 필치가 여성스러움이나 부드러움이 없이 거칠고, 오만한 분위기도 없어서 그 경지가 높다"고 평가했다.

1960년대에 계공啓功 선생이 『평복첩』을 해석했다. 그는 이것이 친구나 가족에게 쓴 편지라고 결론내렸다. 전문은 다음과 같다. "언선彥先이 수척하고 병이 들어 평복하기 어려울 듯합니다. 처음 병에 걸렸을 때 이렇게 심각할 줄 몰랐습니다. 집에는 아들만 있다고 들었는데, 그간에 걱정이 사라졌으면 좋겠습니다. 오자양吳子楊이 처음 주인으로 왔을 때, 제가 모두 해낼 수 없었습니다. 임서臨西가 다시 왔을 때, 풍모와 행동이 반듯하고 진중했습니다. 행동 하나하나가 기품이 있었는데, 몸에 자연스레 배인 것 같습니다. 생각과 인식은 전보다 진보되었고, 이는 항상 있을 것이며, 마땅히 칭찬할 만합니다. 전란 중에 하백영의 소식을 듣지 못했습니다." 명대 동기창董其昌은 『평복첩』의 발문에서 '왕희지 이전과 이후 100여 년 동안 '평복첩'의 몇 줄의 글자만이 귀한 보물이라 생각된다'고 평가했다. 동기창은 서진西晉의 서풍을 대표하는 이 몇 줄 글을 '시대의 보물'로 여겼다. 서예사 관점에서 『평복첩』은 위로는 한간漢簡을 계승하고 아래로는 금초今草로 이어지며 장초章草에서 금초로 넘어가는 과도기의 산물로서 장초에서 금초로 넘어가는 역사적 공백을 채운다는 점에서 문자와 서예 발전 연구에 큰 가치가 있다. 서

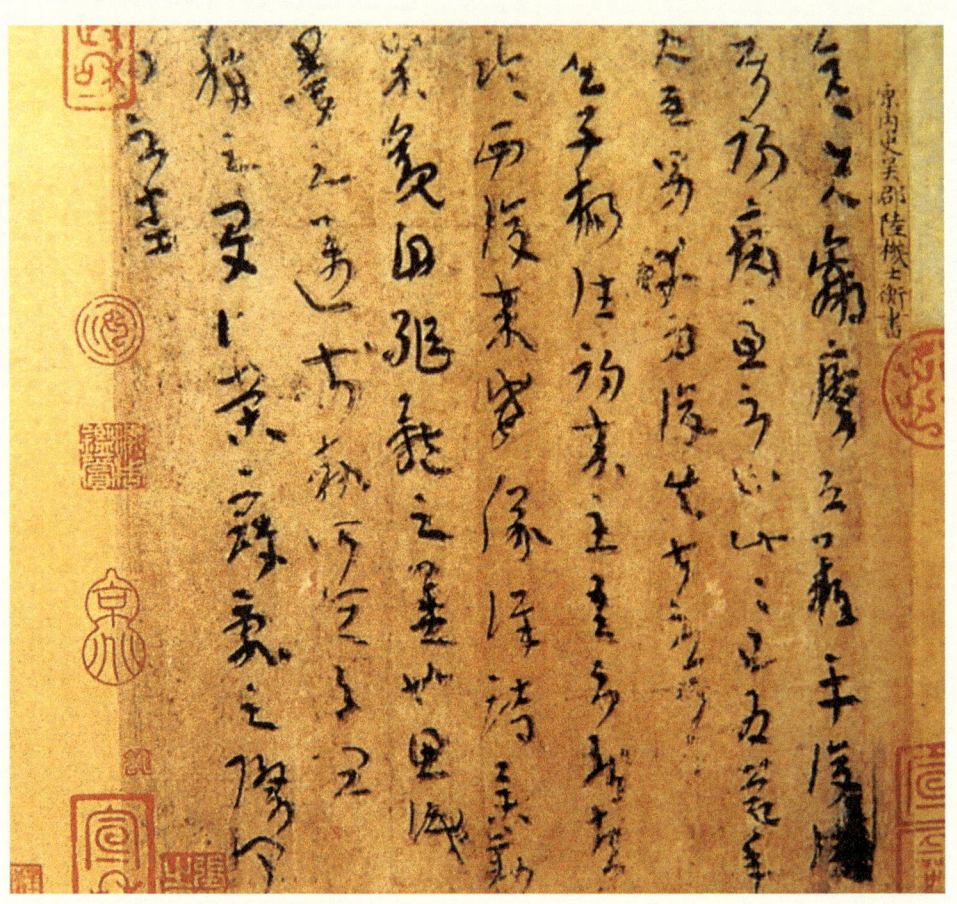
서진西晉, 육기陸機의 평복첩平復帖 (일부)

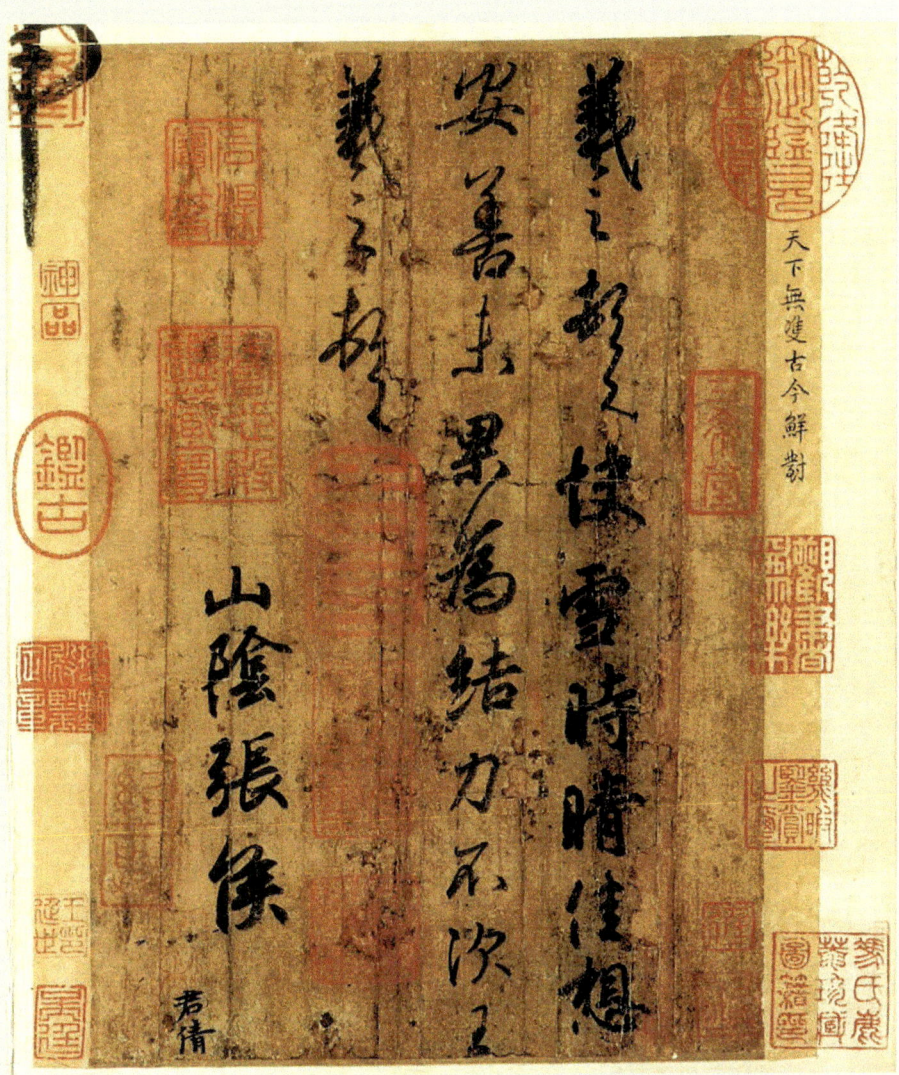

동진東晉 왕희지王羲之의 쾌설시청첩快雪時晴帖

예가 장초에서 금초로 넘어가는 과정에서 가장 큰 기술적 과제는 글자와 글자 사이의 연결을 해결하는 것이다. 연결의 핵심은 장초의 횡전橫展 필법을 종인縱引으로 바꾸는 것이다. 종인 필법은 오른손으로 붓을 쥐고 글을 쓰는 습관에 맞고, 흐름이 자연스럽고 간단해 글쓰기에 적합했다. 이는 초서의 발전 방향과 일치한다.『평복첩』에서 이를 명확히 볼 수 있다.

형식면에서 보면,『평복첩平復帖』의 필적이 강하면서도 건조한데, 이는 저자의 쓸쓸한 감정, 그리고 당시 마지麻紙의 질적인 특성과 큰 관련이 있다. 관련 연구기관에서『평복첩』의 마지를 감정했다. 당시의 일반적인 회색 마지로 중간에 미황색을 띠며, 귀렴문이 뚜렷하지 않은 반면에 섬유 뭉치가 많아 원시적인 방법으로 만들어졌다는 결과를 얻었다. 마지는 주로 마과 식물을 주재료로 하고 나무 껍질, 어망 등 다른 식물 섬유를 혼합하여 제지한다. 당시 제지 기술이 아직 미숙하여 종이 표면이 거칠었다. 글쓰기에 사용된 모필은 경모硬毫로, 붓의 털이 조밀하고 단단하다. 경모로 이러한 종이에 글씨를 쓰기가 힘들고 필획의 속도도 느려지기 때문에 필적이 거칠고 강해 보이는 것은 당연하다.『평복첩』은 마음의 상태보다는 종이의 특성과 크게 관련이 있다고 볼 수 있다.『평복첩』은 '종이의 시대' 초창기 모습이다. 이것은 궂은비가 내려 쓸쓸하고 우울한 날, 육기가 붓을 들어 친구에게 편지를 써서 전쟁과 죽음, 가족의 실종, 삶의 어려움에 대한 슬픔을 토로한 내용이다. 순수한 서예작품이라기 보다는 현실 생활의 절망과 쓸쓸함을 담고 있다.

위진 시대는 하루를 보장하기도 어려운 혼란의 시기였기 때문에 사람들은 일반적으로 허무함과 환멸감에 젖어 있었다. 세상에 대한 무력감 때문에, 문인들이 편지에서 가장 자주 사용한 표현은 '힘이 미치지 못하다'라는 말이었다. 극도의 피로감과 무력감 속에서 무슨 말을 더 할 수 있었겠는가?

육기가 비극적인 죽음을 맞았을 때, 그는 겨우 42세였다. 처형을 당하기 전, 그는 한숨을 쉬며 "화정에서 들은 학의 울음소리를 다시 들을 수 있을까?"라는 말을 했다. 마지막으로 그리워한 것은 남쪽의 학 울음소리였다. 그의 한숨은 500년 전 진秦나라 이사李斯의 '황견지탄黃犬之歎'과 너무도 닮아있다. 『사기史記·이사열전李斯列傳』에 따르면, '이사가 감옥에서 나와 자신의 아들과 함께 압송되었다. 그가 고개를 돌려 아들에게 '너와 함께 누렁이를 데리고 채동문으로 나가 산토끼를 쫓고 싶지만 이제 못하겠구나!'하고 말했다. 이사는 죽기 전에 후회했지만, 이미 늦었다. 일단 조정에 몸을 담으면, 마치 바다와 같아서 어느새 자신을 잃어버린다. 역대 중국 문인들의 가장 큰 이상은 '제사지몽帝師之夢(황제의 사표가 되는 꿈-역자주)'이었지만, 결국 '황견지탄黃犬之嘆(이사의 고사에서 나온 성어, 누런 개의 꿈이란 뜻으로 권력의 무상함을 뜻한다-역자주)'만 남을 뿐이다.

『평복첩』의 음울하고 쓸쓸한 분위기와 선명한 대조를 이루는 것이 왕희지王羲之의 『난정집서蘭亭集序』이다. 이 서예 작품속 왕희지의 글에는 화창한 봄빛이 가득하다. 삼월의 어느 봄날, 하늘은 맑고 상쾌하며 순풍이 부드럽게 불었다. 50세의 왕희지는 당시 우장군右將軍, 회계會稽 내사로서, 사안謝安, 손초孫綽, 지둔支遁 등 마흔한 명의 문인들과 함께 산음山陰 난정에서 모임을 주최했다. 고대 풍습에 따라 '수혁修禊'(물가에서 복을 빌고 액막이를 하는 전통 풍습-역자주) 의식을 행했다. 친구들의 모임에서는 놀이가 빠질 수 없었고, 사십여 명의 명사들이 시냇가에 앉아 술이 가득 담긴 잔을 물에 띄웠다. 잔이 굽이굽이 흐르는 물길을 따라 흘러가다가 누구 앞에서 멈추면, 그 사람은 잔을 들어 한 모금에 마시고 시 한 수를 지었다. 즉석에서 시를 짓지 못하면 벌주 세 잔을 마셔야 했다. 그래서 굽이치는 물가에는 노래와 웃음이 가득했다. 취흥이 오른 왕희지는 종이에 붓을 들고 일기호성으로『난정집서』를 썼다.

『난정집서』는 천조지설天造地設(천지의 혜택으로 모든 것이 자연스럽고 이상적이다는 의미-역자)의 작품이다. 하늘은 봄날의 화창함이고, 땅은 강남江南의 아름다운 산수이며, 사람들은 재기가 넘치는 문인들이었다. 난정에서 온몸의 모공이 깨어나 노래하는 듯 생동감에 벅차오른 왕희지는 이렇게 노래했다.

> 영화 9년 계축년 늦은 봄 3월 초, 회계 산음의 난정에 모여 수계修禊 행사를 거행했다. 여러 현인賢人들이 모두 왔는데 젊은이도 오고 늙은이도 모두 모였다. 이곳에는 높은 산과 험준한 고개가 무성한 숲과 높다란 대나무가 있고 또 맑은 물이 세차게 좌우를 감싸며 흐른다. 이를 끌어들여 술잔을 돌리는 구불구불한 물길을 만들고 모임에 참가한 사람들이 서열에 따라 물가에 앉았다. 비록 성대한 음악은 없었지만 술을 마시며 시를 읊는 것 또한 깊은 정서를 표현하기에 충분했다.
>
> 이 날은 맑고 쾌청한 날씨에 산들바람이 따스하게 불어왔다. 우러러 광대한 우주를 바라보고 허리 숙여 번성하는 만물을 살피며 회포를 풀었고, 보고 듣는 즐거움의 극치를 누렸으니 진정으로 즐거웠다.
>
> 무릇 사람이 함께 짧은 인생을 사는데, 어떤 이는 방안에서 마주보며 나누는 대화를 통해 서로 마음을 터놓기도 하고, 어떤 이는 좋아하는 사물에 기대 육신 밖으로 자유롭게 노닐기도 한다. 비록 취사선택은 사람마다 다르

고 차분하고 조급함도 다르지만 즐거운 일을 만날 때면 잠시 자족하며 노년이 다가오는 것조차 잊게 된다. 그러다가 사정이 변화함에 따라 감정도 움직여 슬프게 탄식하게 된다. 이전에 즐거웠던 것들이 순식간에 진부한 흔적으로 변해버려 그것으로 인해 감흥이 일어나지 않게 된다. 이에 옛 사람들은 '살고 죽는 것도 큰일이니 어찌 비통하지 않으랴!'라고 탄식했던 것이다.

옛 사람들이 감흥을 일으킨 이유를 볼 때마다 나와 똑같이 들어맞았으나 언제나 글을 대할 때면 그것을 마음으로 이해하지 못해 안타깝고 슬펐다. 삶과 죽음을 똑같이 여기는 것은 허망한 생각이고 팽조彭祖처럼 장수하거나 어려서 요절하는 것을 똑같이 여기는 것은 망령된 작태임을 당연히 알지만, 후세 사람들이 지금 사람을 대할 때에도 지금 우리가 옛 사람을 대하는 것과 같을 것이니 정말 슬픈 일이다! 그러므로 지금 모인 사람들을 나열해 서술하고 그들의 저술을 기록하니 비록 시대가 바뀌고 사정이 달라진다 해도 느끼는 감흥은 똑같을 것이기 때문이다. 훗날의 독자들 또한 이 글을 보면 감동할 것이다.

글의 시작은 화창한 하늘, 봄바람, 즐거운 분위기와 여유로움으로 가득하다. 하지만 글이 진행됨에 따라 비애, 우울한 정서가 짙게 드리우고, 마치 짙은 안개 우울한 구름이 피어오르는 듯 한 느낌을 준다. 모든 것이 흐르고 있었다. 굽이치는 물길에서 잔이 흘러가고, 종이 위에서 필묵이 움직이며, 글 속에서 감정이 흐르고, 봄날의 아름다움 속에서 시간이 흐른다.…… 저자는 시간의 강에서 떠돌며, 때로는 기쁘고 때로는 슬퍼하며 감정은 마치 음률처럼 오르내리며 극적인 파도를 이룬다. 『난정집서』는 총 324자, 28행으로, 아름다운 글씨와 격조 높은 글의 내용이 더없이 조화롭다. 내면과 외면이 하나로 어우러지며 문학의 시적인 미와 서예의 자유로움이 결합되어, 문文이 첩帖이 되고 첩帖이 문文이 되어 불멸이 된다.

『난정집서』는 중국 문화 필묵의 정점을 대표한다. 인간이 글을 쓰는 의미를 더없이 잘 보여주는 이 작품은 단지 필묵의 움직임뿐만 아니라 형식적 탐구, 미학적 비상, 문학적 구성, 철학적 사유, 정신의 확장을 내포하고 있다. 왕희지의 『난정집서』는 서예적 관점, 글의 관점, 심지어 생명의 의미 탐구 측면에서도 중국 전통 문화속에 내재된 '도道'에 대한 추구를 선명하게 표현하고 있다.

『난정집서』에 나타난 감정의 기복에 대해 많은 사람들은 그것이 변화라고 생각하지만, 사실은 어떠한가? 기쁨과 고통은 본래 혼재하며, 마치 햇빛과 그림자처럼 본질적으로 동일한 것이다. 피가 곧 차이고, 차가 곧 피이다. 그것은 전체의 양면에 불과하다. 이른바 경계선과 구분은 전적으로 인위적인 것이다. 왕희지王羲之의 사유는 개인의 생명의식을 인류의 운명에 투영하고 있다. 타인의 마음에 대한 헤아림, 인간의 운명에 대한 공감과 애도, 시간의 감옥에 갇힌 인생의 속박과 무상함을 느낀다. 이상은李商隱의 시 '장생庄生이 새벽꿈에서 나비가 되어, 춘심을 두견에 의탁하네'라는 시구를 떠올리게 한다. 난정에서 왕희지 역시 이러한 감정을 느꼈을 것이다. 붓을 든 순간, 그는 자신이 장자莊子인지, 나비인지 혼란스러웠을 것이다. 이 혼란은 사실 인간의 영원한 질문이다.

화창한 봄날, 술기운에 취한 왕희지가 존재의 의미, 천지의 정신과 자유롭게 마주하고 사유했을 정경이 더없이 아름답다. 예술이란 무엇인가? 그것은 삶을 초월한 자유이며, 햇살의 따스함, 새가 날개를 부딪는 소리 꽃이 피는 소리를 듣는 것이다. 이러한 상태는 일종의 인식이자 연결이며, 생명이 죽음과 연결되고, 유한이 무한으로 이어진다. 이러한 자유 덕분에 과거, 현재, 미래의 시간이 마치 시냇물처럼 연결된다. 동시에 기쁨, 고통 그리고 허무가 흘러가는 물처럼 연결된다.

왕희지王羲之가 『난정집서蘭亭集序』를 쓸 당시, 그는 회계會稽 내사로 재직한 지 4년이 되었고, 이는 그의 마지막 관직 생활이었다. 30대 초반에 정서장군征西將軍의 부름을 받아 무창에서 막료로 일하기 시작한 후, 참군에서 장사, 영원장군, 강주 자사를 거쳐 호군장군護軍將軍으로 임명될 때까지, 왕희지는 항상 요동치는 군인의 삶을 살면서, 때로는 잔혹한 정파 싸움에 휘말리기도 했다. 그가 절동浙東에 파견되어 우장군, 회계 내사로 임명된 후에야 비로소 여유롭고 자유로운 생활을 시작했다. 회계에서 보낸 나날은 그의 인생에서 가장 아름다운 시기였다. 『난정집서』외에도 『원생첩袁生帖』, 『한절첩寒切帖』, 『초월첩初月帖』, 『촉도첩蜀都帖』, 『중랑녀첩中郎女帖』, 『칠십첩七十帖』 등이 모두 회계에서 집필되었다. 도홍경陶弘景은 『여량무제논서계與梁武帝論書啓』에서 왕희지가 회계로 가기 전까지는 서예가 "아직 칭찬할 만하지 못하다"고 하였고, "그의 발자취는 모두 영화永和 10여 년 동안 회계에서 나온 것"이라고 평가했다. 이러한 평가는 왕희지의 서예가 발전해 온 과정을 명확하게 이해한 것이다. 강남江南의 산수는 왕희지에게 큰 영향을 주었고, 여유로운 마음가짐은 그의 서예를 더욱 깊이 있게 만들었다.

왕희지의 글씨는 필법이 다양하고 기품이 있으면서도 강인한 인상을 준다. 『고금서인우열평古今書人優劣評』은 그의 글씨를 "자세字勢가 용맹하고 자유로워 용이 천문天門을 뛰어오르고 호랑이가 봉궐鳳闕에 웅크린 듯하다"고 평가했다. 이러한 평가는 매우 적절하다. 왕희지의 글씨는 당시 종이의 특성과도 일정한 관련이 있다. 『난정집서』외에도

『쾌설시청첩快雪時晴帖』,『이모첩姨母帖』,『평안첩平安帖』,『봉귤첩奉橘帖』,『상란첩喪亂帖』,『빈유애화첩頻有哀禍帖』,『득시첩得示帖』,『공시중첩孔侍中帖』,『이사첩二謝帖』 등이 모두 종이에 쓰여졌다. 종이가 없었다면 왕희지의 많은 보첩寶帖들이 존재하지 못했을 것이다.

왕희지가『난정집서』를 쓸 때 어떤 글쓰기 재료를 사용했는지에 대해 의견이 분분하다. 비단에 썼다고도 하고 종이에 썼다고도 한다. 여러 기록을 종합해보면 종이라는 견해가 우세하다. 그러나 왕희지가 사용한 종이가 정확히 무엇인지에 대해서는 확실한 결론을 내리기 어렵다. 당대 장언원張彦遠은『법서요록法書要錄』에서 왕희지가 "누에고치 종이, 쥐수염 붓을 사용해 우아하고 강인한 필체를 창조했다"고 언급했다. 북송 소역간蘇易簡의『문방사보文房四譜』에는 "왕희지가 영화永和 9년에『난정서蘭亭序』를 만들었으며, 즐거운 기분에 휩싸여 누에고치 종이를 사용했다"고 기록되어 있다. 송대 진유陳槱의『부선야록負暄野錄』에는 "『난정서』에 쥐수염 붓과 오사란烏絲欄 누에고치 종이를 사용했다. 소위 누에고치 종이라는 것은 실제로는 비단이다"라고 적혀 있다. 일반적인 견해는 왕희지가 사용한 종이에는 비단 성분이 포함되어 있었다는 것으로, 이 종이는 식물과 누에고치 털찌꺼기가 혼합되어 만들어진 것으로 추정된다.

『난정집서蘭亭集序』의 행방에 대해, 당태종 이세민李世民이 죽기 전에 아들 이치李治에게 이렇게 말했다고 전해진다. '너에게 한 가지를 부탁하고자 한다, 네가 착한 아들이니 내 마음을 거스르지 않을 것이다, 네 생각은 어떠한가?' 이 대화에서 이세민이 진본『난정집서』를 자신과 함께 묻어 주기를 아들에게 부탁했음을 알 수 있다. 한 시대를 풍미한 이세민은 왜 고인古人의 글씨에 그토록 매료되었을까? 서예에 대한 열정을 넘어서 『난정집서』의 문장 자체도 중요한 이유였다. 왕희지의 인생에 대한 큰 슬픔과 감정이 이세민의 마음에 깊은 공감을 불러일으켰을 것이다. 죽음을 맞이하는 이세민은 당연히 글과 서예의 강렬한 기운으로 생명의 무상함과 허무함에 맞서고자 했을 것이다. 이치는 아버지의 요구를 받아들였다. 이후로 더없이 귀한 이 누에고치 종이는 사라졌고, 사람들은 다시는 왕희지의 생명력이 담긴 필묵과 그의 자유로운 영혼을 느낄 수 없게 되었다. 많은 시대를 거치는 동안 사람들은 두고두고 이를 아쉬워했다. 수백 년 후, 시인 육유陸游는 이렇게 아쉬움을 토로했다. "누에고치 종이가 조릉昭陵에 묻혔고, 천 년이 지나도 다시 볼 수가 없다."

6세기 어느 날, 양나라의 관리 주흥사周興嗣는 양무제梁武帝로부터 왕희지의 서예 작품에서 천 개의 글자를 선별하여, 황자들이 모사하며 익힐 수 있게 하라는 명을 받았다. 이 천 개의 글자는 중복되지 않아야 했다. 머리가 비상했던 주흥사는 999개의 글자로 '천자문千字文'을 구성하여 우주, 천지, 일월, 산천뿐만 아니라 사계, 추위와 더위, 구름과 비의 변화 등을 하나로 엮어 깊은 의미를 담았다. 전체 내용이 정교하면서도 문학적인 의미를 지닌 네 글자로 이루어져 있다.

천지현황天地玄黃, 우주홍황宇宙洪荒. 일월영측日月盈昃, 진수열장辰宿列張. 한래서왕寒來暑往, 추수동장秋收冬藏. 윤여성세閏餘成歲, 율여조양律呂調陽. 운등치우雲騰致雨, 노결위상露結爲霜. 금생여수金生麗水, 옥출곤강玉出昆崗. 검호거궐劍號巨闕, 주칭야광珠稱夜光. 과진리내果珍李柰, 채중개강菜重芥薑. 해함하담海鹹河淡, 린잠우상鱗潛羽翔……

왕희지王羲之의 뒤를 이은 인물이 왕헌지王獻之이다. 아버지의 서예가 단정하고 화려하며 깊이가 있다면, 아들의 글씨는 한층 우아하고 생동감 있다. '이왕二王'이라 불리는 왕희지와 왕헌지를 대표로 한 위진魏晉 시대의 행초서行草書는 한자 예술이 독특한 미학을 발전시킬 수 있었던 중요한 열쇠이다. 왕희지 부자의 등장은 한자 쓰기가 더욱 의미심장한 지침과 규범을 지니고, 대담한 개성과 자신감을 드러내는 행위가 될 수 있게 했다. 이로써 한자 쓰기가 실용적인 면을 벗고 서예로 발전하며, 문장, 시, 회화, 음악, 무용과 동등한 미학적 의미를 지니게 되었다. 서예 예술은 중국 문화에서 매우 독특한 현상이 되었으며, 그것은 구상적이면서도 추상적이며, 고급스러우면서도 대중적이며, 명확하면서도 모호한 활동으로 자리잡았다. 어떤 의미에서, 이 세상에는 문자보다 더 주관적인 특성을 지니며, 시간적 길이와 공간적 넓이를 갖춘 예술 형태는 없다.

많은 사람들이 간과하고 있는 사실은 서예 예술의 부흥이 바로 종이 덕분이라는 점이다. 중국에서 종이가 탄생한 이후, 다양한 종류의 종이가 속속 등장하였다. 종이의 가벼움, 편리함, 저렴함은 서예에 더없이 적절한 무대를 마련해 주었다. 붓이 종이 위에서 일으키는 변화는 서예의 예술형식과 규범을 만들어냈다. 붓과 먹 그리고 종이가 어우러져 아름다운 음악을 연주하며, 사람들을 신비롭고 광활한 영혼의 춤으로 이끌었다.

7. 그 아득하고 아련한 그림들

　진한秦漢 이전, 중국의 그림은 대부분 벽화 형식으로 존재했으며, 주로 암벽, 벽면, 지면, 목재 위에 남아 있었고, 일부는 벽돌이나 돌 위에서도 발견되었다. 비단 공예가 성숙한 후, 궁궐과 상대적으로 부유한 가문에서는 견백絹帛, 또는 겸백縑帛, 견소絹素라고 불리는 비단 제품을 그림의 재료로 사용했다. 현재 남아 있는 가장 오래된 백화帛畫(견직물에 그려진 그림-역자주)은 전국시대의『인물용봉백화人物龍鳳帛畵』로, 한 여성이 서 있는 모습과 그 위로 용과 봉황이 빙빙 도는 모습이 그려져 있다. 일부에서는 이 그림의 주제가 용과 봉황이 여성을 인도해 천상으로 승천시켜, 사후 안녕을 기원하는 것이라고 보기도 한다. 『서경잡기西京雜記』등의 문헌에서는 한나라 원제 시대의 화가 모연수毛延壽가 왕소군王昭君의 초상화를 추녀로 그림으로써 그녀가 멀리 변방으로 시집가도록 만든 이야기를 언급하고 있다. 이야기의 진위는 잠시 미루어 두고, 이를 통해 서한 시대 궁중에 전문 화가가 있었다는 것을 알 수 있다. 당시에 그림은 견직물 위에 그려져 기록 보존 등의 역할을 했을 것이다.

　호남 마왕퇴馬王堆, 산동 금작산金雀山, 감소 마저자磨咀子 등의 묘지에서 출토된 비단본 그림이 있다. 마왕퇴에서 출토된 T형 비단본 그림『대후가속묘생활도軑侯家屬墓生活圖』는 장사국승상 이창利蒼의 부인 신추辛追의 사후 장례품이다. 역사책에 따르면, 한 고조 9년에서 10년 사이에 호북 사람 이창이 아내 신추와 함께 갓 한 살이 된 아들 이희利豨를 데리고 장사국에 부임했다고 한다. 그림의 상단은 묘의 주인을 기리고, 중간 부분은 묘 주인의 일상생활을 표현하며, 하단에는 두 마리의 곤鯤(거대한 물고기)이 교차하고 있는 모양과 그 위에 쪼그리고 앉은 벌거벗은 역사力士를 그렸다. 그림의 주제는 당시의 신앙, 무술, 묘지 풍습과 관련이 있을 것이다. 이 그림은 크기가 크고, 세밀한 필치, 아름다운 구성, 선명한 색채로 당시 그림의 최고 수준을 보여준다. 이를 통해 견직물이 그림의 재료로 사용된 역사가 종이보다 훨씬 길다는 것을 알 수 있다.

동한 채륜蔡倫이 제지법을 개선한 후, 초기의 종이는 크기가 작고 표면이 거칠어서 먹물 흡수가 균일하지 않아 글씨 쓰기에 주로 사용되었고, 그림 그리기에는 거의 사용되지 않았다. 역사 기록에 따르면 최초로 종이에 그림을 그린 사람은 동한 시대의 장형張衡이다. 당나라 장언원張彦遠이 쓴 『역대명화기歷代名畵記』 권사卷四에 이런 내용이 있다. '장형, 자字는 평자平子…… 성품이 영리하고 천체를 잘 이해하며 그림을 잘 그렸다…… 과거 건주建州 포성현浦城縣의 산에 해신탄駭神灘이라는 짐승이 있었는데, 돼지 몸에 사람의 머리를 가진 추악한 외모를 가지고 있으며, 백귀들이 두려워하는 동물로, 물가의 바위 위에 자주 나타났다. 평자(장행)가 그 짐승을 그리러 갔으나, 짐승이 연못 속으로 들어가 나오지 않았다. 그곳 사람들은 그 짐승이 자신의 모습을 사람이 그리는 것을 두려워하여 나오지 않는다고 말했다. 따라서 종이와 붓을 치우면 짐승이 나올 것이라고 했다. 짐승이 다시 나오자, 평자는 손을 움직이지 않고 발가락으로 짐승을 그렸다. 그 후로 그곳을 '바수탄 巴獸潭'이라고 불렀다.' 이 이야기는 동한의 장형이 종이와 붓을 사용하여 야수를 그린 이야기이다. 장형은 종이를 주로 야외 스케치에 사용했다. 이는 동한 시대에 이미 사람들이 종이에 그림을 그리기 시작했다는 것을 보여준다. 결국, 견직물의 가격이 비쌌기 때문에 종이에 그림을 그리는 것이 일반적이었던 것이다.

　삼국三國과 양진兩晉 시기에 종이가 한층 더 발전했다. 그러나 당시에 생산된 마지麻紙나 피지皮紙는 아직 그림을 그릴 때의 섬세한 붓놀림을 표현하기에는 미흡했다. 동시에, 비단과 면직물 산업이 빠르게 발전하여, 촉금蜀錦, 오후금吳侯錦, 제갈금諸葛錦, 사방금沙房錦, 상산겸常山縑, 남포南布 등 각지의 다양한 비단과 면포가 그림 재료로 사용될 수 있었다. 이때의 비단이 이미 '가녀린 몸매의 아름다운 여인'이라면, 종이는 여전히 '흐트러진 머리에 꾀죄죄한 어린 계집아이' 같았다. 종이는 비단과의 경쟁에서 완전히 패배했다. 위진남북조 시기에는 그림에 주로 비단을 사용했고, 종이는 저렴하고 실용적이어서 글쓰기나 그림 초안용으로 더 많이 사용되었다.

　위진魏晉 시대는 중국에서 서화 예술이 급속도로 발전한 시기였다. 서예가 크게 융성하며 체계적인 규범이 형성되었고, 인물화가 크게 발전했으며 산수화가 탄생했다. 불교 관련 그림과 조각이 흥성했다. 전설적인 화가들이 끊임없이 등장했는데, 조불흥曹不興, 조중달曹仲達, 양자화楊子華, 위협衛協, 고개지顧愷之, 육탐미陸探微, 장승요張僧繇, 장묵張墨, 대규戴逵, 사도석史道碩, 육수陸綏, 유조윤劉祖胤, 강소유蔣少由, 왕걸덕王乞德, 왕유王由, 사혁謝赫, 모혜원毛惠遠 등이 그들이다. 이들 화가들의 등장은 대체로 불교의 전파와 관련이 있었으며, 그들은 대부분 불경에 나오는 이야기를 그림으로 그리거나 사찰 벽화를 그렸다. 그림 스타일이나 기법은 인도, 서역 등 지역의 영향을 많이 받았다. 서역에서 온 화가들도 있었다. 예를 들어, 조나라의 화가 조중달曹仲達은 양자화楊子華를 제자로 받았고, 화가 조불흥曹不興 역시 승려 강승회康僧會에게 서역의 그림 기법을 배웠다. 강승회는 서역에서 온 승려로, 손권

孫權의 의뢰로 건업, 즉 남경에서 강남 지방 최초의 사찰을 건립했다고 한다.

위진魏晉 시대에 남방과 북방은 회화의 주제, 화풍 및 표현에서 많은 차이를 보였다. 북방에서는 위진부터 수당隋唐 시기에 이르기까지, 다수의 회화가 주로 석벽이나 벽면에 그려졌으며, 주제도 주로 불경 이야기와 불교의 교리를 알리는데 초점을 맞췄다. 이는 '선전화'의 성격을 지녔다. 이유는 주로 북방에서는 비단이 상대적으로 구하기 어렵고 가격도 비싸서, 궁중 화사를 제외하고는 일반인들이 비단을 그림 재료로 사용하기 어려웠고 큰 비단을 찾기도 어려웠기 때문이다. 또한, 북방의 기후는 상대적으로 건조하여 벽화의 보존에 유리했다. 막고굴莫高窟 등지의 벽화가 성행한 것도 이러한 이유에서였다.

남방의 회화 주제는 북방과 매우 달랐다. '영가의 난永嘉之亂' 이후, 중원의 명문가들이 대거 남하했다. 남방의 산수 속에서 한동안 침잠해 있던 중원 문화의 정수가 새로운 활력을 축적하며 더욱 깊고 심오한 생명의 의미를 표현할 수 있게 되었다. 남방의 사대부들은 점점 더 아름다운 산수 속에서 인생의 가치를 찾는 데 열중했다. 사령운謝靈運의 시를 대표로 하는 산수시가 성행하였고, 산수화도 함께 성행했다. 진나라 사람들이 산수를 사랑한 것은 산수 속에서 미학, 영원한 진리와 연결되는 신비한 힘을 깨달았기 때문이다. 그들은 산수의 영성에 몸을 담그고 정화와 고요함을 얻고 속세의 비루함과 불안을 초월할 수 있었다. 산수화는 대개 비단 위에 그려져 내부용으로 사용되며, 사대부의 집안에 걸렸다. 집 안에 산수화를 걸어 놓음으로써 자연에 대한 동경을 충족했다.

중국 회화사에서 가장 먼저 이름과 성으로 등장한 화가는 삼국 동오동吳의 조불흥曹不興이다. 안타깝게도 조불흥의 작품은 남아있지 않고, 아득한 전설만이 남아 있다. 현재 남아 있는 회화 모본摹本 중 가장 오래된 것은 동진東晋의 대화가 고개지顧愷之의 것이다. 고개지는 무석無錫 출신으로, 왕희지王羲之와 나이차가 컸다. 왕희지가 『난정집서蘭亭集序』를 쓸 때, 고개지는 다섯살이었다. 왕희지처럼 고개지도 먼저 문인이었다가 후에 그림을 그리기 시작했으며, 그의 그림은 전문 화사畵師로서 그린 것이 아니었다. 고개지의 가장 유명한 작품은 『낙신부도洛神賦圖』와 『여사잠도女史箴圖』로, 현재 남아 있는 것은 모두 고개지의 진작이 아닌, 하나는 송대宋代 모본이고 다른 하나는 당대唐代 모본이다. 『낙신부도』의 그림 방식은 매우 특별하다. 고개지는 단순히 '낙신(낙수에 사는 여신 복비를 말함-역자주)'만을 그린 것이 아니라, 조식과 낙신을 여러 번 등장시키는 연속적 해설 기법으로 공간과 시간의 제약을 넘어선 효과를 거두었다. 고개지가 그린 그림의 미는 선에 있다. 어떤 이들은 그의 선을 '봄누에가 뿜는 실타래'로 묘사했는데, 그의 붓놀림이 마치 누에실처럼 부드럽고 섬세하다는 의미다. 『여사잠도』는 바로 이러한 '봄누에가 뿜는 실타래'같은 붓놀림의 전형적인 예로, 인물의 선이 매우 유연하고 세밀하며, 여성의 부드러움과 온화함이 생생하게 표현되었다. 이 그림은 서진西晋 시인 장화張華의 『여사잠女史箴』을 바탕으로 하고 있으며, 한 여성의 시선으로 혼란한 세상의 추한 모습을 간접적으로 비판했다. 조불흥, 조중달曹仲達, 고개지, 양자화楊子華의 등장으로 인해 삼국 위진은 중국 회화의 첫 번째 정점을 이루며, 독특한 기법과 심미적 이론 체계를 형성했다. '신神' '골骨' '기氣' '운韻'이 중국 회화의 핵심이 되어, 이후 천년 동안 회화의 발전에 영향을 미쳤으며, 중국 회화의 독특한 심미적 기준이 되었다.

위진남북조 시기에 종이에 그린 회화가 있었을까? 분명 있었으나, 지금까지 남아 있는 것이 극히 적다. 1964년 신장新疆 투루판吐魯番에서 발견된 동진東晉 시대의 무덤에서 채색된『묘주인생활도墓主人生活圖』가 출토되었는데, 이것은 현재까지 발견된 가장 오래된 종이본 회화이다. 이 그림은 여섯 장의 마지麻紙를 이어 붙여 만들었으며 먹선과 색의 번짐현상이 적다. 어린아이 같은 순수한 표현, 다소 어설픈 선과 채색으로 볼 때, 아마추어 화가의 솜씨로 보인다. 이 실물은 위진남북조 시기에 사람들이 이미 종이 위에 그림을 그렸음을 증명한다.『역대명화기歷代名畫記』에 당시의 몇몇 상황이 기록되어 있다. 조불흥이 잡지화로 된『용호도龍虎圖』, 종이화『청계도清溪圖』를 그렸고, 고개지는 백마지白麻紙로 된『삼사도三獅圖』,『사마선왕상司馬宣王像』을 그렸으며, 고보광顧寶光은 마지로 된『천축승天竺僧』을, 고경수顧景秀는『선작마지도蟬雀麻紙圖』를, 양원제梁元帝 소역蕭繹은 백마지로 된『유춘원游春苑』등을 그렸다. 전반적으로 당시 많은 벽화, 야외화, 비단화는 일반적으로 먼저 종이 위에 초안을 그려 여러 차례 수정한 후, 비단에 정식으로 그렸다. 석벽에 그릴 경우에도 먼저 종이에 초안을 그리고 벽에 붙여 세밀하게 옮겨 그린 후 채색했다. 이 과정에서 종이는 항상 주인의 등장을 인도하는 하인처럼 길잡이 역할을 했다.

수당隋唐 시기에는 종이 제조 및 가공 기술이 급속도로 발전했고, 비단과 면포의 생산 기술과 공예는 상대적으로 정체했기 때문에, 종이와 서화의 관계가 더욱 밀접해졌다. 수당 시대의 서예는 이미 종이로 고정되었지만, 회화에서는 종이 사용에 대해 여전히 신중했다. 그 이유는 관념, 습관, 기술, 형식 그리고 종이 자체에 있었다. 가장 중요한 이유는 아직 표구기술이 없었기 때문에 종이화가 상대적으로 보존하기 어려웠고, 당시에 생산된 종이의 크기가 작아 그림을 그리기에 적합하지 않았기 때문이다. 때로는 그림을 그리기 위해 여러 장의 종이를 이어 붙여야 했다. 그 당시의 종이는 마치 풋풋한 소녀와 같아서, 격식 있는 자리에 나서려면 농담한 화장과 특별한 준비가 필요했다.

당시의 전반적 상황은 대략 이러했다. 궁중에 고용된 이름난 대화가들은 그림 재료로 값비싼 비단을 사용했다. 민간과 아마추어 화가들은 어쩔 수 없이 종이 위에 그림을 그렸다. 수당隋唐 시기 인물화와 산수화가 보편적이었고, 공필工筆(정교하게 그리는 기법)과 색채에 중점을 두었기 때문에 비단 위에 그린 그림이 더 좋은 효과를 냈다. 동시에 비단에 그림을 그리는 것이 품격이 있었고 내구성도 좋았다. 그래서 궁중과 상류사회에서는 비단본 그림이 더욱 유행했다. 중국에서 현존하는 가장 오래된 산수화로 칭송받는 전자건展子虔의 『유춘도游春圖』도 바로 비단 위에 그려진 작품이다. 이 그림은 중국 산수화의 전통을 확립했으며, 제한된 공간 안에서 광활한 산수 풍경을 파노라마 방식으로 표현했다. 그림속에 광대한 산수, 나무, 돌 외에도 누각, 마당, 다리, 배 등이 그려져 있고, 봄나들이하는 사람들과 마차가 더해져 봄날의 화기애애한 모습을 보여준다. 섬세한 필치와 적절한 색채로 표현된 봄 풍경이 마치 꿈 속의 풍경인 듯 아련하여, 비단 고화古畵 중에서 걸작으로 손꼽힌다.

수당隋唐 시대의 풍부하고 강렬한 문화예술을 봄에 비유한다면, 『유춘도』는 수당 예술의 새의 첫 지저귐이라고 할 수 있다. '봄강물이 따뜻해지면 오리가 먼저 안다'는 시구의 의미와 일맥상통한다. 이후로 상전벽해하는 세월 속에서 천지 자연의 정신을 담은 산수화가 아련한 꿈처럼 사람들의 영혼에 위안을 주는 예술분야가 되었다. 사람들은 집안

동진東晉 고개지顧愷之 『여사잠도女史箴圖』(일부)

동진東晉 고개지顧愷之 『낙신부도洛神賦圖』(일부)

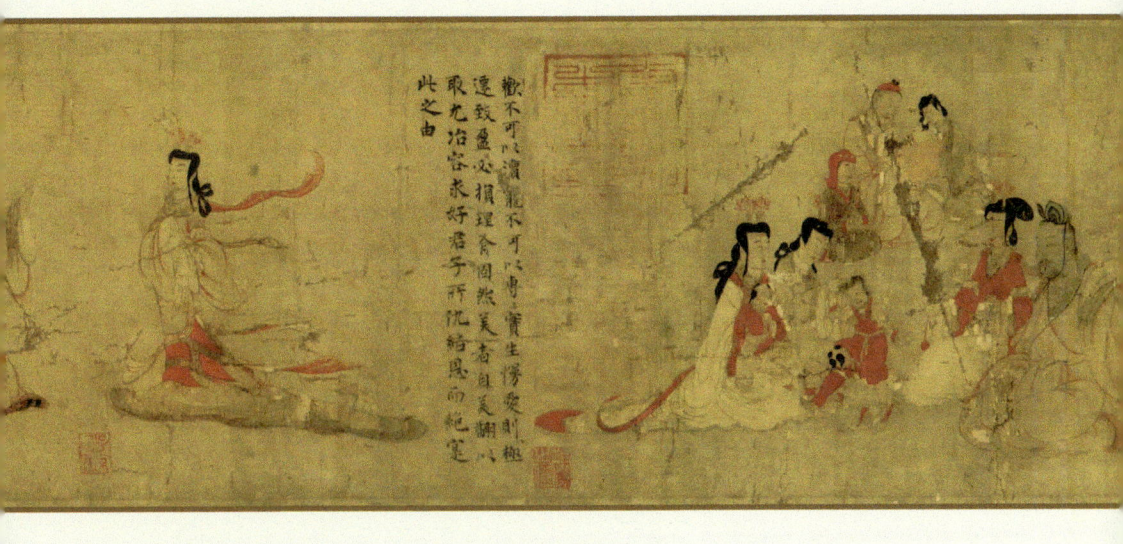

에 산수화를 걸어 두고 집밖을 나서지 않고도 산천의 기운을 느끼기를 원했다. 산수화는 역대 중국 지식인, 심지어 일반인에게도 정신적 안식처가 되었다. 집에 산수화 한 폭이 있으면 봄에는 산수의 모습을, 여름에는 산수의 기운을, 가을에는 산수의 정을, 겨울에는 산수의 골격을 볼 수 있으며, '혼자서 천지의 정신과 교류하는' 경지에 이를 수 있다. 중국 산수화는 이로써 하나의 정신적 경지를 추구하는 예술로 승화되었으며, 단순히 산과 물의 조합, 풍경화, 객관적 형태가 아닌, 자연과 인간을 바라보는 사유가 되고 마침내 '천인합일天人合一'의 경지에 이르렀다.

중국에서 회화는 이처럼 하나의 매개체에서 다른 매개체로 조용히 이동해 왔다. 이러한 전환은 신선한 활력과 새로운 이념을 가져왔으며, 때때로 예상치 못한 놀라움을 선사했다. 이 과정에서 종이는 조용히 붓과 먹 옆에서 기다리는 것처럼 보였다. 마치 초겨울 산천이 첫눈을 기다리듯, 혹은 다정한 처녀가 남녀의 사랑을 동경하듯이 회화가 종이에 접목되었을 때, 그것은 천지를 놀라게 하는 일대 변혁과 같았다. 마치 햇빛이 어둠 속으로 스며들듯, 거울이 풍경을 반영하듯이 경이로웠다. 비단에 비해 종이 위의 그림은 더욱 자연스럽게, 마치 생명을 초월한 어떤 신비로운 의미를 꽃 피웠다.

03

이백에서 이욱李煜까지

8. 이백의 등장

　　이백은 일생 동안 장강 이남, 황산黃山 기슭의 산수를 매우 사랑했다. '큰 뜻을 품고 고향을 떠날 새, 부모형제에게 작별을 고하고 먼 길을 나서니'라는 그의 시구처럼, 이백은 스물네 살에 사천四川을 떠난 후, 30여 년 동안 다섯 차례에 걸쳐 환남皖南을 여행했는데, 누적 시간이 무려 6년에 이르렀다. 이백의 현존하는 천여 편의 시 중 약 150편이 환남에서 쓰여졌다. 한 위대한 시인이 특정 지역과 이토록 밀접한 연관이 있는 경우는 드문 경우로 이는 이백이 이 황산 기슭을 얼마나 사랑했는지를 잘 보여준다. 이백은 당도當塗 대청산大青山에서 생을 마감했다. 자신과 환남과의 인연을 완전한 원으로 마무리 지은 것이었다.
　　환남에서 이백의 행적은 선성宣城을 중심으로 주변의 경현涇縣, 황산, 휘주徽州, 남릉南陵, 청양青陽, 당도 등으로 퍼져 나갔다. 이 중 가장 중요한 이유는 이백이 일생 동안 '머리 숙여 선성에 감사'했기 때문이다. 그가 가장 동경한 시인 사도謝朓는 남제南齊 시절 선성의 태수를 지냈다. 사도가 선성에서 보낸 기간이 2년 남짓 했지만, 선성과 관련된 산수시를 백여 편이나 썼다. 사도에 대한 경외심으로, 이백은 경정산敬亭山 기슭에 머물며, 환남의 산수 속을 유유히 거닐었다.
　　이백은 선성의 경정산 아래의 초가집에서 머물곤했다. 숲이 층층이 푸르게 빛나고, 산골짜기에는 시내가 흐르고, 구름과 안개가 감돌았다. 그는 시에서 이렇게 썼다. '내 집은 경정산 아래, 언제나 사공의 작품을 이어간다. 서로 멀리 떨어진 지 수백 년, 풍아한 정취가 마치 어제 같아.' 경정산에서 이백은 아름다운 경치뿐만 아니라 좋은 이웃도 가졌는데, 바로 영원사靈源寺의 주지 중준공仲濬公이었다. 중준공 역시 사천

출신으로, 이백처럼 키가 크고 성격이 시원시원했으며 거문고를 타는 솜씨가 일품이었다. 두 사람이 만날 때면, 한 사람은 거문고를 타고 다른 한 사람은 시를 읊었다. "촉의 스님이 거문고를 안고, 아미산 봉우리에서 서쪽으로 내려와, 나를 위해 한차례 손을 놀리는데, 첩첩 산골 솔바람 소리를 듣는 듯하구나." 선성 주변의 많은 사람들이 대시인 이백이 경정산에 산다는 소문을 듣고 찾아왔다. 선주 태수 최부성이 이백의 집을 자주 찾아왔는데, 그때마다 이백과 함께 산을 둘러보며 한가로이 소나무 바람에 잠들곤 했다. 어느 날, 이백이 막 손님을 배웅하던 차에 최사예가 찾아오자 이백은 그와 함께 경정산 북쪽으로 올라갔다. "구불구불한 산길에서 백마에 올라, 크게 웃으며 청산을 올라갔네. 말머리를 돌려 장안을 가리키니, 석양은 어느덧 진 땅으로 지고 있네. 황제가 계신 곳은 삼천리 밖, 아득히 푸른 구름 사이에 있네."

이백李白은 종종 경정산敬亭山 남쪽 기슭의 사조루謝朓樓를 찾곤 했다. 이곳에서 먼 곳을 바라보면, 수양강水陽江이 햇빛 아래에서 마치 거대한 흰 비단을 펼쳐 놓은 듯 반짝거렸다. 사조루에 올라갈 때마다, 이백은 언제나 사선성謝宣城을 떠올렸다. "강가의 성은 그림 속처럼 아름답고, 산빛이 저물어갈 무렵 나는 누각에 올라 맑은 하늘을 멀리 바라보네. 양쪽의 두 물줄기는 마치 거울과 같이 맑은데, 두 다리에는 무지개가 드리웠구나. 마을에는 찬 날씨에도 여전히 귤과 유자가 열려 있고, 가을색 짙어지니 오동나무가 더욱 늙어 보이는구나. 누가 이 북루에 올라 사조 선생을 그리워하는가." 『추등선성사조북루秋登宣城謝朓北樓』는 이백이 사조謝朓에 대한 깊은 그리움을 표현한 시다. 『선주사조루전별교서숙운宣州謝朓樓餞別校書叔云』에서 이백은 다시 이렇게 노래했다. "봉래의 문장을 가진 숙부는 강건하고 힘이 있는 품격을 갖추었고,

내가 짓는 시도 사조를 닮아 청아하고 수려하네. 둘이 함께 호방한 풍취와 큰 뜻을 펼쳐 비상하여, 푸른 하늘에 올라 밝은 달을 잡으려 했네." 이는 사조의 시에 대한 가장 적절한 평가이다. 이백은 심지어 자신이 사조의 환생이라는 착각을 느끼곤 했다.

경정산敬亭山 산자락에서 살면서, 이백李白은 환남皖南의 산수 속에서 머물며, 마치 푸른 산과 물 사이를 자유롭게 날아다니는 제비와도 같았다. 환남에서 이백은 자신의 생각을 정리하며 상처를 어루만졌다. 마음은 어느 정도 위안을 얻었지만 근본적으로 이백은 종종 슬픔과 혼란에 빠져들곤 했다. 그것은 웅대한 뜻이 구름을 능가하지 못하는 아픔이었고, 인생의 짧음에 대한 긴 한탄이었다.

환남에서, 이백이 가장 좋아한 것은 경천涇川의 아름다운 풍경이었다. 그는 경천의 아름다움이 회계會稽의 약야계若耶溪를 능가한다고 생각했다. 회계는 동남부의 유명한 명승지였는데, 이백은 시에서 이렇게 노래했다. "경천 삼백리 아름다운 경치를, 약야계도 부끄러워 이를 보지 못하리." 그가 세 번이나 경천을 여행했을 정도이니 그의 감정이 얼마나 깊은지 알 수 있다. 천보 14년(755년), 이백은 추포秋浦에서 경천의 도화담桃花潭을 여행하던 중에 명시名詩『증왕륜贈汪倫』을 지었다. 송본『이태백문집李太白文集』의 주석에는 이렇게 쓰여 있다. "백이 경현涇縣 도화담을 여행할 때, 마을 사람 왕륜汪倫이 항상 좋은 술을 담궈놓고 이백을 기다렸다. 륜의 후손은 오늘날까지 그 시를 소중히 여긴다." 청대 원매袁枚의 『수원시화보유隨園詩話補遺』는 이에 대해 이렇게 적었다. "당나라 때 왕륜이 경천의 호사豪士(재주와 능력이 뛰어난 사람-역자주) 이백이 올 것이라는 소식을 듣고 편지를 보냈다. '선생님께서는 여행을 좋아하시는지요? 여기에는 십 리에 걸쳐 도화꽃이 피어 있습니다. 선생님께서는 술을 좋아하시는지요? 여기에는 만 가구의 주점이 있습니다"라고 썼다. 이백은 기뻐하며 찾아갔다. 그러나 도착하자 왕륜은 "도화란 담수의 이름이며, 실제로 도화는 없습니다. '만 가구'는 주점 주인의 성이 만萬가이며, 실제로 만 가구의 주점은 없습니다"라고 밝혔다. 이백은 크게 웃었다. 이백은 며칠 동안 머물렀는데, 그가 명마 여덟 필과 관금官錦 열 단을 선물로 주며 직접 배웅했다. 이백은 그의 마음에 감동하여 『도화담』절구 한 수를 지었다.

이백승주장욕행李白乘舟將欲行 이백이 배를 타고 떠나려 하는데
홀문안성답가성忽聞岸上踏歌聲 문득 언덕 넘어 노랫소리 들려오네
도화담수심천척桃花潭水深千尺 도화담 물속이 아무리 깊어도
불급왕륜송아정不及汪倫送我情 왕륜이 내게 향한 우정보다 깊으랴

깊은 정을 표현한 이 천고의 절구는 틀림없이 고선지古宣紙에 적혔을 것이다. 당 현종唐玄宗 천보天寶 연간에, 선주宣州는 분명 종이를 생산했다. 붓과 먹, 종이, 벼루 를 떠나서는 살 수 없었던 그였기에 선성宣城에서 만들어진 종이에 많은 감동적인 글을 남겼을 것이다. 이로써 추정컨대, 『선주사조루전별교서숙운宣州謝朓樓餞別校書叔雲』도 고선지에 쓰여졌을 것이다.

기아거자작일지일불가유棄我去者昨日之日不可留
나를 버리고 가는 어제의 해는 붙잡아 둘 수 없고,
난아심자금일지일다번우亂我心者今日之日多煩憂
내 마음을 어지럽히는 오늘의 해에 괴로운 근심 많도다.

장풍만리송추안長風萬里送秋雁　만 리에 부는 장풍 가을 기러기 보내주니
대차가이감고루對此可以酣高樓　이를 보며 높은 누각에서 술 즐길만하다
봉래문장건안골蓬萊文章建安骨　봉래의 문장이고 건안의 풍골이며
중간소사우청발中間小謝又清發　중간에는 사조가 또 청신하고 뛰어났네
구회일흥상사비俱懷逸興狀思飛
두 사람 모두 뛰어난 흥취 품고 장대히 비상하여
욕상청천남명월欲上青天覽明月　푸른 하늘에 올라 해와 달 잡으려 했네
추도단수수갱류抽刀斷水水更流　칼 뽑아 물 베어도 물은 다시 흐르고
거배소수수갱수擧杯銷愁愁更愁　잔 들어 시름 삭여도 시름 다시 깊어질 뿐
인생재세불칭의人生在世不稱意　세상의 인생살이 뜻에 맞지 않으니
명조산발농편주明朝散發弄扁舟　내일은 머리 풀고 조각배 타리

　이 시는 이백이 술에 취해 쓴 것으로, 선성의 짙은 '노춘주老春酒' 향기가 배어 있다. 선성에서 이백은 기수紀叟가 빚은 노춘주를 매우 좋아했다. "기수가 황천에 있을지라도, 여전히 노춘을 빚으리라. 저승길엔 새벽이 없으니, 뉘와 더불어 술을 나누리요?" 이백이 『선주사조루전별교서숙운』에서 노래한 "세상의 인생살이 뜻에 맞지 않으니, 내일은 머리 풀고 조각배 타리"를 의미로 이해하면, 공자의 '도불행道不行 승부부어해乘桴浮於海'와 같은 맥락이다. 이러한 현실도피의 염원은 이백의 동경이자 절망이었다.
　아쉽게도 이백이 쓴 글씨는 많이 남아있지 않다. 이는 선지宣紙의 유감이자 문학의 유감이며, 또한 역사의 유감이기도 하다. 그러나 우리는 여전히 베이징 고궁박물관에 있는 『상양대첩上陽臺帖』을 통해 이백의 기품과 운치를 느낄 수 있다. 종이에 쓴 이 작품은 이백이 직접 쓴

사언시四言詩로 총 스물다섯 글자로 구성되어 있으며, 천보 삼년(744)에 쓰여졌다. 당시 이백은 모함을 받아 현종으로부터 금을 하사받고 궁을 떠났다. 장안을 떠난 후, 이백은 시우詩友 두보杜甫, 고적高適과 함께 하남河南, 산동山東 등지를 떠돌았다. 이백은 왕옥산王屋山을 여행하며 일면식이 있던 도사 사마승정司馬承禎을 찾아가자고 했다. 그보다 앞선 개원 십이년(724)에 이백은 촉 땅을 떠나 삼협三峽을 여행하며 강릉江陵에서 사마승정과 만났다. 사마승정은 도법에 능통하고 시, 서, 화에 모두 뛰어났는데, 특히 산수화에 능했다. 이후 현종은 사마승정에게 왕옥산에 도관을 세우고 현판을 쓰게 했다. 이백 일행이 양대관陽臺觀에 도착했을 때, 사마승정이 이미 선종하여, 그를 만나지 못했다. 도관 안에 거대한 벽화만이 남아 있을 뿐이었다. 이백은 감정이 복잡해져『상양대첩』을 썼다:

산은 높고 물은 길며, 만물이 천변만화하니,

노필老筆이 없으면, 그 맑고 웅장함을 다할 수 없으리

십팔일, 상양대에서. 태백太白

필체가 힘차면서도 자유롭고, 붓놀림이 구애받음이 없이 유려하다. 이는 마치 이백李白의 호방하고 우아한 시풍과 같다. 첫 두 구절 "산은 높고 물은 길며, 만물이 천변만화하니"라는 표현은 왕옥산王屋山의 풍경을 그린 벽화를 묘사한 것이다. 마지막 두 구절 "노필老筆이 없으면, 그 맑고 웅장함을 다할 수 없다"는 사마승정司馬承禎의 그림 실력에 대한 칭송이다. 글씨의 흐름과 기운에서 시인의 기운이 느껴지며, 시인의 기상과 호방함을 느낄 수 있다. 예술의 최고 경지는 꿈에 은빛 안장이 말을 비추고, 오구검이 서릿발처럼 빛나며, 천둥이 평지를 울리는 경지를 말한다. 『상양대첩上陽臺帖』은 바로 만리의 기상으로 가슴 속 응어리를 쏟아내며, 붓과 먹 속에서 구름이 차오르고 무지개가 펼쳐지는 작품이다. 송휘종宋徽宗 조길趙佶이 『상양대첩』에 기꺼이 글을 쓴 것도 무리가 아니다.

> 태백太白이 행서行書로 "흥에 취해 달을 밟고 서쪽 술집에 들어가니, 사람과 사물을 모두 잊고 세상 밖에 있는 듯하다"라고 썼다. 우아하고 호방한 글씨와 그림에서 이백이 시로만 명성을 얻은 것이 아님을 알 수 있다.

조길의 이백에 대한 평가는 과장이나 숭배가 아닌 적절하고 합당하다. 송나라 때, 이백의 위치는 후에 문학사에서 절대적인 위치에 오르기 전이었다. 『상양대첩』도 당시에 유일본이 아니었고, 조길은 이백의 다른 서예 작품들도 소장하고 있었다. 예를 들어 『태화봉太華峰』, 『승흥첩乘興帖』, 『세시문歲時文』 등이다. 지위가 높았고 식견도 탁월했던 조길이 이백을 이렇게 평가한 것은 이미 그의 높은 감상 수준을 충분히 보여준다.

『상양대첩』을 쓸 때, 이백은 43세였고 안사의 난安史之亂이 아직 일어나지 않은 때였다. 그 당시의 이백은 비록 관직에서는 물러났지만, 전반적으로 여전히 기품과 기세가 넘치는 신선 같은 모습이었다. 당 현종唐玄宗이 이전에 이백을 보고는 "기품이 있고 소탈하며, 표정이 노을이 피어오르듯 우아하다"고 표현했다. 십여 년 후, 이백이 다시 선주宣州로 돌아와 홀로 경정산敬亭山에 올라 유명한 『독좌경정산獨坐敬亭山』을 썼을 때, 이미 반백이 넘은 나이에 상처와 쓸쓸함을 안고 있었다. "한 무리의 새들이 높이 날아 사라지고, 외로운 구름은 한가롭게 떠돈다. 서로 바라보고 있어도 싫증나지 않는 것은 오직 경정산뿐 이로구나." 시에 인생의 참뜻이 베어있다. 촛불은 외로운 불꽃이 되었고, 지은이의 심신에는 무한한 공허와 적막이 가득하다.

『독좌경정산獨坐敬亭山』이라는 시는 분명 고선지古宣紙에 남겨졌을 것이다. 안타깝게도 진본은 이미 사라져 버려, 『상양대첩上陽臺帖』의 강렬하고 자유로운 필체와 비교할 수 없게 되었다. 『독좌경정산』의 필획에서 드러나는 쓸쓸함과 공간감 속에 밤바람의 정서가 한층 깊이 담겨 있다.

필묵은 곧 인심이다. 서예도 그림도, 그 안에 담긴 예리한 의미와 철학적 해석을 더욱 세심하게 헤아려 보아야 한다. 중국 문화에서 서예와 그림에 대한 이해는 거의 신비의 경지에 이르렀다. 문자는 이미지이면서 이미지보다 더 풍부한 상상력을 지닌다. 흑백은 가장 단순한 두 가지 색조로, 신비하면서도 무소부재한 음양陰陽의 힘을 드러낸다. 선의 흐름과 변화는 우주의 광대함과 변화, 인생의 오고 감을 은유한다…

중국 문화에는 항상 유가儒家, 석가釋家, 도가道家, 세속俗이 녹아 있는 것으로 알려져 있다. 중국 서화, 특히 서예는 유가, 석가, 도가, 세속으로 나뉜다. 일반적으로 유가의 글씨는 고요와 균형, 엄숙과 강인함이 있고 신중하고 절제적이다. 저수량褚遂良, 안진경顔眞卿, 유공권柳公權, 구양순歐陽詢 등의 작품이 이에 속한다. 그중 구체歐體(구양순과 그의 아들 구양통歐陽通의 필체-역자주)가 가장 대표적이다. 겸허하고 고요하며, 장단이 조화로와 예로부터 귀히 여겨져 왔다.

도가의 글씨는 개성적이고 동쾌하며, 그 선이 신비롭고 자유롭다.

이백의 『상양대첩』은 전형적인 도가 스타일로, 기이하고 강력한 힘, 취기 그리고 시정詩情으로 천지신명을 움직인다. 장욱張旭의 광초狂草도 이와 같이 거리낌이 없이 자유로운데, 마치 생명이 종이 위에서 술에 취해 비틀거리며 유영하는 듯하다. 석가에서는 회소懷素의 초서가 이백의 말처럼 "마치 신과 귀신이 놀라는 듯하고, 시시각각 용과 뱀이 움직이는 것같다." 마음껏 슬퍼하고 기뻐하되 욕망 없이 강해지는 것, 이것이 '광승狂僧'의 서예이다. 또 한 가지 유형으로는 대교약졸大巧若拙(훌륭한 기교는 졸렬한 것처럼 보인다), 반포귀진返璞歸眞(진정한 본질로 돌아가다)의 경지가 있다. 홍일弘一의 글씨는 선과 구조에 연연하지 않고, 순진무구한 어린 아이처럼 모든 법칙을 초월한 소탈함이 있다. 물론 유가, 석가, 도가, 세속도 서로 어우러져 섞여 있으며, 사람도 글씨도 서로 어우러지고 녹아들 수 있다. 소식蘇軾의 글씨에는 그의 인격처럼 석가의 초탈함, 유가의 온화함, 도가의 소박함이 있으며, 세속적인 기쁨과 온화 그리고 자유로움이 베어 있다. 이 모든 것을 글씨에서 엿볼 수 있다.

세속적인 글씨는 주로 단순한 기술적 표현이다. 얼핏 보면 제법 형식을 갖춘 듯하나, 자세히 살펴보면 내면의 정신이 부족하다. 유가의 절제도, 도가의 자유도, 석가의 초월도 없으며, 정통적 수련을 거치지 않은 자연발생적 성장에 속한다. 중국 문화의 유가, 석가, 도가에 익숙하지 않고, 그 깊은 맛을 알지 못하면 진정한 서예라기 보다는 단지 글씨를 쓰는 것에 불과하다.

문장은 그것을 쓴 사람과 같고, 글씨도 그것을 쓴 사람과 같다. '상유생심相由心生(외모는 마음에서 나온다)'이라고 했던 선인들의 말처럼, 서예도 마찬가지여서, 마음으로 통하는 비밀 통로이며 자연스럽게 그 사람의 성품과 기질을 드러내게 마련이다. 왕희지王羲之의 글씨는 우아하고 탈속적이며, 또한 자유로우며 엄숙하다. 그의 글씨는 그 자신과 같다. 원나라의 조맹부趙孟頫의 글씨는 왕희지와 매우 비슷하며, 심지어 왕희지의 글씨보다 더 우아하고 섬세하다. 짙은 유가적인 분위기가 드러난다. 하지만 독서와 학문으로 형성된 문인으로서의 기질도 그렇고 고매한 내적인 품격도 그렇고, 조맹부의 서예는 왕희지의 서예보다 강단과 기개가 다소 부족하다. 흘러가는 구름이나 흐르는 물처럼 지나치게 유려하고 능란하다. 조맹부의 서예를 비판하는 이들은 그의 서예가 '유약하고 기개가 없다'고 평가한다. 이러한 비판은 도덕적 판단으로, 조맹부가 '이천貳臣(두 마음을 품은 신하)'이었다는 암시이다. 반면 다른 견해를 가진 이들은 사람과 글씨는 분리될 수 있다고 본다. 예를 들어 동기창董其昌은 매우 복잡하고 논란이 많은 인물이지만, 그의 글씨는 외적인 미와 내적인 지혜라는 서예의 진정한 의미를 잘 표현하였다.

『난정집서蘭亭集序』는 떠다니는 구름 같고, 『상양대첩上陽臺帖』은 활달하게 노니는 용과 같아서, 이들은 중국 서예사에서 높은 위치를 차지한다. 그 뒤에 나온 장욱張旭의 광초狂草 『고시사첩古詩四帖』과 『단천자문斷千字文』은 마치 천리마를 타고 눈 덮인 들판을 질주하는 것 같다. 서예의 최고 경지는 모든 기교를 버리고, 내면에서 우러나오는 정신적 흐름만이 종이 위에서 무아지경으로 춤추고 뛰어노는 것이다. 이 경지는 불교의 열반, 도가의 좌망과 통한다. 실제로 이는 인간의 작은 우주가 세계의 큰 우주와 어우러지며, 유한이 무한으로 이어지는 '천인합일天人合一'이다.

이백李白의 『상양대첩』 외에, 당나라의 또 다른 유명한 시인 두목杜牧이 『장호호시張好好詩』라는 서예 작품을 남겼는데, 고선지에 쓴 이 작품은 선주宣州에서 쓴 것으로 짐작된다. 전체 48행으로 이루어진 『장호호시』는 학이 나르는 듯 필묵이 경쾌하면서도 우아하며, 육조六朝의 신운神韻(위진남북조 시대의 생동감 넘치는 문학적 특징-역자주)이 느껴진다. 두목은『장호호시』서문과 본문에서 이렇게 적었다. "대화 삼년(829년)에 '나'는 고인이 된 이부시랑 심전사沈傳師 공이 강서관찰사로 재직할 때 그의 휘하에 있었는데, 그때 장호호는 열세 살로 이미 약간의 명성이 있었고 노래를 잘 불러서 악적樂籍에 이름이 올랐다. 일 년 후, 심공이 선흡관찰사宣歙觀察使로 임명되어 갈 때 장호호를 데리고 가서 선주 악적에 이름을 올렸다. 서리 내리는 가을과 따뜻한 봄날이면, 선주의 사조루謝朓樓나 동쪽의 '구계句溪'에서 장호호의 아름다운 노래가 울려 퍼졌다.

시의 두 번째 절에서 두목은 장호호가 기녀로서 즐거운 나날을 보냈다고 묘사한 후 이어서 이렇게 썼다. '다시 이 년이 지나서 장호호는 심공의 동생 저작랑 심술사의 첩이 되었다.' 그 후 2년 후에 저자는 노량동성에서 다시 장호호를 만나 옛일을 회상하며 이 시를 그녀에게 바쳤다.

두목杜牧의『장호호시張好好詩』는 백악천白樂天의『비파행琵琶行』과 유사한데, 둘 다 미인의 말년과 인생의 무상함을 탄식하고 있다는 점에서 그러하다. 두목은 30세부터 두 차례 선주宣州에서 관직을 맡아 총 여섯 해를 보냈다. 어떤 이들은『장호호시』가 두목이 처음 선주를 떠난 후인 835년에 낙양洛陽에서 장호호와 술을 마시고 헤어진 후에 쓰여졌다고 단정한다. 그러나 이 시는 선주에서 쓰여졌을 가능성이 높아 보인다. 낙양에서 장호호를 만난 후 두목은 곧바로 선주로 돌아와 선살관찰사 최정崔鄭의 막료幕僚가 되었다. 선주에서 두목은 자연스럽게 장호호가 선주에서 보낸 시절을 떠올렸을 것이다. 현재의 감정 결과에 따르면, 『장호호시』는 마지에 쓰여졌지만, 선주 현지에서 생산된 것인지는 알 수 없다. 주목할 만한 것은, 청나라 경현涇縣 출신의 유명한 서예가인 포세신包世臣이 이 『장호호시』를 높이 평가했다. '붓놀림을 이용한 필화의 양단(기필起筆과 수필收筆-역자주)이 보이고, 풍성하고 자유로운 필화 속에서 고인古人의 기교가 드러난다. 점화點畵와 양단을 따를 만하다. 필력에 힘이 있고 묵색이 균일하며, 붓과 먹이 스며드는 투명감은 요행으로 얻어진 것이 아니다. 양단이 과장되면 중간이 끊어지며 힘을 잃을까 저어하여, 고첩古帖의 횡화와 직화를 시도했다. 고첩의 양단을 그려보고 끊어짐을 살펴보면 누구나 이를 알 수 있다'고 평가했다. 하지만, 선지宣紙에 익숙한 포세신은 이 유명한 명첩의 필기 재료에는 관심을 보이지 않았다. 이는 당연한 일이다. 중국 문화에는 예로부터 하늘에게 묻는 전통이 부족했기 때문이다.

당대의 서예는 진대 이후 또 다른 정점을 이루었다. 당대는 중국 서예사에서 중요한 시기로, 모든 점에서 과거를 이어받아 후대에 전승하는 성취를 이루었다. 각종 서체에서 영향력 있는 서가들이 등장했는데, 예컨대 해서楷書의 대가로 꼽히는 네 명 중 세 명이 당나라에 속한다. 광초狂草의 등장은 서예의 경지가 한층 높아졌음을 보여주는 것이었다. 예서의 서예가들은 대부분 왕희지로부터 변화를 시도하는 한편 위진魏晉 이후의 묵적墨迹과 비첩碑帖의 이중 전통을 결합하여, 형식면에서 더욱 당당하고 엄격해졌다. 당대 중기 이후 서풍書風이 반듯하고 강직하던 것에서 힘차고 두터운 기조로 변화했으며, 장욱張旭과 안진경顔眞卿을 중심으로 이왕二王(왕희지와 왕헌지 부자)의 제약에서 벗어나 광초와 예서의 새로운 경지를 개척했다. 전예篆隸는 큰 발전은 없었지만, 진한秦漢의 유법을 이어받아 엄격하고 강하면서도 원만한 기풍을 형성했다.

당대唐代 서예의 사용은 종이의 사용과도 큰 관계가 있다. 종이 위에서 글씨를 쓰는 것이 비단보다 더 자유롭고 편리했기 때문이다. 필기 도구의 안정성은 서예의 규범이 확립되는 전제이자 기반이다. 서화 문화는 사실 문방사보文房四寶인 붓, 먹, 종이, 벼루와 함께 비단, 안료 등 재료의 특성을 반영한다. 보다 엄격히 말하자면 붓, 먹, 종이와 붓을 잡은 사람이 형성하는 하나의 전체이자 여기서 발생하는 예술상태이며, 필묵과 종이, 문인의 마음속 깊은 식견의 완벽한 융합이자, 심성의 자연스러운 표출을 통해 도달하는 생명의 본질에 대한 추구이다. 필법은 항상 먼저 종이에 적응하고, 그 다음에 종이와 맞는 미학 체계를 형성하며, 이후에 표준과 미학적인 구도로 고정된다. 예를 들어 안진경顔真卿이 종이에 쓴 『자서고신첩自書告身帖』은 웅장하면서도 단정하다. 자형字型이 초당初唐의 가는 형태에서 정사각형으로 변화하여 정방형 속에 원이 보이는 구심력이 있다. 필법은 중봉필법中鋒筆法(붓 끝이 선의 중심을 지나가도록 하는 필법-역자주)을 능숙하게 사용하여 힘이 있으며 날카롭다. 이러한 효과는 당시의 붓, 먹, 종이의 특성과 관련이 있다. 당시의 모필毛筆은 아직 길고 부드러운 솜털이 없었으며, 사용한 피지皮紙도 나중의 선지宣紙처럼 부드럽고 섬세하지 않았다. 먹의 경우, 광석을 분쇄하여 물을 섞어 만든 것으로, 나중의 송연묵松煙墨처럼 검고 윤기가 나지 않았다. 이로 보아, 당대의 서예 도구가 강인하고 웅장한 안진경 서예의 특징을 만들어냈다고 볼 수도 있다.

모든 일이 극치에 이를 때 천지인이 조화를 이루며 서로 어우러져 힘을 발휘한다. 안진경 서예의 웅장하고 강직한 기세는 당나라 시대의 활력과 기상, 개인의 인품, 재료의 도움이 완벽하게 조화를 이루며 만

당唐, 두목杜牧, 「장호호시張好好詩」(일부)

張好好詩

牧大和三年佐故吏部沈
公江西幕好好年十三始
以善歌舞來樂籍中
後一歲公鎮宣城復置
好好於宣城籍中後二年
沈著作述師以雙鬟納
之又二歲於洛陽東
城重覩好好感舊傷懷
故題詩贈之

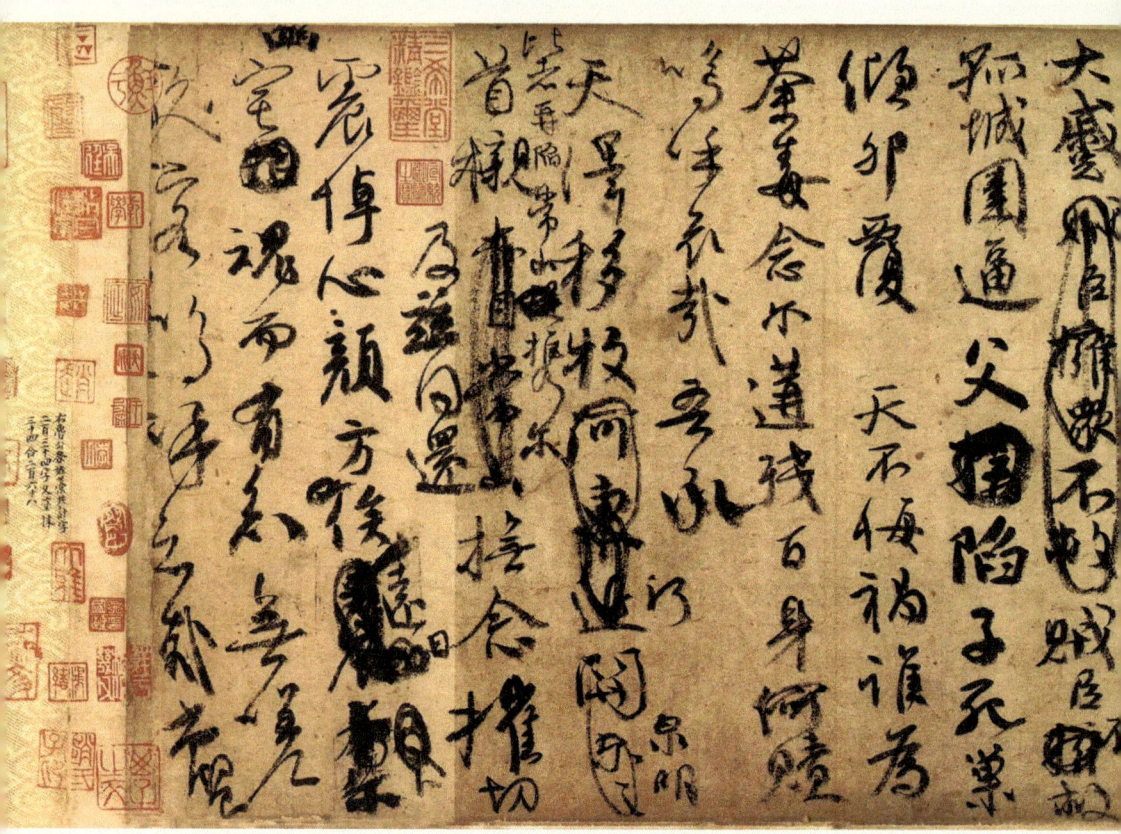

당唐, 안진경顏真卿, 「제질문고祭姪文稿」

維乾元元年歲次戊戌九月庚午朔三日壬申第十三叔銀青光祿大夫使持節蒲州諸軍事蒲州刺史上輕車都尉丹楊縣開國侯真卿以清酌庶羞祭于亡姪贈贊善大夫季明之靈惟爾挺生夙德宗廟瑚璉階庭蘭玉每慰人心方期戩穀何圖逆賊閒釁稱兵犯順爾父竭誠常山作郡余時受命亦在平原仁兄愛我俾爾傳言爾既

들어낸 전형적인 결과물이다. 그래서 그의 작품인 『제질문고祭侄文稿』가 후세에 '천하 제이 행서天下第二行書'로 칭송받는 것은 놀라운 일이 아니다.

당대 이후 기상과 활력이 현저히 줄었는데, 서예에서도 마찬가지였다. 오대 북송五代北宋 시대에는 서예가 더욱 내성적이고 우아해졌으며, 내면적 정신에 더욱 중점을 두었다. 송대宋代 서예에서는 '송사가宋四家'가 두각을 나타냈다. 여러 서체에 능했던 '소황미채蘇黃米蔡'는 고대 서예의 집대성이라 해도 과언이 아니다. 소식蘇軾의 서예는 '의意'를 쓰는 데 중점을 두었는데, 필치가 풍성하고 강하면서도 자연스럽고 수수하다. 그의 학문처럼 망망하고 호탕한 기운을 담고 있다. 황정견黃庭堅의 서예는 필치가 가늘고 힘차게 종횡무진하는 자신만의 스타일을 만들었다. 미불米芾의 서예는 유가적 우아함과 함께 흐르듯 쾌활하고 변화가 많다. 채양蔡襄의 서예는 두텁고 단정하며, 봄바람 같이 부드럽고, 아름다우며 여유롭다. 송대 서예는 깊은 물의 흐름처럼 무게있고 원숙하며, 문운文韻, 문맥文脈, 문기文氣와 문세文勢를 중시했다. 전체적으로는 원기왕성한 활력과 자유분방함이 다소 줄어들었다.

송宋 이후 서예의 발전은 시대정신과 관련이 있으며, 서예의 매개체와도 관련이 있다. 조맹부趙孟頫의 행해行楷는 넓고 깊으며 안정적이고 유연하다. 문징명文徵明의 필법은 맑고 강하며 우아하고 자유롭다. 동기창董其昌의 필력은 다소 약하나 진부하지 않고 담백하며 독특한 매력이 있다. 이후 서예는 각자의 장점을 극대화하며 발전했다. 청대淸代 서예가들은 사물과 인간의 본성과 본질을 탐구했다. 서예가들이 지속적으로 등장하며 선지宣紙를 포함한 다양한 종류의 종이를 이어받아 발전시켰다. 선지를 포함한 종이가 점점 더 사회, 생활, 문화에서 중요한 위치를 차지하게 되었다. 종이는 더욱 정교하고 고아한 분위기를 자아냈다. 세상에는 서예의 영혼이 당唐에서 끝났다는 말이 있지만, 선지의 등장으로 서예는 당대와는 다른 가능성을 가지게 되었다. 선지에 쓰여진 글씨는 비록 마지麻紙나 피지皮紙의 거칠고 소박하며 힘차고 자유로운 분위기를 잃었지만, 대신에 법도, 기술, 흐름, 운연의 몽롱함이 더해진 성숙한 예술미를 가지게 되었다.

9.「오우도五牛圖」에서「오마도五馬圖」까지

이백李白의『상양대첩上陽臺帖』보다 약간 늦은 시기에 속하는 한황韓滉의「오우도」는 현재 중국에서 종이에 그려진 가장 이른 시기의 회화 작품 중 하나이다. 이 그림의 재료는 검증 결과 뽕나무 껍질로 만든 경황지硬黃紙였다. 수당隋唐 시기에는 제지술의 발전으로 종이가 점차 섬세하고 부드러워지면서 사람들이 종이에 그림을 그리기 시작했다. 베이징 고궁박물관에 소장된 종이본「오우도」는 길이가 139.8cm, 너비가 20.8cm이며, 종이 섬유의 균일도가 좋고 표면이 세밀하고 윤기가 있어, 그림의 선이 번지지 않고 묵직하고 두텁다. 하지만 비단에 비해 필묵 사이에 약간 '거친' 느낌이 있다.

한황의 그림 속 다섯 마리 소는 두 부분으로 나뉘어 '일'자로 배열되어 있는데, 첫 번째부터 네 번째 소들은 모두 자유롭고 편안하다. 첫 번째 소는 목을 길게 뻗고 꼬리를 흔들며 가시덤불에 몸을 비비고 있다. 두 번째 얼룩무늬 소는 하늘을 향해 길게 운다. 세 번째 진한 적갈색 소는 마치 노인처럼 흰 뿔, 흰 귀, 흰 수염, 흰 머리를 하고 있어 웃

당唐, 한황韓滉, 「오우도五牛圖」

음을 자아낸다. 이와 마주하고 있는 소는 그리기가 가장 어렵다. 네 번째 소는 머리를 돌려 혀를 내밀고 있는 표정이 생생하다. 다섯 번째 소는 코뚜레가 끼워진 채 화가 난 듯 눈을 부릅뜨고 있다. 그림은 가운데 건장한 소를 중심으로 좌우에 각각 두 마리씩 대칭을 이루며 다섯 마리 소가 긴밀한 하나의 전체를 이룬다. 그림은 조금도 판에 박은 듯한 단조로움이 없다.

당대唐代의 서화 이론가 주경헌朱景玄은 『당조명화록唐朝名畵錄』에서 이렇게 평가했다. "당나귀와 소는 흔히 보는 가축이지만 그 모습을 그리기는 매우 어렵다. 오직 진공晉公만이 능숙하게 그 오묘함을 완벽하게 표현해냈다." 여기서 말하는 '진공'은 진국공晉國公으로 봉해진 한황韓滉을 가리킨다. 명대明代 이일화李日華는 『육연재필기六硯齋筆記』에서 이렇게 평했다. "색칠로 형상을 그려내지만 골격과 근육이 꺾이고 감싸는 변화 등은 거친 붓과 힘찬 손길로 그려냈다. 이는 오도자吳道子 불상의 옷자락과 같이 약한 붓질로 기교를 부리려는 의도가 없다. 오래 바라보고 있으면 마치 살아있는 것 같아 천고의 절작이라 할 수 있다." 청대淸代 양주팔괴揚州八怪 중 한 명인 김농金農도 이렇게 감탄했다. "볼수록 더

욱 놀라우니, 참으로 신묘한 작품이다." 이러한 높은 평가들을 통해, 중국 최초의 현존하는 종이본 그림의 예술적 지위를 알 수 있다.

소는 농경 사회에서 부지런함, 정직함, 성실함, 책임감을 상징하며, 정신적 토템의 의미를 가진다. 전해지기로는 한황이 여행 중 들판에서 소를 보고 깊은 인상을 받아 그림을 그리고자 마음 먹었다고 한다. 종이의 특성을 잘 알고 있었던 한황은 먼저 몇 장의 작은 종이를 붙여 큰 종이를 만들고, 그 위에 밀랍 처리를 했다. 창작 과정에서 한황은 종이의 질감을 고려하여 색과 먹으로 소의 반점을 묘사하여 털의 질감을 잘 표현했다. 소의 선은 간결하지만, 뼈대와 근육의 움직임이 생동감 있고 소의 입과 코털도 세밀하다. 특히 소의 눈빛은 생동감과 정기가 넘친다.

한황은 당대唐代의 관료 가문에서 태어났는데, 아버지 한휴韓休는 당 현종唐玄宗 시절에 재상을 지냈으며 성품이 강직하여 위징魏徵처럼 직언을 마다하지 않았다. 한황은 장안에서 태어났지만, 오랫동안 금릉의 절도사를 역임하며 덕종德宗을 도와 많은 전투에 참여했다. 한황은 지위가 높은데다가 시, 서, 화에 능하여 당시 가장 유명한 화가로 꼽했다. 어떤 이들은 한황이 그린 그림 속 오우五牛는 그의 다섯 형제를 상징하고, 소를 통해 충성심과 애국심을 표현하려 했다고 생각한다. 이러한 해석은 일리가 있어 보이며, 소의 정신은 사실 유가儒家의 정신이자 농경 사회가 추구하는 주된 정신이기 때문이다.

한황이 비단을 버리고 경황지硬黃紙를 선택한 이유는 무엇일까? 그것은 그의 종이에 대한 애정과 이해 때문이었을 것이다. 종이의 구성 요소는 풀과 나무로, 소의 생활 환경과 매우 가깝다. 이러한 종이로 소를 그리는 것이 더 적절하고 자연스럽게 느껴졌을 것이며, 이는 '천인합일天人合一'의 철학과 부합한다.

한황韓滉의 「오우도五牛圖」에 사용된 뽕나무 종이의 생산지는 알 수 없으나, 강남江南에서 생산되었을 가능성이 크다. 강남은 자연 환경이 뛰어나고 식생이 무성하며, 문풍文風과 문화가 발달했다. 당나라 이후부터 이곳에서 생산된 종이의 질은 북방 지역을 크게 앞질렀다. 특히 절동浙東에서 대나무를 원료로 생산한 죽지竹紙와 선주宣州, 흡주歙州에서 저피楮皮 등을 원료로 생산한 선지宣紙는 서화의 뜻을 잘 표현할 수 있었으며, 점차 사람들로부터 사랑을 받게 되었다.

한황의 「오우도」는 그림이 종이에 그려지는 데 좋은 출발점이 되었다.

「오우도」외에 같은 시기 한간韓幹의 「조야백도照夜白圖」도 종이본이다. '조야백照夜白'은 당 현종唐玄宗 이융기李隆基가 사랑한 준마로, 온몸이 눈처럼 하얗고 달빛처럼 밝아 붙여진 이름이다. 그림에서 '조야백'은 굵고 튼튼한 말뚝에 단단히 매여서, 목을 높이 쳐들고 갈기를 세운 채 눈을 부릅뜨고 네 발굽으로 날듯이 뛰어오르고 있다. 그림은 필선이 간결하고 유려하며, 적은 양의 물감으로 준마의 자유롭고 강인한 모습을 잘 표현했다. 한황의 묵직하고 탄탄한 솜씨의 그림에 비해, 한간의 그림은 생동감 있고 활기차며 폭발력이 강하다. 당시 사람들이 황우간마滉牛幹馬(한황의 소, 한간의 말이라는 의미-역자주)로 두 화가의 특징을 요약한 것도 무리가 아니다. 두 그림을 서로 비교해보면, 「오우도」의 굵은 선은 느리고 무거운 느낌을 주며 소를 그리기에 적합하다. 반면 「조야백도」에서 말의 선은 섬세하고 유려하며, 간결하고 밝아 말의 민첩함과 장쾌함을 잘 드러낸다. 두 한韓의 차이는 수준이 아니라 기술에 있으며, 취향이 아니라 방식에 있다.

한간은 또 다른 비단본 「목마도牧馬圖」를 그렸는데, 종이본 「조야백도」와 대조적이다. 흰말이 등에 사람을 태우고 검은말과 함께 천천히 걷고 있고, 배경은 간략하게 처리했다. 그림 속 흑백 두 말의 머리, 몸통, 엉덩이, 발의 비율이 조화롭고 투시한 듯 정확하다. 흑백을 주조로 하고 약간의 주홍색이 섞여 있지만, 단조롭지 않은 느낌을 준다. 「조야백도」와 「목마도」를 비교해보면, 비단에 그린 그림이 더 정교하고 색채가 밝다. 종이본 「조야백도」에서는 말의 선이 한 번에 그려진 듯 한데, 특히 말의 엉덩이에서 허리로 이어지는 선이 둥글고 풍만하며 매우 유려하다. 종이 위의 먹의 농담으로 말 가슴 근육의 입체감을 잘 표현하고 있다. 이로써 비단에 비해 종이에 그려진 그림의 표현력이 더 강하고 웅장한 기세를 가지고 있음을 알 수 있다. 후에 말하는 '묵분오색墨分五色'은 실제로는 먹과 종이 위에서의 기교와 번짐을 의미한다. 비단 위에서는 '오색'과 필의筆意(그리는 사람의 의도), 기세를 드러내기 어렵다.

당나라唐 사람들이 그린 말과 소의 그림은 대부분 원기가 넘치고 화려하면서도 소박하다. 이는 마치 안진경顔眞卿의 근육과 유공권柳公權

당唐, 전분轉粉, 「조야백도照夜白圖」

당唐, 한분韓玢, 「목마도牧馬圖」

당唐, 오도자吳道子, 「송자천왕도送子天王圖」

의 골격처럼, 오도자吳道子의 바람에 휘날리는 듯하며, 구양순歐陽詢의 소해小楷, 저수량褚遂良의 행서行書와 흡사하다. 수백 년 후, 송나라宋의 이공린李公麟은 종이에 「오마도五馬圖」라는 그림을 그렸는데, 이는 분명히 한황韓滉과 한간韓幹에게 바치는 일종의 경외심이었을 것이다. 이공린은 북송北宋의 대화가로, 21세에 관직에 들어가 30년 동안 일했지만 정치에는 관심이 없고 그림에만 몰두했다. 그는 소식蘇軾, 왕안석王安石, 황정견黃庭堅, 장뢰張耒, 육전陸佃 등과 친분이 있었다. 그의 백묘白描는 '당대 최고'로 불렸다. 송휘종宋徽宗이 주도한『선화화보宣和畵譜』에는 위진魏晉에서 북송北宋에 이르는 화가 231명이 수록되어 있으며, 그중 이공린의 작품만 107점에 달한다. 특히 이공린은 남방 사람으로, 많은 북방 화가들과 달리 종이에 그림을 그리는 것을 더욱 선호했다. 종이 위에서, 선과 그림은 마치 연과 연줄의 그것과 같았다. 이 「오마도」 외에도 이공린은 종이에 「유마연교도維摩演敎圖」, 「면주도免冑圖」 등을 그렸다. 모두 선으로 흐르는 구름과 물처럼 자유롭고 가볍게 그렸으며, 색상이나 음영이 없이 단순하게 표현했다.

「오마도」는 다섯 부분으로 나뉘는데, 다섯 마리 명마 '봉두경鳳頭驤', '금박경錦膊驤', '호두적好頭赤', '조야백照夜白', '만천화滿川花'가 각기 다른 털색과 모양, 다양한 자세로 그려져 있다. 어떤 말은 조용하고, 어떤 말은 느리며, 어떤 말은 가볍게 걸어간다. 사람들의 외모와 기질 또한 다르다. 두 사람은 한족이고, 세 사람은 호족으로 조심스럽거나 젊잖거나 오만하거나 기세가 넘친다.

「오마도五馬圖」는 전형적인 송화宋畵로, 실제적이면서도 순박한 느낌의 당화唐畵와 달리 청아하고 소박하면서도 자유롭고 절제된 분위기를 표현했다. 이공린李公麟의 장점은 예측 불가능한 선들이다. 마치 살아 움직이는 뱀처럼 종이 위에서 굽이치며, 두께, 농담, 힘, 곡률 및 전환점의 조절이 모두 완벽하다. 때로는 누운 누에처럼, 때로는 가는 실타래처럼, 또 때로는 채찍의 움직임처럼 파도치고 꺾이며 바람에 빗줄기가 흩어지는 듯하다. 이 그림은 종이의 특성을 충분히 보여주며, 단선 백묘單線白描(먹으로 선만을 그리는 화법-역자주)로 필획이 힘차고, 한간韓幹의 「조야백도照夜白圖」와 비슷하면서도 적절한 담묵淡墨 음영으로 물체의 질감과 색조를 화려하고 풍부하게 만들었다. 종이 위에서 필묵이 만들어내는 음영 효과는 선의 힘을 약화시키기 보다는 오히려 명랑한 특성을 부각시켜 더욱 간결하고 자유롭고 유연하다. 「오마도」 중 가장 특별한 부분은 '조야백'으로, 그림에서는 고삐와 모자 외에 말과 사관을 몇 개의 선으로만 표현했다. '조야백'의 배, 등, 엉덩이, 가슴은 농담의 기복이 있고 원기가 넘치며, 갈기와 말꼬리는 휘날리며 자유로운 모습이다. 이 시기에 종이는 이미 그림에서 그 특징과 장점을 보여주었다.

시대마다 그 시대의 기운을 가지고 있다. 이공린이 그린 말은 한간의 웅장하고 혼원混元한 기세는 없지만, 원대元代 조맹부趙孟頫의 온화하고 섬세한 필법과 비교해도 남다르다. 말馬의 차이는 곧 인간의 차이요, 시대의 차이이기도 하다.

당나라에서 종이 위에 그려진 작품은 전체적으로 많지 않았다. 한황의 「오우도五牛圖」, 한간의 「조야백도」 외에, 매우 중요한 작품으로는 오도자吳道子가 그렸다고 전해지는 『「송자천왕도送子天王圖」』가 있다. 이 종이본 수묵화는 현재 일본 오사카시립미술관에 소장되어 있으며, 내용은 석가모니가 태어날 때 부왕이 그를 안고 사찰에 가서 자재천왕에게 재를 드리는 장면이다. 그림의 선이 소탈하고 유려하여, '오대당풍'의 기세와 운치를 엿볼 수 있다. 오도자의 '오대당풍'과 동진東晉 고개지顧愷之의 '춘잠토사春蠶吐絲'는 어떻게 다를까? '춘잠토사'의 선은 굵기가 균일하고 리듬이 느리다. 반면 '오대당풍'은 더 자유로우며, 붓이 미끄러지는 속도가 더 빠르다. 여기에는 그림 재료의 차이가 있는데, 붓이 종이 위를 빠르게 움직이는 것이 비단보다 빠르다. 오도자가 종이본을 선택한 이유는 아마도 단순한 먹색이 종이 위에서 더 잘 표현될 수 있었기 때문일 것이다.

송나라 시대에 산수화, 인물화, 화조화는 모두 중국 회화의 정점에 도달했으며, 이에 따라 서예와 금석학도 급속하게 발전했다. 이러한 성과는 전체적으로 시대와 문화의 번영, 특히 제지업의 빠른 발전의 결과다. 송나라는 서화용 종이가 비단을 점차 대체했던 시대로, 많은 서화가들이 종이 위에 그림을 그리기 시작했다. 송나라의 종이는 주로 저피지楮皮紙와 뽕나무 종이였다. 한 연구기관이 소식蘇軾의 서예 작품 『삼마도찬三馬圖贊』과 미불米芾의 서예『초계시첩苕溪詩帖』에 사용된 종이를 검증했는데, 소식의 서예에 사용된 종이는 연미색이며 밀랍 처리되어 광택이 나며, 미불의 『조계시첩』에 사용된 종이는 연회색으로 백분으로 채워져 온윤하고 유미하며 미세한 가로줄무늬, 연황색의 털과 털뭉치 그리고 얼룩이 있었다. 연구에 따르면, 송나라의 고급 서화용 종이는 모두 가공된 것으로, 당시에 광택 기술이 이미 매우 발달해 있었던 것이다.

송나라 회화에서 가장 높은 성취를 이룬 것은 산수화이다. 산수화는 육조六朝에서 시작하여, 오대五代의 형호荊浩, 관동關仝, 동원董源, 거연巨然 네 명의 대화가의 시기를 거치며, 더욱 빛을 발했다. 송나라는 문인의 시대이자 문예의 시대였다. 회화 주제의 관점에서 보면, 송 이전의 수당隋唐은 상무尙武적이어서 궁정 화가들은 주로 정치인과 귀족을 그리거나 전쟁과 관련된 말을 그렸다. 송나라는 문화를 숭상하여 궁정 화가들은 자연의 산수, 화조, 풍경을 더 선호했다. 주제의 차이 뒤에는 사람들의 사고의 변화가 있다.

송나라 사람들은 이학理學을 숭상하며 넓은 시야와 담백한 정신세계, 형이상학적 사고와 만물에 대한 깊은 사색적 정서를 가지고 있었다. 이러한 사조가 회화에 스며들어 회화의 시야를 넓히고, 사물의 법칙 측면에서 자연과 천지의 신비를 진지하게 탐색하는 분위기를 형성했다. 이것이 이른바 '격물格物'이요, 작은 것에서 큰 것을 보기를 좋아하는 '수점매화천지심數点梅花天地心(쌀쌀한 봄날 피어나는 몇 떨기 매화)'이자 '치지致知'였다. 그들은 천지만물에 관심을 가지고, 한 마리 새, 한 송이 꽃, 한 조각 돌, 한 장의 잎사귀에서부터 산수 자연, 사계절의 변화에 이르기까지 모두 진지하게 관찰하고 연구하며, 존경, 겸손, 성실, 진지한 태도로 대했다. 송의 화가들이 산을 그리고, 물을 그리고, 눈을 그리

북송北宋, 이공린李公麟, 「오마도五馬圖」(일부)

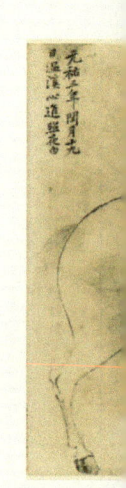

북송北宋, 이공린李公麟, 「오마도五馬圖」(일부)

는 것은 '지로지황地老天荒(장구한 세월)', 세상의 광활함, 고독, 무한함을 그림으로 나타낸 것이었다. 그렇기 때문에 송나라 회화는 형이상학적 철학적 감정을 담고 있으며, 기세가 웅장하면서도 세심하고 정교하다. 특히 화조화에서 종종 표본처럼 정확하게 표현된다. 복잡미묘하면서도 폭 넓은 예술정신의 측면에서 송화는 서양의 교향곡에 비견될 수 있으며, 화가와 그림의 관계는 서양 고전 음악가와 음악의 관계와 같다. 종종 한 폭의 거대한 송대의 산수화, 예를 들어 범관范寬의 『계산행려도溪山行旅圖』는 한 편의 교향곡처럼 광활하고 웅장하다. 반면 화조화는 소나타나 세레나데처럼 가볍고 상쾌하며 여름밤의 산들바람같다.

송화는 왕희맹王希孟의 「천리강산千里江山」이며, 장택단張擇端의 「청명상하清明上河」이고, 이성李成, 범관, 곽희郭熙, 이당李唐, 유송년劉松年의 웅대한 산천이자, 최백崔白, 조길趙佶, 임춘林椿, 마린馬麟, 이적李迪의 화조의 세계이며, 소한신蘇漢臣, 이숭李嵩, 기서祁序, 나창蘿窗의 인간 세상이고, 마원馬遠, 하규夏圭의 맑은 계곡과 산천이다.

송대宋代의 서예도 마찬가지로 한층 문예적 깊이를 더했다. 위진魏晉, 당나라唐朝, 오대五代의 품격을 계승하면서도 자신만의 창조와 성취를 이루었다. 회화든 서예든 모두 '마음을 따르는' 예술로, 내면 탐구와 밀접하게 연결되어 있다. 사람이 스스로를 깊이 탐구하고, 마음의 힘을 통해 가로획, 세로획, 삐침, 점, 꺾음으로 이루어진 서예로 녹여내면, 서예의 경지는 자연스럽게 향상된다. 서예가 이학理學을 만나, 번개처럼 빛나며 날아올랐다. 글자와 행간에 더욱 집중함으로써 글씨가 적절히 절제된 아름다움과 여유로움을 더했다.

송대의 유명한 회화는 대개 비단본으로, 대부분의 명화가들이 궁정에서 일하며 재료 사용에 있어 비용을 개의치 않는 풍족한 여건을 갖

북송北宋, 범관范寬, 「계산행려도溪山行旅圖」

북송北宋, 연문귀燕文貴, 「강산누관도江山樓觀圖」(일부)

추고 있었기 때문이다. 범관范寬, 이성李成, 최백崔白, 이공린李公麟 등의 회화는 대부분 궁궐의 지시에 따라 장기간 보존을 위해 비단에 그려졌다. 그러나 특별한 예외도 있는데, 예를 들어 연문귀燕文貴의 「강산누관도江山樓觀圖」는 종이에 그려졌다. 이것은 파노라마적으로 풍경을 그린 두루마리 형태의 산수화로, 주제는 강가의 들판과 산림이다. 오른쪽에는 먼 바다에서 연기가 피어오르고 왼쪽은 굽이치는 높은 산들이 있으며, 중간에는 역로驛路(옛날에 공문서를 전달하던 길)와 다리, 물줄기, 사원이 있다. 산 아래 강변에는 배와 마을이 흩어져 있으며, 깊은 산속 큰 강 사이에는 복잡하고 미세한 인적이 흩어져 있다. 시골 생활을 잘 알고 있었고 좋아했던 거대한 산수화에서도 짙은 들판의 정취를 잊지 않았다. 이 그림은 연문귀의 초기 작품으로, 종이를 선택한 것은 독창적인 아이디어로 보인다.

　예술은 인류 문명과 지혜의 표준이다. 회화는 기술 능력을 가장 잘 나타내고, 음악은 직관과 공감을 가장 잘 나타내며, 문학은 상상력과 인식을 가장 잘 나타낸다. 회화, 음악, 문학을 통해 한 시대와 그 시대가 가진 직관, 지혜, 예민함, 창의력, 합리적 사고력을 살펴 볼 수 있다. 한 민족과 시대의 발전 정도를 판단할 때, 다른 것들을 보지 않아도 그 시기의 예술 작품만 보면 된다. 그 시대의 우수한 예술 작품들 속에서는 시대의 고도와 인심의 기쁨과 슬픔을 볼 수 있다. 기물을 통해 시대를 느껴보자면, 주나라는 장중한 청동기, 한나라는 쨍쨍한 철기, 당나라는 말로 설명하기 어려운 '당삼채唐三彩'로 상징화 할 수 있다. '당삼채'는 도자기의 질감이 유약의 윤기를 거쳐 청랑한 아름다움으로 바뀌었다. 이후의 명나라는 전기와 후기로 나뉜다. 명나라 전기는 차가운 철기, 후기는 빛나는 청화백자로 대별된다. 송대에 이르러,

마치 윤기가 흐르는 다듬어진 옥처럼 내재된 영성이 은은하게 분출되었다.

10. 이욱李煜과 조길趙佶

당의 멸망 이후, 혼란스러운 구름이 하늘을 뒤덮은 오대십국五代十國 시대가 이어졌다. 반세기나 계속된 혼란한 시대에 사람들의 마음을 달래줄 수 있었던 것은 오로지 자연과 예술뿐이었다. 오대를 비롯해 뒤이은 양송兩宋(북송과 남송)은 중국 회화가 급격히 발전한 시기로, 정교하고 화려한 기법은 당나라의 전통을 계승한 것이었고, 수묵화 기법의 부상은 당대 왕유王維의 화풍과 관념을 더욱 발전시킨 결과였다. 이 시기에 종이의 빠른 발전은 문인화의 부흥에 큰 영향을 미쳤다.

송대의 문예 번성은 위정자의 관심, 취향과 큰 관련이 있다. 송대의 태종太宗, 진종眞宗, 휘종徽宗은 전형적인 '문예 황제'들이었다. 세 사람 중 가장 예술적 업적이 뛰어난 인물은 휘종 조길趙佶이다. 조길은 송대 '문예 부흥'의 적극적인 추진자이자 대표적인 인물 중 한 명이었다. 어떤 이들은 조길을 남당南唐 이욱李煜(남당의 마지막 왕)의 환생이라 말하기도 했다. 조길이 황제가 된 것은 '인과응보', 다시 말해 '네가 나의 강산을 빼앗았으니, 나는 네 강산을 다른 사람에게 넘겨 준' 결과였다. 두 사람을 비교해보면 실제로 몇 가지 유사점이 있다. 둘 다 재능이 뛰어나고 문예적이며, 모두 망국의 군주였다. 중국 역사상 많은 일들이 마치 환생한 듯 이상하리 만치 유사하다. 어떤 것은 시대가 비슷하다. 당나라는 한나라와 비슷하며, 한나라는 기세가 강하고 당나라는 기운이 활기찼다. 송나라는 남조와 비슷하며, 전체적인 분위기가 음유적이고 내향적이다. 어떤 것은 사람들이 닮았다. 소식蘇軾은 도원명陶淵明이 자신의 전생이라 말했고, 누군가는 한유韓愈가 구양수歐陽修의 전생이라고 여겼다. 송휘종 조길과 남당의 이욱이 매우 닮았고, 이욱은 또한 남조시대 진나라의 보寶와 비슷하다. 세 사람 모두 망국의 군주로, 운명이 비슷하고, 재능, 기질, 취미도 비슷하다. 옛날에는 사진이 없어 비교하기 어렵지만, 비교해보면 놀랄 만한 유사점이 있을 수도 있다.

이욱은 송나라 태조 조광윤趙匡胤에 의해 '위명후違命侯'로 봉해진 후, 슬픔에 잠겨 『우미인虞美人』의 하궐下闋을 썼다. '아름다운 난간과 옥 계단은 여전히 남아 있지만, 다만 홍안 만이 변했네. 그대에게 묻노니, 근심이 얼마나 많은가, 근심이 마치 동으로 흐르는 봄물처럼 끝이 없구나.' 화려함과 처절함의 대비와 반전을 통해 막막한 허무감, 인생의 무상함에 대한 탄식을 표현하고 있다. 이욱은 또한 다음과 같은 시구를 남겼다. '홀로 난간에 기대지 말지니. 끝없는 옛 강산이 저 멀리 있네. 떠날 때는 쉬웠지만 다시 보기 어려워. 흐르는 물에 꽃이 떨어지고 봄은 가나니, 저 하늘과 인간세상 먼 곳으로.' 마치 꿈에서 막 깨어난 것 처럼, 자신이 어디에 있는지, 어디로 가야 할지 막막한 심정을 토로하고 있다. 마치 소설 『홍루몽』의 마지막 장면, 가보옥이 한 무리의 승려들 틈에 섞여 끝없이 내리는 눈발 사이로 사라지는 모습을 떠올리게 한다.

이욱李煜은 가보옥賈寶玉처럼 매사에 진심을 다하는 사람이었다. 예술에 대한 열정, 남녀 사이의 감정, 기쁨과 슬픔에 대한 열정 등 매사에 지극했다. 정이 지극한 경지에 이르러 만 갈래 길 사이에서, 두 사람은 스스로 그 속에 미혹되어 길을 잃고 말았다. '꿈 속에서 자신이 손님인 것을 잊고 잠시 동안의 즐거움에 빠졌다(당나라 시대의 시 낭도사 浪淘沙에 나오는 구절-역자주)'는 시구처럼.

왕국유王國維는 이욱이 석가모니와 예수의 고난을 상징하며, 사실 인간의 무상한 슬픔을 짊어지고 있다고 설명했다. 이는 개인의 운명과 인류의 운명을 연결시키는 것으로, 비극을 개인에서 전체로 확대시킨 것이다. 왕국유는 이욱을 지나치게 높이 평가했다. 이욱은 시인이자 예술가이지 철학자가 아니었다. 그의 철학적 사유는 자각적이기보다 무의식적이었고, 직관적이나 이성적이지 않았다. 이는 당연한 일이다. 중국 문화는 항상 '천문問天'의 전통이 부족했는데, 예를 들어 굴원屈原의 '이소離騷'도 외침에 방점을 두었지 철학적 사고가 아니었다. 하지만 시대적으로 보면, 송대의 시문은 당대 문학에서 볼 수 없었던 형이상학적 사고를 포함하고 있었으며, 이는 문학과 예술을 더 깊은 사유로 인도했다.

조길趙佶은 북방으로 향하던 길에『연산정燕山亭』이란 시를 썼다:

하얀 비단을 여러 겹으로 접고 옅은 연지를 고르게 발라주네. 아름다운 옷과 화려한 화장, 맑은 향기가 하늘의 예주궁 선녀를 부끄럽게 만드네. 홍안은 시들기 쉬운데, 하물며 얼마나 많은 무정한 비바람을 겪었기에, 근심과 고통의 광경을 마주하게 되었는가. 처량한 뜨락은 벌써 몇 번이나 늦봄에 시들어 떨어졌는가.

누가 나에게 이별의 슬픔을 보냈는가, 이 제비가 세상의 고통을 어찌 알겠는가. 하늘은 멀고 땅도 멀며, 만수천산이 가로막혀 있는데, 고원이 지금 어디에 있는지 어떻게 알 수 있는가. 어찌 옛 나라를 그리워하지 않을 수 있겠는

가. 꿈속에서나 가끔 옛날로 돌아갈 수 있어. 하지만 이 꿈의 세계도 기댈 곳이 없어 요즘은 꿈도 꾸지 못하네.

두 사람의 운명도 두 편의 시도 매우 비슷하다. 하지만 이욱에 비해 조길은 그 경지가 미치지 못한다. 개인의 고난에 얽매인 나머지 이욱처럼 초월하지 못했다. 이욱은 이미 깨달음과 종교적인 초월이 있었지만, 조길은 여전히 개인의 운명에 갇혀 자신의 고난에 매달렸다. 개인의 슬픔과 외로움은 두 줄의 눈물에 불과하지만, 인류의 시름은 작은 개울이 모여 강이 되듯이, '봄에 강물이 동쪽으로 흘러가는' 경지에 이른다.

조길趙佶은 한 시대의 선구자였다. 그는 『선화화보宣和畵譜』를 편찬하라는 칙령을 내려, 당시 궁중에 소장된 위진魏晉 이후 역대의 뛰어난 작품 6,396점을 수록했다. 또한 삼국시대 손오孫吳 조불흥曹不興부터 북송 초기 황거채黃居寀에 이르기까지 1500점의 명작을 『선화예람집宣和睿覽集』에 수록했으며, 북송 화가들의 진품을 『선화예람첩宣和睿覽册』에 모았다. 또한 한림도화원을 대규모로 확장하고 많은 유명 화가들을 궁중에 불러 모았다. 장택단張擇端의 「청명상하도清明上河圖」, 왕희맹王希孟의 「천리강산도千里江山圖」가 그 대표작들이다. 장택단의 「청명상하도」는 완성 후 송휘종에게 바쳐졌다. 송휘종은 그림을 펼쳐보고 마치 홀린 듯이 감탄하며, 유명한 '수금체瘦金體(휘종이 만든 독특한 서체)'로 '청명상하도'라는 글자를 써서 직인을 찍어 궁궐에 보관했다.

조길은 국사에 전념한 황제는 아니었지만, 산천과 미인을 사랑했으며, 더욱이 서화, 시가 그리고 예술과 관련된 모든 것을 사랑했다. 그는 몽환적인 것들을 좋아했고 예술적 민감성으로 예술적 창조를 추구했다. 그가 만든 '수금체瘦金體'는 중국 예술에서 거의 유일한 것으로, 자획이 곧고 수려한 대나무나 난초처럼 가늘고 길어 날렵하면서도 정교했다. 특히 붓끝에서 전통 서예의 '장봉藏鋒' 필법을 완전히 탈피하여, 마치 깎여진 다이아몬드처럼 영롱한 빛을 발한다. 냉정하고 고집스러우며, 기품이 있으면서도 오만한 느낌을 준다. 한자의 기본 구조인 가로 획, 세로 획과 삐침, 점, 꺾음에 새로운 의미를 덧입혀 자신만의 독특한 자유분방함으로 표현했다. 먹빛의 건조함과 농담 속에 식물의 섬유질이 숨어 있고, 점이나 꺾임 하나도 마치 돌 틈에서 자라는 신초 같다. 이는 그가 진귀한 화조초목花鳥草木을 좋아했고, 형태가 기이한 교석巧石을 유별스럽게 좋아한데서 비롯되었다. 그의 눈에는 이러한 평범하지 않은 것들만이 천지의 뜻을 담고 있었다. 조길은 도교에 심취했으며, 한 나라를 통치하는 황제로서 만족하지 않고 항상 비가 그치고 하늘이 맑아진 날에 흔적도 없이 사라지기를 갈구했다.

조길은 태백太白이 술에 취해 시를 썼던 것처럼 용연향이 짙게 풍기는 방에서 글을 쓰기를 좋아했다. 붓과 부드러운 종이가 일체를 이루며 진리로 통하는 길이 되었다. 그는 붓끝에 송연묵松烟墨을 묻혀 종이 위에서 서두르지 않고 천천히 움직였다. 이 모든 과정이 평온하고 기품 어린 분위기 속에서 진행되었고, 주변의 모든 것이 숨을 죽이고 지켜보는 듯했다. 조길이 글씨를 쓰면, 한 글자가 이루어질 때마다 마치 백설 위에 매화꽃 한 송이가 떨어지듯 그윽한 향기가 베어나왔다. 때로는 글씨를 쓰다 멈추고 눈앞에 펼쳐진 글자들을 응시하며, 몸속에 전기가 통하는 듯한 쾌감과 가벼운 어지러움을 느꼈다. 날렵하고 맑은 그의 글씨에 대해, 청나라 시대 진방언陳邦彦이 『농방시첩穠芳詩帖』 권후의 관관觀款에서 "선화서화宣和書畫(조길이 제위에 있었을 때 편찬된 서화작품)는 천고에 유례를 찾기 힘들며, 이 두루마리 서화책은 글자와 그림을 벗어나, 행간에서 은은한 난초와 대나무 사이의 바람과 비 소리가 들리는 듯하니, 진정한 신품神品이다"라고 적었다.

수금체瘦金體의 '수瘦'는 섬세하고 날렵하며 아름답다는 의미이며, 이는 당나라 시대의 안진경顏真卿의 묵직하고 견고한 서체와 대비된다. 송나라 시대의 미불米芾은 안진경의 서체를 "항우項羽가 갑옷을 입고, 번쾌樊噲(한 고조高祖때의 공신-역자주)가 돌진하는 듯하다. 팽팽히 당겨진 시위를 떠날 듯한 활, 우뚝 서있는 철주鐵柱처럼 범접하기 어려운 기운을 지니고 있다"고 평가했다. 안진경은 한 점, 한 획, 시작과 마감, 꺾임 하나하나에 신중했고, 둥근 붓을 주로 사용하여 진하고 묵직함을 추구했다. 구조적으로는 자형字型이 풍만하고, 대개 바깥으로 에워싸는 형태를 취했다. 안진경의 '반대편'에 유공권柳公權이 있다고 할 수 있다. 유공권의 글씨는 안진경에 비해 날렵하며, 구조가 기이하고 필두가 날카롭다. 조길의 글씨는 유공권의 기초 위에서 한층 더 위험한 도전을 감행하여 한층 가늘고 날렵하다. 근육이 드러나며, 날씬함에서 나오는 강렬함과 고집, 만물을 내려다보는 오만과 청명함, 금속처럼 반짝이는 차가움이 베어 있다. 그것은 부드러운 붓으로 부드러운 종이에 쓰여졌지만, 새겨진 금문처럼 차가우면서도 기묘하다.

한 사람의 필적이 그 사람의 신분과 성격에 이토록 걸맞고, 그가 사용한 필기 재료와도 이토록 잘 맞아 떨어졌다는 것은 천생연분이라 해야 할 것이다. 수금체는 단순히 영적인 것을 넘어, 고집스러운 자부심을 지닌, 전형적인 제왕의 서체라 할 수 있다. 이전에 있었던 서예가들의 풍부함, 날렵함, 강렬함, 장대함, 호방함, 순박함, 우아함, 자유분방함 등은 그의 안중에 없었다. 그는 자신만의 칼을 빼들고 '십팔반 무

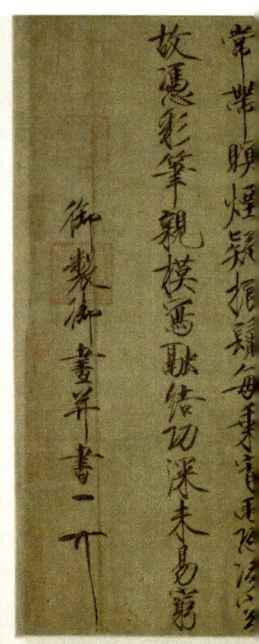

북송北宋, 조길趙佶, 「상룡석도祥龍石圖」

예(여덟 가지 무기를 자유로이 쓰는 무예)'를 펼치며 확고한 자신의 길을 세우고자 했다. 이는 서예사史의 '돌연변이'라 할 수 있다. 세상에 모습을 드러냈다가 종적이 묘연한 여요汝窯같기도 하고, 세 번의 탄식을 자아낸 애절한 송시宋詩 같기도 하고, 감탄을 자아내지만 모사할 수 없는 황하의 노을 같기도 하다.

문인화와 종이의 유혹 아래, 조길趙佶도 종이에 그림을 그리려는 시도를 했다. 현존하는 「구욕도鴝鵒圖」는 조길이 종이에 먹으로 그린 작품으로, 세 마리의 구관조를 그린 그림이다. 그중 두 마리는 서로 얽혀 다투고 있고 다른 한 마리는 멀지 않은 곳의 소나무 가지에서 지켜보고 있다. 이 그림은 사용된 붓놀림이 부드럽고 정교하며 채색은 맑고 담백하다. 주된 색조는 흑백으로, 먹을 적신 붓으로 종이에 그려졌

으며, 비단에 그린 공필화 스타일과는 크게 다르다. 새의 깃털은 연한 먹으로 그려져, 마치 털처럼 섬세하다. 나무 줄기의 비늘 모양은 건필 乾筆로 연한 먹물을 사용하여 원을 그리듯 그려져 있다. 소나무 바늘은 가는 붓으로 하나씩 그려, 마치 날카로운 칼날처럼 두드러진다. 조길의 작품 속 꽃과 새들은 항상 고독하고 고결한 영적인 느낌을 지니고 있어, 화려하면서도 시적인 그림을 보는 듯하다.

　조길이 종이에 그림을 그리려고 했던 시도는 강한 시범적 의미를 갖는다. 이후, 점점 더 많은 화가들이 종이에 그림을 그리기 시작했다. 당시의 종이는 이미 크기도 크고 하얗고 매끄러워 먹과 채색이 더 잘 스며들었기 때문에 점차 더 많은 사람들에게 받아들여졌다. 조길은 문인화의 시서화인詩書畵印 사위일체(네 요소의 통합)'에 대해서도 대담한 탐색을 시도했다.「상룡석도祥龍石圖」,「설강귀조도雪江歸棹圖」,「부용금계도芙蓉錦雞圖」,「사생진금도寫生珍禽圖」등 작품들이 모두 시, 서, 화, 인의 통합 경향을 보여준다. 그중 가장 완전한 통합을 보여주는 작품은「상룡석도」로, 그림 속에는 다섯 줄의 발문跋文, 네 줄의 시, 서문, 인장이 들어 있다. 이 작품은 시, 서, 화, 인이 하나로 결합된 최초의 작품으로 간주된다.

조길 이후, 많은 뛰어난 종이본 서화들이 나타났다. 예를 들면 교중상喬仲常의「후적벽부도後赤壁賦圖」는 소식蘇軾의「후적벽부後赤壁賦」를 바탕으로 그린 그림이다. 또한 조불趙黻의「강산만리도江山萬里圖」, 이간李衎의「묵죽도墨竹圖」, 이숭李嵩의「서호도西湖圖」「고루환희도骷髏幻戲圖」, 양무구楊無咎의「사매화도四梅花圖」「설매도雪梅圖」, 익명의「백화도권百花圖卷」, 마원馬遠의「한강독조도寒江獨釣圖」「상산사호도商山四皓圖」, 하규夏圭의「계산청원도溪山清遠圖」, 양개梁楷의「육조벌죽도六祖伐竹圖」「태백행음도太白行吟圖」, 법상法常의「사생채과도寫生蔬果圖」, 옥간玉澗의「산시청란도山市晴巒圖」, 모익牟益의「도의도搗衣圖」, 조맹견趙孟堅의「수선도水仙圖」, 무원직武元直의「적벽도赤壁圖」등이 있다.

남송 마원馬遠의『의송도倚松圖』는 특히 언급할 가치가 있다. 이 그림은 현대 종이 연구자들의 감정 결과, 선지宣紙에 그린 작품으로 확인되었다. 이 작품은 약 800년의 역사를 가지고 있음에도 변형되거나 변색되지 않았는데, 이는 선지의 수명이 길다는 것을 증명할 뿐만 아니라, 선지가 송말원초에 탄생했다는 사실을 입증할 수 있는 확실한 근거이다.

마원의 또 다른 작품인『한강독조도寒江獨釣圖』도 마찬가지이다. 종이에 그려진 이 그림은 현재 일본 도쿄 국립박물관에 소장되어 있으

남송南宋, 양개梁楷, 「태백행음도太白行吟圖」

며, 선지인지는 알 수 없다. 이 그림은 완전한 문인화 형식과 경지를 보여준다. 광활한 강물과 차가운 공기, 조용히 떠 있는 한 척의 작은 배, 그리고 한 사람이 배 위에 앉아 낚시대를 드리운 채 수면을 응시하고 있다. 작은 배의 꼬리 부분이 약간 들려 있고, 옆에 부드러운 물결이 그려져 있어 배가 물결에 흔들리는 느낌을 준다. 전체적으로 볼 때, 이 그림은 아득한 하늘과 땅 사이에 앉아 홀로 즐거움을 누리는 인간을 묘사한 시에 더 가깝다. 간결한 선을 통해 그림 속의 모든 것이 살아나서 생명력이 드넓은 세계로 확장된다. 구체적 공간에서 허심이 없는 신령한 우주로, 그리고 다시 끊임없이 생장하고 번성하는 마음으로 흘러간다.

남송 시대의 화가 양개梁楷도 독특한 인물이었다. 양개는 형식에 얽매이지 않고 자유분방했다. 그의 그림은 형상에 집착하지 않고 대상의 본질과 정신과 내면의 감정을 전달하려고 노력했는데, 문인화의 '극단주의'와 닮았다. 그의 주제는 주로 불도, 귀신, 고승 등을 다뤘는데, 「우군서선도右軍書扇圖」, 「희지관안도羲之觀鵝圖」, 「도연명상陶淵明像」, 「한산습득도寒山拾得圖」, 「참선도參禪圖」 등이 있다. 그의 가장 유명한 작품은 「태백행음도太白行吟圖」로, 단 몇 차례의 붓놀림으로 기품과 위엄이 넘치는 위대한 시인의 모습을 그려냈다. 이 그림의 창의적인 필법으로 인해 그는 발묵법의 창시자로 간주된다. 「태백행음도」의 출현은 문인화의 창작이 새로운 경지에 도달했음을 의미한다.

양개는 또한 종이본 수묵화인 「발묵선인도潑墨仙人圖」를 그렸는데, 「태백행음도」보다 더욱 대담하다. 습필濕筆로 그려진 이 그림은 붓과 먹을 넓고 간결하게 사용하여 어떠한 선도 없이 전적으로 필묵 방식만으로 취중의 편안한 선인을 묘사했다. 먹색의 농담 변화를 통해 시각적으로 몽롱하고 신비로운 효과를 연출하며, 선인의 고고함과 해방감, 낭만적인 모습을 기막히게 표현했다.

문인화는 신품神品, 묘품妙品, 능품能品의 '정파설正派說'과 일품逸品의 '별파설別派說'로 나뉜다. 양개梁楷의 그림은 분명 일품이며, 내용과 형식 모든 면에서 그림의 정형을 탈피하여 자체 규칙을 창조하고 전통 회화의 규범도 초월했다.

양개는 인물화뿐만 아니라 산수도山水圖도 그렸는데, 독특하면서도 도교적 서정성이 넘친다. 예를 들어 「택반행음도澤畔行吟圖」에서는 대 죽장을 짚고 강가를 거닐고 있는 굴원屈原의 모습이 아주 작게 그려져 있다. 화면의 대부분을 차지하는 것은 큰 수면과 여백이다. 멀리 제방이 보이고, 산봉우리는 구름과 안개 속에 아른거린다. 전체 화면은 몽환적이고 고요하다. 이러한 정경은 '로만만기수원혜路漫漫其修遠兮(길은 아득히 멀고 멀지만), 오장상하이구색吾將上下而求索(나는 위아래로 다니며 구하리라)'라는 시구를 떠올리게 한다.

양개의 그림을 칭송하는 시가 있다.

그림 기법은 비로소 양개에서 변화를 시작했고, 畫法始從梁楷變
그림을 감상할 때는 특히 먹빛이 신선한 것을 좋아하네. 觀圖尤喜墨如新
옛부터 인물화가 최고의 품격이라 여겨졌으며, 古來人物爲高品
눈 가득 연기와 구름 같은 분위기, 붓끝에는 봄이 가득하네. 滿眼煙雲筆底春

양개의 발묵화가 이런 효과를 낳은 것은 필묵筆墨이 종이에 만든 효과와 관련이 있다. 발묵화의 속박이 없는 해탈적 분위기는 비단 보다는 종이가 훨씬 뛰어난 효과를 발휘했다. 양개는 종이 위에서 또 다른

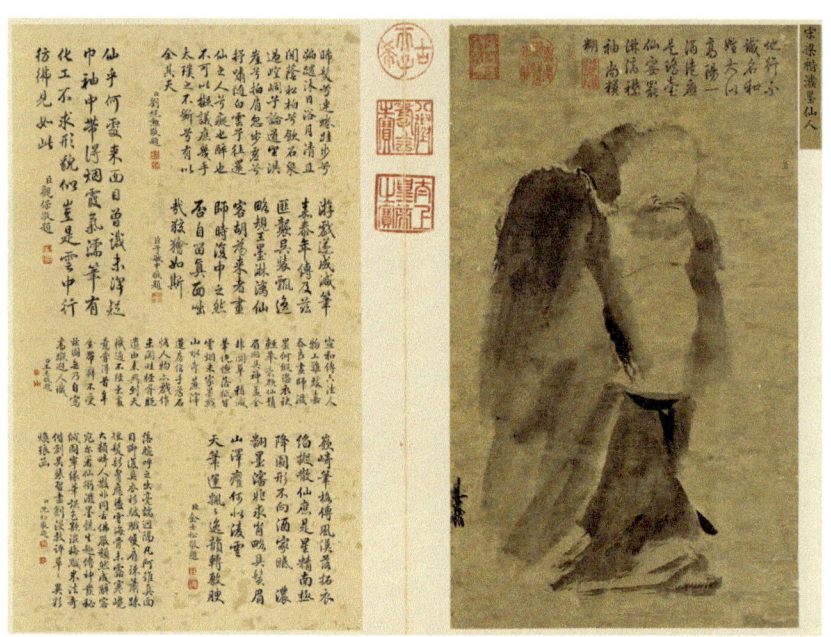

남송南宋, 양개梁楷, 「발묵선인도潑墨仙人圖」

세계를 열었다.

남송에는 또 다른 민간 화가인 목계牧溪가 있었는데, 그의 그림은 양개의 그림과 매우 흡사했다. 목계와 양개의 그림은 일본에서 매우 높은 평가를 받았으며, 특히 목계의 그림이 그러했다. 어떤 이들은 두 사람의 회화를 일본의 '와비사비(단순하고 투박하지만 본질적인 미를 추구하는 일본의 전통적 개념-역자주)'의 근원으로 보고, 일본의 '물애문화物哀文化'에 큰 영향을 끼쳤다고 주장하기도 한다. 목계의 구체적인 삶에 대해서는 알려져 있지 않지만, 한때 항주杭州 서호西湖 장경사長慶寺에서 잡역승으로 있었고, 남송 멸망 후 원적圓寂했다. 목계의 그림은 거의 모두 종이에 그려졌으며, 간결한 필치와 뚜렷한 먹빛으로 겉보기에는 간결하고 소박해 보이지만, 하늘과 땅, 인간에 대한 인식과 이해 그리고 쓸쓸한 세상 만물에 대한 각성과 인식을 표현했다.

목계牧溪의 그림은 때로 단 두어 개의 단순한 물체로 구성되었다. 예를 들어 여섯 개의 감이 나란히 그려져 있는 「육시도六柿圖」는 단조롭기 그지 없어서 어떤 기교도 없어 보인다. 하지만 이 그림은 선화禪畵 중의 고전으로 평가 받는다. 묵색의 전이가 화경化境에 이르렀을 뿐만 아니라 시정화의詩情畵意(시의 정서와 그림의 뜻을 조화롭게 담아내는 미적 경지 또는 예술적 표현 방식을 의미-역자주)와 철학적 깊이를 드러낸다. 마치 '산은 여전히 산이요, 물은 여전히 물인' 명심견성明心見性과 같다.

「한아도寒鴉圖」도 너무나 고독하고 쓸쓸하다. 모든 세속의 소란을 차단하고, 내면의 밝은 달과 깊은 산으로 향한다. 고독과 쓸쓸함은 어쩌면 자유로운 자기만의 길인지도 모른다.

「소상팔경도瀟湘八景圖」에서는 몇 번의 붓질로 아득하고 담백한 몽환적인 세계를 그려냈다. 선禪에 대해 모르는 사람조차도 그림 속의 넓고 깊고 초월한 느낌을 어렴풋이 느낄 수 있다.

목계의 그림은 진정한 선禪이며, 고담하고 맑은 초탈의 매력을 지녔다. 잡힐 듯 말 듯한 진리 앞에서 애잔한 마음으로 천지시공天地時空과 대화를 나눈다. 서로를 응시하는 가운데, 문득문득 마음이 통하는 미소를 나눈다. 그림의 의미는 사실 내관內觀에 있다. 단순한 외형으로 세계와 인생에 대한 깨달음과 진리를 드러낸다. 이러한 방식은 문인화의 철학적 의미를 극대화한다. 선종禪宗에서 최고의 경지는 '적정寂靜'이며, 모든 선악, 시비是非, 귀천貴賤의 세속적 기준을 소멸시키고, 정신적인 무아無我를 추구하는 것이다. 유무有無, 색공色空, 허공虛空을 초월하여 현재와 본래로 돌아가려 한다. 목계의 그림에는 이러한 '적정'의 아름다움이 있다. 순수하고 고요하며 높고 아름다워서…… 인생의 감정을 천천히 희석시키고 본실本實의 빛을 활성화시켜 물아양망物我兩忘 (외물과 나를 잊음), '월영만천月映萬川'(천리와 사물의 관계는 강물에 비친 달과 같다)의 최고 경지에 이른다.

목계, 양개梁楷, 정사소鄭思肖 등은 모두 수묵선염법水墨渲染法으로 산수를 그렸다. 먼저 종이에 물기를 분사한 후, 그 위에 묵으로 채색하면, 묵은 빠르게 물에 흡수되어 종이에 운염暈染의 효과를 남긴다. 그려진 산수는 자연스럽게 구름과 안개가 피어오르고 노을빛이 아름다운 정경이 된다. 종이의 특성으로 인해 중국 회화는 큰 변화를 거쳐 왔다. 인물 공필화工筆畵는 줄고, 그림의 주제가 산수, 화조, 송죽으로 옮겨졌다. 짙고 화려한 색상은 사라지고, 흑백의 수묵으로 대체되었다. 종이 위에 춘수산거도春水山居圖, '관관저구關關雎鳩, 재하지주在河之洲', '곤곤장강동서수滾滾長江東逝水, 낭화도진영웅浪花淘盡英雄', '강천일색무섬진江天一色無纖塵, 교교공중고월륜皎皎空中孤月輪', '대막고연직大漠孤煙直, 장하낙일원長河落日圓', '고등노수혼아枯藤老樹昏鴉, 소교유수인가小橋流水人家', '채국동리하採菊東籬下, 유연견남산悠然見南山', '월락오제상만천月落烏啼霜滿天, 강풍어화대수면江楓漁火對愁眠', '고주사립옹孤舟簑笠翁, 독조한강설獨釣寒江雪', '계명산사격진효雞鳴山寺隔塵囂', '소영횡사수청천疎影橫斜水淸淺, 암향부동월황혼暗香浮動月黃昏', '홍행지두춘의요紅杏枝頭春意鬧', '세우몽회계새원細雨夢回雞塞遠, 소루취철옥생한小樓吹徹玉笙寒', '황하지수천상래黃河之水天上來, 분류도해불복회奔流到海不復回'와 같은 싯구들이 녹아들었다.

송나라, 특히 남송南宋부터 화가들은 외부 세계에 대한 인식과 감각을 더욱 선지宣紙에 투영했다. 선지는 한 폭의 긴 산수화처럼, 끝없이 이어진 장성長城처럼 그 위에 '형상의 역사'를 펼쳤다. 선지 위에서 복희伏羲와 여와女媧, 염제炎帝와 황제黃帝, 문왕文王과 무왕武王, 노자老子, 공자孔子, 맹자孟子, 장자莊子를 볼 수 있고, 진황秦皇과 한무漢武, 당종唐宗과 송조宋祖……를 느낄 수 있다. 그리고 위진魏晉의 풍토와 사대부 정신, 군자루옥君子如玉의 품격을 느끼고, 이백李白, 두보杜甫, 왕유王維, 한유韓愈, 유종원柳宗元의 감성을 느끼며, 당시唐詩, 송사宋詞, 원곡元曲, 만명晩明의 수많은 지식인들의 개성을 느낄 수 있다.

선지 위의 시사문장詩詞文章은 마치 하늘에서 내려온 입축立軸처럼 사람들이 고개를 들어 올려다보게 한다. 그것은 쏟아지는 노을빛이고 아름다운 일곱 빛깔의 무지개이고 음표이다. 그것은 또한 '노기복려老驥伏櫪(준마는 말구유 옆에 엎드려 있지만), 지재천리志在千里(그 포부는 여전히 천리를 달릴 수 있고). 열사모년烈士暮年(지조와 웅대한 포부를 가진 사람은 말년에 이르러서도), 장심불이壯心不已(분발하여 전진하려는 야망을 멈추지 않네)' 이 시구와도 같다.

선지는 이제 인간의 머리 위에 걸려 있는 운애雲靄(구름과 안개)가 되었고, 더 나아가 인간의 머리 위에서 반짝이는 별이 되었다.

04

선지宣紙 선지宣紙

11. 천조지설天造地設

(자연적으로 이루어져 더 다듬을 필요가 없을 만큼 이상적이라는 의미-역자주)

청익강青弋江의 맑은 강물이 장강長江으로 흘러간다. 두 강의 가장자리, 비탈진 언덕, 바위 절벽의 틈새에는 가느다란 청단青檀 나무가 곳곳에 자라고 있다. 이 중국 특유의 나무는 주로 환남의 선주宣州, 휘주徽州, 치주池州 지역에서 자라며, 절강浙江, 호북湖北, 사천四川 등지에도 드물게 분포한다. 청단나무는 유과榆科에 속하며, 평범하지만 품위 있고 우아한 느낌을 준다. 청단나무는 종종 서너 그루씩 또는 무리를 이루어 강가에 늘어서 있다. 멀리서 바라보면 바람에 맞춰 춤추는 선학 떼처럼 우아하다. 그 잎은 달걀형이며 가장자리가 뾰족한 톱니 모양이고, 잎 뒷면과 열매에는 짧고 부드러운 털이나 곱슬곱슬한 털이 나 있다. 청단은 이른 봄에 연녹색의 꽃이 피고, 자웅동체의 양성화이며 단옆이 엽맥에 있다. 열매는 둥글고 주변이 긴 날개 모양이며, 가는 긴 줄기에 매달려 있다. 청단은 모양이 초나무나 뽕나무와 비슷하여 종종 오인되곤 한다. 하지만 자세히 관찰하면 그들 사이의 차이를 발견할 수 있다. 초나무나 뽕나무와 비교할 때, 청단은 억제할 수 없는 영기를 지니고 있는 듯하다. 더 곧고, 가늘며, 윤기가 흐른다. 이 때문에 청단으로 만든 선지에도 몽환적인 영기가 스며 있다.

왜 선지는 청단을 선택했을까? 그 속에는 신비한 철학적 의미가 있다. 도가道家 철학은 '천공개물天工開物, 만물유령萬物有靈'이라 하여 산과 돌, 풀과 나무 하나하나에 영성이 있다고 본다. 천지天地 사이에 있는 인간이 무엇보다 해야 할 일은 '도법자연道法自然'이다. 천지자연은 결자해지이며, 인간이 도道를 따르면 '천인합일天人合一'을 이루어 행복한 삶을 살 수 있다. 선지가 청단 껍질을 원료로 하는 것도 이러한 사고방식에서 비롯된 것이다. 영성이 있는 종이를 만들기 위해서는 영성이 있는 식물이 필요하다. 외형상으로 청단은 저수楮樹와 매우 비슷하며, 자연히 저수의 특성을 가지고 있다.

많은 사물들이 어떤 곳에서는 신기할 정도로 유사성을 띤다. 선지를 만드는 데 사용되는 청단은 마치 나일강변에서 허드러지게 자라는 파피루스 같다. 청단을 이용한 제지가 다소 거칠고 서툴러 보일 수 있지만, 청단 가지 껍질의 섬유질이 가늘고 길면서도 균일해서 실제로 우수한 종이를 만들어낼 수 있다. 청단 껍질로 만든 선지는 신비롭도록 깨끗하고 질감이 부드러우며, 매미 날개처럼 얇아서 다른 어떤 종이보다도 가볍고 부드러우며 질기고 희다. 먹물이 종이의 피료皮料 섬유에 침투하여 독특한 표현을 형성하는데, 이는 다른 재료로 만든 종이에는 없는 매력이다. 또한 청단 껍질로 만든 종이는 흡착성이 강하고 변형이 적다. 또한 수명이 길며 해충 방지 기능을 갖추고 있다.

청단 껍질로 종이를 만드는 방법은 다음과 같다. 삼년생 청단 나뭇가지를 골라 초겨울 낙엽이 지는 시기에 베어낸다. 베어낸 청단 가지를 묶어 한 해 이상 잘 보관하는데, 이를 진화陳化라 한다. 저장 기간이 길수록 만들어진 선지의 질이 높아진다. 그 후, 저장해 두었던 청단 가지를 찐 다음 맑은 물에 담가 일정 시간 후에 건져내어 나무 껍질을 벗겨 말린다. 그리고 이를 단으로 묶어서 끓여 청단 껍질 속의 잡질을 제거한다. 깨끗이 씻은 청단 껍질을 작은 조각으로 찢어 작은 묶음으로 만들어 해가 잘 드는 돌비탈에 펼쳐 놓고 섬유질이 하얗게 변할 때까지 햇볕에 말린다. 이 과정에서 자주 껍질을 뒤집어서 썩지 않도록 해야 한다. 선지 원료는 산속에서 햇볕과 비, 이슬에 노출되어 자체의 전분, 단백질 등 유기물이 서서히 사라진다. 이때의 청단 껍질을 피료皮料 또는 요피燎皮라 부르는데, 유기물이 부족해 해충에 강하고 보존에 유리하다.

산에서 운반된 요피는 부적합한 노피를 제거하고, 도피碓皮, 절피切皮, 답료踩料, 대료袋料 등의 공정을 거친다. 도피: 방망이로 요피를 분당 40여 번, 수천 번 두드리는 과정을 거치면 피료의 섬유가 더욱 부드럽고 섬세해진다. 절피: 칼로 요피를 잘게 자른다. 답료: 잘게 자른 요피를 항아리에 넣고 사람이 발로 으깨는데, 이는 섬유를 균일하게 만들기 위함이다. 대료: 그것을 면포 주머니에 넣어 수조에 넣고 이리저리 휘젓는다. 이로써 피료의 정수인 '종이물'이 면포 주머니에서 흘러나온다. 옛날 방식으로 선지를 만들 때는 네 명의 작업자가 수조의 네 모서리에 서서 각각 막대기로 비율에 맞게 종이물을 저어준다. 작업자들이 노동요를 부르며 종이물을 젓는 동안 종이물에서 종종 소용돌이가 생긴다. 종이물이 균일하게 만들어지면, 종이 만들기는 다음 공정으로 진행된다.

이후에는 종이를 뜨고 말리는 작업이다. 이 두 공정은 현재까지도 수작업이 필요하며 기계로 대체할 수 없다. 종이를 뜨는 것은 두 명의 작업자가 대나무 발을 들고 통에서 종이를 얇게 뜬다. 이 공정은 매우 신비롭다. 두 사람이 대나무 발을 들고 종이물에 넣어 천천히 흔들면 발 위에 얇은 막이 생긴다. 발을 한 번 흔들어 종이 막을 고르게 한 후 들어 올려 대나무 발을 옆에 있는 목판 위에 올려놓고 대나무 발을 가볍게 끌어내리면 아주 얇은 '선지' 한 장이 남는다. 이때의 '선지'는 아직 종이라기 보다는 종이의 초기 형태에 불과하다. 이 공정의 정교함은 모두 숙련된 손에 달려 있으며, 종이 한 장의 무게가 100g을 넘지 않는다. 이 모든 게 수작업으로 이루어지는 정교하기 그지 없는 작업이다.

종이를 말리는 과정에서는 두부처럼 포개어진 종이 더미에서 한 장씩 조심스럽게 떼어내어 '화벽火墻'에 붙인다. 이 공정은 세심함과 숙련된 기술이 요구되는데, 작은 실수에도 습기를 머금은 얇은 종이가 찢어질 수 있다. 화벽의 온도는 너무 높거나 낮아서는 안 된다. 작업자는 얇은 종이를 화벽에 꽉 눌러 붙여 재빨리 건조시킨다. 종이를 뜰 때 사용한 다래나무물을 증발시켜 종이가 나중에 누렇게 변하는 것을 방지한다. 이 과정 역시 세심함과 인내가 필요하다.

선지 제작 과정은 매우 어렵고 복잡하여, 단 한 단계라도 잘못 처리하면 이전의 모든 공이 헛수고가 된다. 공예의 엄격한 요구 외에도 도구 선택에도 매우 신중해야 한다. 예를 들어 종이를 뜨는 데 사용되는 대나무 발은 옛날에 만들 때 매우 까다로웠으며, 전 과정이 극비에 부쳐져 있었다. 최근에야 사람들은 그 실제 모습을 이해하기 시작했는데, 중요한 점은 발을 짜는 데 사용되는 대나무가 일반 대나무가 아닌 고죽苦竹임을 알게 되었다. 고죽은 마디가 길고 질기며 결이 곧고, 해충에 강해, 종이를 뜨기에 가장 적합하다.

마지막 공정은 '검지檢紙'라고 하는데, 모든 말린 종이를 묶어 검지 작업장으로 보내면, 검지 작업자가 한 장씩 검사한다. 검지 작업자는 제지공들 사이에서 '검지 선생님'이라고 불릴 정도로 그 지위가 높다. 검지 작업에는 두 가지 목적이 있다. 하나는 한 장씩 검사하여 결함이 있는 종이를 제하는 것이고, 다른 하나는 종이 뭉치를 깔끔하게 자르는 것이다. 종이를 자르는 것은 가위로 자르는 것이 아니라 특수한 도구로 밀어서 절단한다. 한 번에 자르면 가장자리의 털이 모두 떨어져 나가 마치 자로 잰 것처럼 깔끔해진다. 그 후 선지에 도장을 찍으면 긴 공정이 마무리된다.

선지 제작 과정에서 중요한 한 가지 공정이 다래나무액을 첨가하는 것이다. 송주밀宋周密의 『계신잡식속집癸辛雜識續集』에는 '종이를 뜰 때는 반드시 황촉규黃蜀葵의 줄기와 잎을 새로 으깨서 사용해야 하며 이것이 없으면 접착되어 떼어낼 수 없다. 황촉규가 없으면 양도덩굴, 무궁화 잎, 들포도 등을 사용할 수 있지만, 접착되지 않는 것을 취하는 것이 중요하다'고 기록되어 있다. 다래나무액 접착제를 만드는 방법은 신선한 다래나무덩굴을 으깨어 30cm 정도 길이의 작은 조각으로 자른 다음 찬물에 반나절 정도 담가두었다가 다음날 아침에 한 번 섞은 후, 우러난 맑고 투명한 응고액을 천 주머니에 넣어 여과하여 보관한다. 남은 덩굴 찌꺼기는 적당량의 물을 추가하여 두 번째 용액을 만들고, 발로 밟아 젤 형태의 액체를 다시 여과하여 사용한다. 다래나무액 접착제는 '미끄럼물', '종이약', '종이약수'라고도 하는데, 투명하고 무취이며 끈적끈적하고 부유성이 강한 특징이 있다. 종이를 뜰 때 이것을 종이물에 넣으면 종이통의 섬유가 고르게 부유하고, 종이를 짜낼 때 종이가 쉽게 분리되어 찢어지지 않는다. 이 기술은 송원宋元 시대에 등장하여 선지 제작의 핵심 기술이 된 것으로 보인다. 청대의 저서 『임정회고臨汀彙考』에는 "양도羊桃는 산에서 자라며, 종이 제작자들이 그 가지와 잎을 으깨어 즙을 내어 종이를 분리하는 데 사용한다. 결코 빼놓을 수 없다"고 기록되어 있다. 명 홍치洪治 연간의 『휘주부지徽州府誌·물산지物產誌』에는 "양도덩굴을 으깨어 따로 작은 통에 담가 두었는데, 미끄럼물이라고 불렸다. 대마죽액과 피료액을 지조紙槽에 부어 발로 종이를 뜬다"고 기록되어 있다.

선지의 초기 생산은 규모와 생산량이 적었으며, 원료는 100% 청단 껍질이었고, 볏짚을 넣지 않았다. 볏짚을 첨가하는 것이 관례가 된 것은, 현재 연구에 따르면 명나라 중기 이후의 일로 보인다. 주된 이유는 선지에 대한 수요가 점점 증가하고 청단 껍질 생산이 수요를 따라잡지 못해, 어쩔 수 없이 볏짚을 첨가하여 생산량을 늘렸다. 처음에는 이렇게 볏짚을 첨가하는 것이 '가짜'라고 여겨졌지만, 뜻밖에도 볏짚을 일정 비율로 섞으면 그림을 그릴 때 먹물의 농도와 붓의 놀림을 더 잘 표현할 수 있게 되었다. 명나라 송응성宋應星의 『천공개물天工開物』에는 "저피 껍질 십칠, 어린 죽마 십삼의 비율로 혼합하고 오래된 볏짚을 십삼 첨가한다. 재료를 적절히 사용하면 깨끗한 흰 종이를 얻을 수 있다"라고 기록되어 있다. 볏짚의 식물 섬유는 청단 껍질과 마찬가지로 상대적으로 가늘고 길며 줄기가 길고 잎이 작아, 표백과 가공이 용이하고 그 액이 깨끗하고 희다. 첨가된 볏짚은 일반적으로 10개월간 네 번 반복적으로 건조와 삶기를 거친 후 다음 공정에 사용한다.

중국 제지 연구원의 연구에 따르면, 청나라 순치順治 연간부터 선지의 생지와 가공지가 모두 다른 비율의 볏짚을 함유하고 있다. 청단 껍질과 볏짚의 비율에 따라 다양한 종류로 나뉘는데, 청단나무 껍질과 볏짚을 8대 2 비율로 만든 것은 '특선特宣'으로 불리며, 발묵산수화에 적합하며 특히 인묵洇墨(먹물이 선지에 번져서 획이 흐려지는 현상)과 형색이 자연스럽다. 6대 4 비율로 생산된 선지는 '정선淨宣'으로 불리며, 서예, 서화첩 등에 적합하다. '면료棉料'라 불리는 것은 주로 볏짚으로 만들어져 품질이 다소 떨어지고 가격도 저렴하여 주로 글씨나 그림 연습에 사용되었다.

선지가 왜 두각을 나타낼 수 있었을까? 품질이 가장 중요한 요소이다. 청단 껍질이든 볏짚이든, 제작 과정 중에 첨가되는 다래나무액이든, 모두 대체 불가능한 역할을 한다. 선지 제작 중 엄격한 원료 선택 과정도 중요한 요소이다. 청단 껍질의 채취는 일반적으로 3년을 기준으로 하는데, 3년 미만의 청단 나무는 너무 연하고, 3년 이상은 너무 늙었다. 중요한 보조 원료인 볏짚은 사질 토양에서 자란 벼를 탈곡한 후의 볏짚으로, 일반 논에서 자란 볏짚보다 리그닌과 회분 함량이 낮다. 첨가되는 다래나무액도 마찬가지로, 현지 품종을 사용해야 한다. 선지 제작 과정 중 독특하고 정확한 공예도 성공의 중요한 요소이다. 일반 제지 공정과 비교할 때 선지 제작 과정은 더욱 복잡하다. 청단 가지를 베어낸 후의 공정에는 침수, 회엄灰醃(원료를 석회수에 담가 섬유를 부드럽게 하고 불순물을 제거하는 과정-역자주), 증기로 찌기, 물에서 건져내기, 붙여 건조하기 등 18단계의 과정이 있다. 전체 선지 제작 과정을 세부 과정으로 세분화하면 100단계 이상으로 요약할 수 있다. 이 과정 중에는 많은 공개되지 않은 비밀 공정들이 있다. 여러 과정의 시간 비용도 필요한데, 예를 들어 청단 가지의 담금, 청단 껍질의 발효 등은 일정한 시간이 필요하다. 전통 공예의 엄격한 요구에 따르면, 한 장의 종이가 완성되기까지 300일이 걸린다. 즉, 원료 제작부터 선지가 완성되기까지 1년이 걸린다. 이처럼 선지 제작 과정을 '일월광화日月光華, 수화제제水火濟濟(일월의 빛, 물과 불의 조화)'라는 여덟 글자로 요약하기도 한다.

　　종이를 만들려면 많은 양의 물이 필요하다. 어떤 이들은 선지가 '서화지의 봉황'으로 불린 데에는 맑고 풍부한 산지의 수원水源이 큰 역할을 했다고 말한다. 과학적으로 보면, 깨끗하지 않은 물에는 흔히 철염, 망간염 등의 불순물이 들어있어, 이러한 물을 사용해 종이물을 만들면 종이가 지나치게 노랗거나 갈색을 띨 수 있고 색이 탁해질 가능성이 있다. 물 속의 황산칼슘, 인산칼슘 같은 염류 물질도 종이의 표백에 영향을 미친다. 또한 물속에 함유된 부유물은 식물 섬유에 침전되어 먹물이 종이에 균일하게 흡수되지 않게 한다. 환남皖南 지역은 아열대 몬순기후로, 일년 내내 기후가 온화하고 강수량이 풍부하며, 계곡과 하천이 종횡으로 교차한다. 예를 들어 경현涇縣에는 크고 작은 강이 약 150개 있어 제지에 필요한 물을 충분히 공급할 수 있다. 선성宣城 홍성紅星 선지 공장이 위치한 오계烏溪에는 풍부하고 맑은 물이 흐른다. 청 순치順治 연간의 『경현지涇縣誌』에는 "유마산游馬山이 백화첨산百花尖山에서 나와 북쪽을 향해 뻗어 있는데, 높고 위험해서 오를 수 없다. 옆에는 수백 묘의 넓은 단풍나무 평원이 있고, 주변은 석루채石壘寨로 둘러싸여 있으며 태화동桃花洞이 이어져 있다. 위로는 절벽이 있고, 아래로는 맑은 샘이 있다. 봄에는 복숭아꽃이 파도를 이루고, 계곡과 산이 서로 어울려 있어 무릉도원과 견줄 만하다. 감갱甘坑과 밀갱密坑 두 물이 여기에서 오계烏溪에 이른다. 감수로 만든 종이는 맑고 광택이 나며, 경지의 최고라 할 만하다"라고 기록되어 있다. 가경嘉慶 11년(1806)의 『경현지』에는 "유마산은 백화첨산 북쪽에 있다. 백화첨산에서 나와 북쪽으로 흘러 가는데, 높고 위험해서 오를 수 없다. 옆에는 단풍나무 평야가 있으며, 주위에는 돌로 쌓은 채砦가 있다. 옛날에는 진 환의가 지었다고 전해지며, 군대를 주둔시켰다. 태화동이 이어져 있으며, 위에는 절벽이 있고, 아래에는 맑은 샘이 있다. 감갱과 밀갱 두 물이 여기에서 나온다. 감갱에서 만든 종이는 경현의 최고로, 감수로 만들어져 깨끗하고 내구성이 뛰어나며, 멀리까지 전해진다"라고 기록되어 있다.

관련 기관에서 시냇물 수질을 검사한 결과, 물이 약알칼리성이어서 선지의 종이 뜨기와 형성에 특히 유리하며, 백마산白馬山 양산陽山 반대편의 또 다른 작은 시내의 물은 약산성으로, 청단 껍질 등의 원료를 종이물로 만드는 데 특히 적합하다는 사실을 밝혀냈다. 이렇듯 탁월한 자연환경의 도움을 받은 선지가 '천조지설天造地設'이라 불리는 것도 무리가 아니다.

12. 오직 한 길

농경 시대에 사람들은 만물에 영혼이 있다고 믿었다. 산에는 산신이, 강에는 강신이, 나무에는 나무신이 있고, 호랑이나 표범도 신이었고, 가축도 신이었다. 또한 전설과 의인화 방식을 사용하여 만물을 해석하고, 대자연의 모든 것을 인격화하고 극화했다. 사람들은 아름다운 신화를 창조하고 믿었는데, 이는 운명적인 힘 또는 신비로운 힘을 믿는 동시에, 신화와 전설의 상상력으로 평범하고 무미건조한 인생을 달래고자 한 것이다.

선지의 발명도 마찬가지였다. 사람들은 창조의 공을 자신이 아니라 신에게 돌리며 신성을 부여했다. 환남 경현涇縣에서는 공단孔丹이 선지를 발명했다는 전설이 전해져 내려온다. '종이의 신' 채륜蔡倫이 세상을 떠난 후, 그의 제자인 공단이 스승의 사업을 이어받았다. 공단은 스승의 초상화를 집에 걸어 두고 매일 정성스럽게 절을 올리며 문안을 드렸다. 어느 날, 공단은 스승의 초상화가 변색되고 안에서 벌레가 기어 나오는 것을 보고 가슴이 찢어질 듯 아팠다. 공단은 노화, 벌레, 부식에 저항할 수 있는 종이를 만들겠다고 다짐했다. 공단은 벌레가 생기는 것은 나무껍질 속의 불순물 때문이라고 생각했다. 좋은 원료를 찾아 가장 깨끗한 물로 종이를 만들면 부식, 노화, 벌레가 생기지 않을 것이라고 생각했다. 좋은 산과 좋은 물은 모두 남쪽에 있었기에, 공단은 낙양에서 남쪽으로 내려가 성스럽고 아름다운 땅을 찾아 새로운 종이를 만들고자 했다.

공단은 황산黃山에서 멀지 않은 경현에 도착했다. 그곳은 너무나 아름다웠다. 청산녹수, 푸른 나무와 만발한 꽃들이 어우러져 있었다. 공단은 이곳에 거처를 마련하고 종이를 만들 수 있는 식물을 찾아 다녔다. 어느 날, 공단은 청익강青弋江가에서 오래된 나무를 발견했다. 뿌리가 용처럼 구불구불 뻗어 있고, 나무줄기는 울퉁불퉁했다. 물에 잠긴 몇 줄기의 가지들은 하얀색을 띠고 있었다. 공단은 매우 기뻐하며 달려가 가지를 물에서 건져 올렸다. 흰색으로 변한 나무껍질이 섬세하면서도 부드럽고 강해 아무리 당겨도 끊어지지 않았다. 이렇게 섬세하고 밀도가 높은 섬유라면 분명 좋은 종이를 만들 수 있을 것이라고 생각한 공단은 청단이라 불리는 이 나무와 산천수山泉水로 종이를 만들기로 결정했다. 10여 년의 무수한 실험 끝에, 공단은 전혀 다른 종이를 만들어냈다. 종이는 마치 구름처럼 하얗고 부드러웠다. 품질이 뛰어난 이 종이가 당시 선주宣州 지역에서 생산되었기 때문에, 당시 사람들은 이를 '선지宣紙'라고 불렀다.

공단孔丹이 종이를 만들었다는 전설은 분명히 허구적 성격이 강하다. 민간 문화는 항상 그러했다. 사람들이 사건의 근원을 추적할 수 없을 때 흔히 전설을 엮어내곤 하는데, 이는 가장 수월하고 시적인 방법이다. 공단과 선지의 전설은 역사적 근거가 없지만, 하나의 사실을 증명한다. 사람들이 선지의 탄생이 채륜의 제지술과 같은 맥락이며, 종이 제작의 한 갈래라고 인식했다는 점이다. 명나라 때에 경현의 허만許灣

에 있는 수려한 대나무와 소나무 사이에 채륜사蔡倫祠가 있었고, 경현에는 채촌蔡村이라는 마을도 있었다. 그러나 이 채촌이 어떤 이유로 생겨났는지, 채륜을 기리기 위한 것인지는 알 수 없다.

　세월은 흐르는 강물처럼, 많은 봄꽃과 가을 달빛을 흔들며, 또한 많은 이야기와 전설을 품고 흘러간다. 어떤 의미에서 선지宣紙의 등장은 실로 연단煉丹(불로불사의 약)과 같은 신비로운 의미를 지녔다. 사람들은 선지가 청동靑銅의 고고함, 진전秦磚(진나라 벽돌-역자주)의 거침, 한와漢瓦의 소박함, 송자기宋瓷의 우아함, 직금織錦의 화려함, 절지剪紙의 간결함 등을 녹여 탄생한 일종의 몽환, 선계仙界의 경지로 보았다. 사람들의 눈에 비친 선지는 마치 매미 날개처럼 가볍고, 흰구름처럼 희고 신비로우며, 시간처럼 자유롭고 고귀했다.

　민국 시대 경현 출신의 대학자 호박안胡朴安은 선지의 근원에 대해 깊이 연구했다. 호박안의 저서 『선지설宣紙說』에는 다음과 같은 내용이 있다. '종이를 만드는 일은 먼저 재료가 무엇보다 중요하다. 재료로는 저피楮皮나 단피檀皮를 사용하는데, 반드시 산과 바위가 험준한 곳에서 자란 것이라야 한다. 겨울에 사람들이 나무의 가지를 베어 쪄서 껍질을 벗겨내고 시냇물에 씻은 후 석회를 섞어 열흘에서 스무날 정도 둔다. 껍질이 완전히 불어나면, 절구로 찧는다. 물로 물레방아의 축을 돌리면서 옆에서 기다린다. 녹아들면 다시 씻고 다시 두드려 총 세 네 번을 거쳐 찌꺼기는 버리고 액체만 남긴다. 양지등楊枝藤즙을 붓고 통에 넣어 고루 저어준다. 두 사람이 세밀한 대나무 발을 들고 한 번에 한 층, 두 번에 두 층, 세 번에 세 층을 겹쳐 약 한 장丈 정도 겹쳐 짠다. 짜낸 후, 벽난로에 붙여서 편편하게 만든 후 떼어내 바람과 햇볕에 말려 종이를 완성한다.'

호박안의 견해에 따르면, 선지의 역사는 '당나라에서 기원하여 원나라때에 발전했고, 명나라때에 더 한층 번창하여 청나라때에 이르러 성행했다.' 이러한 견해는 비교적 객관적이고 공정하다. 이미 당나라 시대에 선주宣州에서는 종이를 생산할 수 있었다. 하지만 이 당시의 '선지'와 후에 서화지의 최고봉에 오른 선지는 다른 개념이었다. 당나라때에 선주에서 생산된 종이는 주로 마류 식물이나 저피를 주성분으로 했다. 당시에 저피楮皮와 청단을 구분하지는 못했지만, 당대 선지가 청단과 볏짚을 포함했다는 명확한 증거는 없다. 당시의 선지는 지리적 개념을 나타내며, 현대적 의미의 선지로 정의할 수 없다. 현대적 의미의 선지는 청단과 사전 볏짚을 주요 원료로 하는 서화지로, 그 출현은 북송 말 남송 초, 또는 그보다 더 일찍이라고 보는 것이 비교적 정확하다고 볼 수 있다. 궁궐 박물관 연구원 왕세양王世襄 등이 안휘 박물관에 소장된 송대 장즉지張卽之의 『화엄경華嚴經』 책자를 분석한 바에 따르면, 이 책자의 재료는 청단 껍질과 볏짚으로 만든 선지였다. 이공린李公麟의 일부 서화용 종이도 청단 껍질과 볏짚을 포함한 선지였다. 이는 북송 시대에 이미 현대적 의미의 선지가 있었음을 나타낸다.

현대적 의미의 선지가 발전한 것은 남송과 원나라 시기에 와서 였다. 송나라가 임안臨安으로 남진한 후, 사회 생활의 각 분야가 빠르게 발전했고, 경제 수준은 당시에 세계적으로도 앞서 있었다. 남방 정권은 문화를 중시하는 전통을 가졌으며, 서화의 풍조가 번성하여 고품질 서화지에 대한 수요가 컸다. 선지의 생산 기술이 빠르게 향상되었다. 이 시기는 선지 발전의 중요한 역사적 시기였다. 원나라가 통일된 후, 서화 예술이 크게 발전하여, 왕몽王蒙, 오진吳鎭, 니운림倪雲林, 황공망黃公望 등을 대표로 하는 화가들이 등장했고, 호방한 화풍의 발묵산수화가 성행하여 전통적인 그림용 종이의 수요를 뛰어넘었다. 묵색, 번짐 그리고 스며듦 효과가 좋은 선지가 더욱 인기를 얻었고, 생산된 선지의 시장 수요가 크게 증가했다. 문헌에 따르면, 원나라 때 선주 지역에서는 '백록지'라는 종이를 생산했는데, 이 종이는 질기고 희며 부드럽고 먹물이 잘 먹혔기 때문에 당시 명품으로 인정받았다. '백록지'에 청단 껍질 성분이 있는가 여부에 대해서는 역사 자료에서 명확히 나와 있지 않다. 당시 사회관습에 따르면, 제지 관련 원료, 배합, 공정 등은 모두 비밀에 부쳐졌다. '백록지' 외에도 원대 선주 지역에는 여러 종류의 종이가 있었는데, 채색 분전粉箋, 밀전蠟箋, 황전黃箋, 화전花箋, 나문전羅紋箋, 명인전지明仁殿紙, 가소전假蘇箋, 관음렴지觀音簾紙, 호백지鵠白紙 등이 그것이다.

송원 시대는 중국 역사상 상업이 발달한 시기이자, 중국 제지술이 성숙한 시기였다. 특히 두드러진 성취는 3~5장 길이의 필지匹紙를 만들 수 있었는데, 당시 세계에서 가장 큰 종이였다. 요녕성遼寧省 박물관에는 송 휘종徽宗의 초서 『천자문千字文』이 소장되어 있는데 그 크기가 상당히 크다. 당시의 주요 종이 생산지는 여전히 강남 지방에 집중되어 있었다. 원료 혼합지의 출현은 당시의 중요한 특징이었다. 예를 들어, 북경北京 도서관에 소장된 북송 미불米芾의 『공의첩公議帖』, 『신은첩新恩帖』은 대나무와 마를 혼합한 종이였고, 『한광첩寒光帖』은 대나무와 저수를 혼합한 종이, 그리고 그의 『고씨삼도시高氏三圖詩』는 마와 저수를 혼합한 종이였다. 혼합 종이의 제작은 종이 생산량을 늘렸을 뿐 아니라 중국 제지 기술 확장에 기여했다는 점에서 중요한 의미가 있다.

송원 시대의 제지는 또한 종이의 '재생'을 가져왔다. 오래된 종이를 통에 넣고 새 종이물에 섞어 다시 제작하는 것으로, 이를 '환혼지還魂紙'

북송北宋, 조길趙佶, 「천자문千字文」

라 불렸다. 또한 많은 새로운 원료를 종이에 넣어 종이의 특성을 개선하는 시도를 했는데, 예를 들어 이끼류, 규화葵花 줄기와 잎, 양도덩굴, 무궁화 잎, 들포도 등을 첨가했다.

원나라 시기에는 경현涇縣에서 청단 껍질을 주요 원료로 한 종이가 제작되었으며, 이는 현대적 의미의 선지 개념에 가까웠다. 선지의 명성이 점차 높아지면서, 처음에 사람들은 종이의 원료가 청단 껍질인 줄 몰랐다. 단지 경현에서 생산되는 종이가 매우 좋고 서화에 적합하다는 것만 알았다. 당시 경현의 종이는 선지라고 불리지 않고 특색과 규격으로 명명되었다. 명나라 시기가 되어서야 '선지'라는 말이 등장했지만, 정의는 아직 불분명했다. 선성宣城 일대에서 생산되는 서화지로 지칭되기도 했고, 선덕宣德 연간에 조정에서 정한 고급 서화지를 의미하기도 했다. '선덕'은 명 선종 주찬기朱瞻基의 연호였다. 명 선종의 집권 시기는 비록 짧았지만 경제 발전을 위한 여러 효과적인 조치를 취하고 엄격한 관리 기준을 정비하면서 여러 제조업이 발전했다. '선덕'은 조정이 정한 지극히 엄격한 기준에 맞춰 제작된 정교한 공예를 상징했으며, '선덕로宣德爐', '선덕자기宣德瓷', '선덕지宣德紙' 등이 그 예이다. 선덕지의 생산지는 확실히 정해져 있지 않았으나, 이곳저곳에 나와 있는 관련 자료에 따르면 주요 생산지는 황산黃山 일대로 보이며, 연칠지連七紙, 주본지奏本紙, 방지榜紙, 그리고 살금전灑金箋, 오색전五色箋, 자청전磁青箋 등 가공된 종이와 신전信箋(편지지)의 총칭이었다. 이 중 연칠지는 경현에서 생산되었다. 각 지역의 품질 좋은 종이가 조정에 진상된 후, 재가공되어 '선덕지'로 명명되었다. 청대 추병태鄒炳泰는 『오풍당총담午風堂叢談』에서 이렇게 기록했다. "선지는 얇으면서도 강하고, 두껍지만 부드럽다. 전箋의 색은 고대의 광택이 있고, 문양은 섬세하다. 공지貢紙와 면료棉料, 방지와 같은 크고 작은 사각형 종이로, 세 네 겹까지 분리해 떼어낼 수 있으며, 가장자리에 '선덕오년조소형지宣德五年造素馨紙'라고 쓴 도장이 찍혀 있다. 백전白箋은 단단하고 판면처럼 두꺼우며, 면이 옥처럼 윤이 난다. 살금전, 오색분전, 금화오색전, 오색대련전…… 자청지磁青紙는 단단하고 부드러워 금물을 쓸 수 있다. 선지 중 진청관陳清款이 제일이다. 설도촉전薛陶蜀箋, 고려전高麗箋, 신안방송장

금전新安仿宋藏金箋, 송강담전松江潭箋은 모두 최근 만들어진 것에 미치지 못한다." 이 구절에서 말하는 '선지'는 선덕지를 의미하는 것으로 보인다. 사신행査慎行은 강희제康熙帝의 가까운 신하로 선덕지를 예찬하는 시를 쓰기도 했다. "그 인장을 명확하게 식별할 수 있었고, 남당, 서촉 등지에서 높이 평가받았다. 나는 진청관을 사랑하지만, 금화오색전은 취하지 않는다." 이 두 구절에서의 '진청'은 종이를 만든 인물로, 선덕지 중 최고로 여겨졌다. 사신행의 기록에 따르면, 명대의 선덕지는 남당의 징심당지澄心堂紙와 유사한 성질을 가지고 있었으며, 생산지는 현재의 환남과 감북贛北 지역이다. 징심당지와 선덕지는 서로 다르지만 같은 매력을 가지고 있었다.

선지가 '선덕지宣德紙'의 줄임말일 가능성이 있을까? 그럴 가능성이 있다. 일부 사람들은 주첨기朱瞻基(명나라 5대 황제 선덕제-역자주)의 묘호가 '선종宣宗'으로 '선'이라는 글자가 포함되어 있으므로, '선덕지'를 '선지'로 줄이는 것이 지극히 정상적이라고 여긴다. 게다가 당송 시대의 선주宣州가 명나라 때에 영국부寧國府로 개칭되었다. 따라서 현지에서 생산된 종이를 '선지'라고 불렀다는 것은 다소 부합하지 않을 수 있다. 이러한 관점에는 어느 정도 일리가 있으며, 일가지언一家之言(한 부분의 체계를 갖춘 학설)이라 할 수 있겠다.

주목할 만한 것은, 명선종明宣宗 주첨기朱瞻基는 매우 뛰어난 예술가였다. 대명 초기의 전란과 동요를 겪은 후, 이 제5대 황제는 문화, 예술, 여가를 특히 좋아했다. 귀뚜라미 싸움을 즐기는 것 외에도 그림 그리는 것을 무엇보다 좋아했다. 산수, 꽃과 새, 인물, 정취 등 다양한 분야에서 뛰어난 재능을 가지고 있었다. 명나라 강소서姜紹書의 『무성시사無聲詩史』에 따르면, "황제는 천부적인 예술적 재능을 가지고 있으며,

산수, 인물, 꽃과 대나무, 깃털 등 모든 것을 신묘한 경지로 그려냈다"고 한다. 주첨기의 작품을 보면 이 말이 전혀 과장이 아님을 알 수 있다. 송휘종宋徽宗 조길趙佶과 비교해볼 때, 얼굴에 수염이 덥수룩한 강인해 보이는 인상을 지닌 이 황제도 그림에 대한 열정에서 조금도 뒤지지 않았다. 그는 종이 위에 아름다운 세계를 구현해 내기를 갈망했다. 주첨기는 종종 국사를 내려놓고 화필을 휘두르며 붓끝에 정열을 쏟았다. 그의 붓 끝에서 가슴께를 드러낸 고사高士, 푸르고 우람한 소나무, 순진한 흑양, 장난기 많은 원숭이, 호기심 많은 새, 꽃밭에서 나비를 쫓는 고양이가 탄생했다. 주첨기가 선덕宣德 4년四年(1429)에 그린 종이본 『삼양개태도三陽開泰圖』를 보면, 그의 필묵 실력이 이미 정점에 달했으며, 특히 선지의 번짐洇染 특성을 잘 살려 양털의 느낌을 기가 막히게 표현했다. 농담의 조화가 절묘하고 계층감이 매우 뚜렷하다. 그의 그림들이 대부분 종이 위에 그려졌는데, 이는 당시 종이가 이미 충분히 발달하여 비단의 위치를 대체했기 때문이다. 서화에 능했던 그였기에 종이에 대한 요구가 누구보다 까다로웠다. 이런 상황에서 공물인 '선덕지宣德紙'의 품질을 상상하고도 남음이 있다.

명대 문진형文震亨은 『장물지長物志』에서 다음과 같이 말했다, "국조國朝의 연칠連七, 관음觀音, 조본奏本, 방지榜紙가 모두 품질이 좋지 않았다. 단지 대내大內에서 사용하는 세밀한 산금灑金 오색 분전粉箋 종이만이 판자처럼 단단하고 면이 마치 백옥처럼 빛났다. 금색 꽃무늬 오색지, 청색지 등 모두 귀히 여겨졌다. 하지만 오중吳中의 금색지, 송강松江 담전潭箋 등은 내구성이 떨어진다. 경현涇縣 연사連四가 가장 우수하다"고 했다. 여기에서 '경현 연사'란 바로 선지宣紙를 의미한다. 주가주周嘉冑의 『장황지裝潢志』에서는 "종이는 경현 연사를 선택하고 …… 나머지는 권, 책, 비패 등 모두 순수 연사를 사용한다. 연사를 사용하는 것은 마치 미인의 비단 망사 옷과 같다"고 했다. '미인의 비단 망사 옷'이라는 이 평가는 매우 적절하다. 송응성宋應星은 『천공개물天工開物』에서 이렇게 말했다. "모든 견고한 종이는 세로로 찢으면 면사처럼 끊어지기 때문에 면지綿紙라고 불리며, 가로로 끊으려면 힘이 든다." 방이지方以智도 『물리소지物理小識』에서 "작금에 면면(종이)이 흥국興國과 경현에서 유명하다"라고 적었다. 송응성과 방이지가 언급한 '면지'와 '명지'가 바로 선지이다. 당시 선지는 연사, 경면지 등으로도 불렸다. 전문가들이 명나라 영락 연간의 선지를 분석했는데, 그 속에 청단피靑檀皮 섬유가 100% 함유되어 있으며, 두껍고 강하며 먹물 흡수성이 좋았다. 단지 종이의 백도白度가 다소 낮았다.

어찌되었든 명나라 말엽에는 환남皖南에서 생선지生宣紙가 이미 명성을 떨쳤다. "선지는 얇으면서도 견고하고, 두꺼우면서도 부드러우며, 지색은 고전적이고, 문조文藻는 섬세하다"고 청나라 사람 오경욱吳景旭이 『역대시화歷代詩話』에서 말했다. 이 글에서 말하는 '선지'가 현대의 선지 개념과도 일치한다. 명말 시기, 문인과 서화가들은 선지를 사용해 글씨를 쓰고 그림을 그렸다. 명대 서화가 문징명文徵明, 심주沈周, 당인唐寅, 동기창董其昌, 서위徐渭 등이 모두 선지 위에 그림을 그렸으며, 선지의 먹물 흡수성을 잘 활용해 다양한 필묵 변화를 만들어냈다. 당인唐寅의 『묵매도墨梅圖』가 선지 위에 그려졌다는 연구기관의 검증을 받았다. 단지 당시에 선지의 가격이 상대적으로 비싸서 일반인들은 쉽게 사용하지 못했으며, 형편 좋은 서화가나 비교적 부유한 문인들만이 소유할 수 있었다.

명나라 중기 이후부터 중국 동남부 지역에서 선지를 서화에 널리 사용하였다. 명나라 동기창이 남송화파南宗畫派를 창시한 이후, 후대의 화가들은 모두 종이를 밑그림지로 사용하였다. 선지가 왜 훗날 비단을 대체할 수 있었을까? 선지의 품질적 우위 외에도, 선지가 생산된 환남 지역의 상업적 분위기와 관련이 있다. 명나라 중후기의 환남에서는 상업에 종사하는 사람들이 많았으며, 휘주부徽州府, 영국부寧國府, 지주부池州府의 상인들은 동남 지역에서 큰 부를 쌓았을 뿐만 아니라, 고향의 문화산물들을 대도시 및 동남 해안 지역에 적극적으로 전파했다. 선지와 문방사우를 파는 가게들이 우후죽순처럼 곳곳에 생겨났다. 북경 경현 회관涇縣會館 기록에 따르면, 청대 전기와 중기에 이미 많은 선지 공장들이 북경에서 종이 점포를 개설했으며, 가경嘉慶 11년(1806)에만도 육길호六吉號, 영취호永聚號, 의합호義合號 등 12곳에 이르는 종이 점포가 있었다고 한다.

중국의 서화는 명청明淸 시기에 이르러 당송唐宋 시기의 공필工筆 중심에서 수묵水墨 중심의 사의화寫意畫로 바뀌었다. 임서臨書(글씨본을 보면서 글씨를 쓰는 것-역자주)와 금석전각金石篆刻이 유행하면서 수묵화와 금석전각에 적합한 선지宣紙가 수요를 따라가지 못했다. '청사승淸四僧'(청대 초기 산수화로 유명했던 스님 화가)'으로 불린 팔대산인八大山人, 석계石溪, 점강漸江, 석도石濤 모두 종이가 아니면 그리지 않았다. 대부분의 화가들이 종이에 그림을 그렸으며, 특히 선지를 많이 사용했다. 청 가경嘉慶 연간에 편찬된 『영국부지寧國府志』에는 "지紙는 선宣(城), 영寧(國), 경涇(縣), 태太(平)에서 모두 만들 수 있으며, 선지라 명명된다"고 기록되어 있다. 청나라의 장사전蔣士銓은 선지에 대한 시를 지었다. "사마가 나에게 경상백涇上白을 선물하였네. 조직이 매끄럽고 근육이 숨겨진 듯 하네. 평포강의 맑은 눈처럼 펼쳐져, 징심선덕澄心宣德이 본보기가 될 만하리." 이는 경현 선지의 깨끗하고 매끄러운 질감과 강한 구조를 예찬한 것으로, 역사적인 징심당지澄心堂紙와 선덕지宣德紙를 능가한다는 뜻이다. 또 다른 시에서는 "가벼워 매미 날개처럼 하얗고 눈처럼 희다. 가늘어 얇은 비단처럼 소리가 나지 않는다"고 표현했다. 조정과 관청의 공문서용 종이와 서화용 종이에도 의식적으로 선지를 사용했으며, 과거 급제자의 이름을 알리는 방에도 때때로 선지가 사용되었다.

선지 발전사의 황금시대는 청대의 강康, 옹雍, 건乾 연간이었다. 건륭제는 조부 강희제가 북경의 궁중에 설립한 제지방을 확대하고, 각지의 장인들을 모집해 궁궐에서 종이를 만들게 했다. 조정 문서에 사용할 종이를 만든 것 외에도 시문을 좋아하고 고전을 숭상한 건륭제는 장인들에게 역대의 명지名紙를 연구하게 했는데 징심당지도 그 중 하나였다. 당시 궁중에 소량의 소장품이 있었기 때문에 건륭은 관리를 지정해 이와 동일한 종이를 만들게 했다. 여러 차례 시험 제작 끝에 마침내 매끄럽고 균일하며, 세밀하고 옥 같은 '건륭년 모조 징심당지'가 탄생했다. 선지가 번성함에 따라 환남 곳곳에 제지공방이 생겼는데, 경현에만 40여 개의 제지공방과 156개의 지조(원료를 삶아 으깨는 데 사용하는 큰 가마솥)가 있었으며, '백록白鹿', '계구雞球' 등 오래된 상표 외에도 육길지六吉紙, 육길단선六吉單宣, 육길쌍선六吉雙宣, 협선夾宣, 호피전虎皮箋, 자추전煮捶箋, 옥판선玉版宣, 나문지羅紋紙 등 20여 종의 종이가 생겨났다. 품질과 종류 면에서 크게 향상되고 확장되었다. 경현 외에도 태평太平, 영국寧國, 흡현歙縣, 이현黟縣, 휴녕休寧, 지주池州 등 지역도 서화용 종이의 유명한 생산지였다. 청 가경 연간에 개정된 『경현지涇縣誌』에는 '종이에는 금방金榜, 노황路皇, 백록, 화심畵心(징심당이라고도 함), 나문羅紋, 권렴捲簾, 연사連四, 공단公單, 학서學書, 산지傘紙 등이 있으며, 모두

명明, 당인唐寅, 「묵매도墨梅圖」

껍질로 만들어진다'고 기록되어 있다. 민국『선성현지宣城縣誌』 권육에는 "종이는 선성, 영국, 경현, 태평에서 모두 만들 수 있으며, 선지라 명명하고, 단수피檀樹皮로 만들어진다"고 기록되어 있다.

선지는 바로 이런 방식으로 발전해왔다. 처음에는 안개 속에 싸여 있었지만, 나중에는 점차 명확해졌다. 선지의 발전은 대체로 세 단계를 거쳐왔다. 당대 선주宣州 지역에서 생산된 고급 종이, 즉 지명 개념상의 '선지', 송원宋元 시기에 환남에서 주로 청단피靑檀皮를 원료로 사용하여 생산된 고급 서화용 종이, 이때 '선지'의 구체적 개념이 아직 명확하지 않았다. 명 중기 이후, 영국부寧國府(현재의 중국 안휘성 선성시宣城市 일대)에서 청단피와 사전沙田 벼짚을 원료로 만든 서화용 종이가 명성을 얻으며, 점차 '선지'의 구체적 개념이 형성되었다. 세 번째 단계에서 '선지'는 청단피와 사전 벼짚을 원료로 한 고급 서화용 종이 개념으로 점차 고정되었다. 이 특별한 명칭은 오늘날까지 이어져 오고 있다.

선지宣紙가 모든 것들을 누르고 정점에 오를 수 있었던 것은 파나마 태평양 만국박람회에서 상을 받았기 때문일 것이다. 1911년, 경현涇縣의 조의발曹義發 '홍기' 선지가 남양권업회南洋勸業會에서 '초등문풍장超等文憑獎'을 수상했으며, 1915년에는 경현의 '도기桃記'선지가 파나마 태평양 만국박람회에서 금상을 받았다. 이러한 명성으로 인해 선지는 서화지 중 최고의 자리에 오를 수 있었다.

13. 선지의 종류와 특징

"한 송이 꽃에 하나의 세계, 한 장의 잎에 하나의 보리菩提(진리를 깨달아 얻는 경지 또는 깨달음의 지혜라는 의미의 불교 용어-역자주)"라는 말처럼, 선지를 현미경으로 보면 놀라운 장면을 볼 수 있다. 청단피青檀皮의 섬유가 마치 하늘의 구름처럼 균일하게 펴져 있고, 질감은 길고 섬세하다. 이론적으로, 종이 섬유의 특성이 원래 종이의 흡묵성吸墨性, 인성, 강도, 두께, 투명도 및 매끄러움을 결정한다. 청단피 섬유의 길이와 투광성은 뽕나무 껍질이나 저피楮皮보다 세밀하고 밀도가 높으며, 더 많은 수묵을 머금을 수 있고, 수묵이 주름과 홈을 따라 밖으로 스며들어 농도가 점차 감소하는 묵계墨階를 형성할 수 있다. 사전沙田 벼짚의 섬세한 섬유가 청단피 섬유와 교차하며 조화로운 망상 구조를 이루며, 먹물에도 뒤틀리거나 털이 일지 않아서 필묵의 표현력에 큰 영향을 미친다. 다른 종이의 경우, 섬유 분포의 규칙성이 떨어지고, 주름이 없거나 적어 한 번의 붓놀림으로 우열을 가릴 수 있다.

선지는 사람처럼 성격과 개성이 있다. 선지의 종류는 배합 비율에 따라 면료棉料, 정선淨宣, 특선特宣 세 가지로 나뉜다. 두께에 따라 단선單宣, 협선夾宣 등으로 나뉜다. 단선은 단층으로 얇고, 협선은 연속 두 번 초조抄造된 선지로 더 두껍다.

가공 정도에 따라 선지는 생선生宣과 숙선熟宣 두 가지로 나뉜다. 생선은 지조紙槽에서 곧바로 제작된 선지로 건조 후 가공 처리를 하지 않아 '원백지原白紙'라고도 한다. 생선은 흡수성과 침수성이 강해 풍부한 묵운 변화를 일으키며, 발묵법潑墨法, 적묵법積墨法에 사용하면 물과 먹의 상호작용을 통해 '수주묵유水走墨留(가장자리가 자연스럽게 번지고 중심은 짙어지는 현상-역자주)'의 효과를 낼 수 있다. 생선은 '백변생선百變生宣'이라고도 하여 생선으로 그림을 그릴 때 변화가 매우 크고 예측 불가능하며, 그림 그리기도 어렵다는 의미이다. 그러나 숙련된 화가들은 생선의 물들임 특성을 이용하여 놀라운 작품을 만든다. 제백석齊白石은 생선으로 꽃, 새, 물고기, 벌레를 그렸으며, 부드러운 필획으로 따뜻한 묵운을 묘사했다. 털이 복슬복슬한 병아리나 물속에서 헤엄치는 새우의 생생한 묘사가 보는 이를 감탄케 한다. 황빈홍黃賓虹은 독특한 방식으로 생선의 뒷면과 앞면 모두에 필묵을 사용해 촉촉하면서도 신비로운 효과를 내기도 했다.

　제백석齊白石은 그림을 그릴 때 생선生宣 중에서도 면료棉料를 가장 좋아했다. 첫째, 가격이 저렴하고, 둘째, 꽃과 새, 수묵에 특히 적합하며 색이 잘 어우러지고, 백색 접착 자국이 나타나지 않기 때문이었다. 생선 정피淨皮(선지의 한 종류로 청단껍질 함량이 50~60%인 선지-역자주)는 비교적 두껍고 인장력이 강해 산수화에 더 적합하며, 반복적으로 준찰皴擦(산수화를 그릴 때 입체감이 있도록 주름을 그리는 방법-역자주)해도, 붓질이 섞이지 않는다.

　숙선熟宣은 생선의 재가공품으로, 생선을 평평하게 펴고 명반明礬 등 다양한 성분을 넣어 끓인 접착액을 붓으로 가볍게 바르는 과정을 거쳐 만들어진 것이다. 이를 통해 생선의 섬유 미세 구멍을 채운다. 숙선은 '반선礬宣'이라고도 하며, 특징은 질감이 강하고 묵이 번지지 않으며, 묵색의 층위가 좋고 매끄럽다. 숙선은 대초묵大焦墨이나 담고묵淡枯墨의 서화, 해서楷書와 필법이 섬세한 공필화工筆畵에 적합하다. 숙선은 오래 보관할 수 없고, 명반이 떨어져 나갈 수 있다는 단점이 있다. 숙선에는 중반重礬과 경반輕礬 두 종류가 있는데, 중반의 숙선은 번짐이

제백석齊白石, 「영초천우靈草天牛」

느리고, 경반의 숙선은 번짐이 빠르다.

송원宋元 시기에는 중국화에서 공필화工筆畫 방식이 쇠퇴하고, 발묵사의潑墨寫意 필법이 부상했다. 번짐 기법이 점차 보편화되면서, 본래 서예에 적합한 선지가 점점 더 많이 사용되었다. 선지 위에서 필묵의 '다변성'이 종종 예상치 못한 효과를 낳아 화가들의 창작 의욕을 한층 더 불러일으켰다. 중국화는 송대 이후, 색채 사용을 피하고 오로지 묵의 농담濃淡으로 색채를 표현했다. 생선의 번짐 특성이 바로 이러한 방식과 잘 맞았다. 선지의 신비한 다변성은 사의寫意 산수화山水畫에 새로운 장을 열어주었다.

원조元朝 이후, 문인화文人畫가 한층 깊이를 더하며, '원사가元四家'는 선지에 그림을 그리기를 좋아했다. 많은 화가들이 종이 표면을 두들기고, 풀을 바르는 등의 방법으로 표면을 덜 매끄럽게 만들어 거친 질감을 나타냈다. 준찰하거나 점묘할 때, 특히 묵직한 묵의 가장자리가 뚜렷해지며 한층 청신하면서도 단아한 효과를 나타냈다. 왕몽王蒙의 「청변은거도青卞隱居圖」와 같은 작품은 건조한 필묵과 거친 종이 표면을 활용해 웅장한 효과를 창조했다. '원사가' 중에서 왕몽의 화풍이 가장 '기교를 뽐내는' 스타일이다. 다른 세 명처럼 필법이 얌전하지 않다. 왕몽은 복잡한 필법과 색채를 좋아했고 해삭준解索皴(밧줄을 풀어헤친 것 같이 꼬불꼬불한 필족으로 처리하는 준법-역자주)과 우모준牛毛皴(곡선의 바위나 무성한 산림을 소의 털처럼 짧고 가느다란 선으로 그리는 준법-역자주) 준법으로 산봉우리를 겹겹이 쌓듯이 표현했다. 「청변은거도」는 이러한 효과를 충분히 보여준다. 이는 선지와의 완벽한 조화의 결과로, 선지의 특성을 깊이 이해하는 화가만이 이러한 기법을 선보일 수 있었다.

명나라 중기, 오문화파吳門畫派가 부상하면서 심주沈周, 문징명文徵

明, 당인唐寅, 구영仇英, 장홍張宏 등 화가들은 특히 생선生宣 위에 그림을 그리는 것을 선호했다. 오문화파는 '원사가元四家'의 필법을 계승하고, 생선의 깨끗하고 순수한 특성들, 예를 들면 침투력이 강하고 묵이 빠르게 퍼지며, 흑백 대비가 높은 특징을 활용했다. 건필幹筆, 습필溼筆, 농필濃筆, 담필淡筆을 번갈아 사용하고, 대초묵법大焦墨法, 대고묵법大枯墨法, 대발묵법大潑墨法을 혼용하여 무궁무진한 변화와 생동감 넘치는 효과를 연출했다. 필묵이 스치는 곳마다 혹은 더욱 진하고 백은 더욱 밝아져, 흑백 대비하에 더욱 뚜렷한 층위와 풍성한 화면이 나타났다. 명 가정嘉靖 이후, 진순陳淳, 서위徐渭 등 화조화花鳥畵 화가들은 대사의 大寫意(대상의 형태를 사실적으로 묘사하기보다는 작가의 내면세계와 감정을 강조하여 표현하는 방식-역자주)를 강조했다. 그들은 다양한 농담의 묵을 사용하여 아직 마르지 않은 상태에서 서로 스며드는 효과를 활용하여 수묵의 효과를 더욱 진하게 표현했다.

선지는 중국 서화에 더 많은 필묵의 정취를 가져다주었다. 어떤 이는 선지와 중국 서화 사이의 관계를 중국 서화의 화풍은 크게 선지의 특성에 의해 결정되었다고 요약했다. 선지의 '박薄'과 '밀密' 특성은 묵을 더욱 촉촉하고 섬세하게 만들었다. 선지의 '광光'과 '세細'는 필법의 자유로운 표현을, 선지의 '면綿'과 '인靭'은 필묵의 준찰과 복원을 용이하게 해주었다. 선지의 '경輕'과 '유軟'는 구기거나 접어도 손상을 입지 않도록 해주었다. 선지의 '결潔'과 '백白'은 묵채를 잘 나타내며 오랜 세월이 지나도 변함이 없었다. 또한 선지는 필묵의 표현에도 유리하여, 진한 먹을 사용하면 먹색이 선지 위에서 선명하게 빛이 난다. 발묵일 때는 먹색이 선지 위에서 투명하고 생기가 있다. 적묵할 때 선지 위의 먹색은 진하고 힘이 있으며, 검은 색 속에서도 밝음이 드러난다. 일반 묵

원元, 왕몽王蒙, 「청변은거도青卞隱居圖」(일부)

을 사용할 때 선지 위에 농농濃濃에서 담담淡淡, 담담淡淡에서 윤윤潤潤, 윤윤潤潤에서 습습濕濕이 나타난다.

생선, 숙선 외에도 색선色宣이 있다. 색선은 생선을 다양한 용도에 맞춰 인쇄, 염색, 첨가물, 밀랍, 광택, 이광, 금은분, 금은박편 뿌리기, 금은 무늬 그리기 등의 방법으로 제작된 선지 제품이다. 또한 책자로 묶인 책장, 수인水印(펄프 섬유의 밀도를 조절하여 명암의 무늬를 넣은 도형이나 문자-역자주) 편지지, 인보印譜(여러 가지 인발을 모아 놓은 책) 등도 있다. 서신을 주고 받던 시대에 문인들은 개성있게 특별히 제작된 전지箋紙를 선호했다. 전지의 종류가 다양했는데, 주로 옥판玉版, 공여貢餘, 경설經屑, 표광表光, 백활白滑, 빙익冰翼, 응상凝霜, 오색五色, 십색十色, 경황硬黃, 표홍縹紅, 하광霞光, 금화金花, 도화桃花, 운란雲蘭, 밀향密香, 낭아郎牙, 어자魚子, 금설金屑, 안두雁頭, 연파衍波, 백운百韻 등이 있었다. 이들은 모두 가공된 선지 제품으로, 외관이 아름답고 다채롭다. 명청明清 이후, 선지로 가공된 전지箋紙가 더욱 다양하고 아름다워져 문인과 관료들에게 더욱 선호되었다.

선지宣紙는 서예와 그림뿐만 아니라, 수집할 가치가 있는 서화 예술품, 도서, 탑본, 문서 기록, 민간의 전지剪紙(종이를 오려 여러 가지 형상이나 모양을 만드는 종이 공예-역자주), 접이식 부채 등의 인쇄 제작에도 사용될 수 있었다. 구양수歐陽修가 주저한 『신당서新唐書』, 『신오대사新五代史』, 명대의 『영락대전永樂大典』, 청 건륭 연간의 『사고전서四庫全書』 등이 모두 선지를 사용했다. 포송령蒲鬆齡이 『요재지이聊齋志異』를 쓴 후 책으로 엮을 비용이 없었는데, 건륭 32년(1767)에 흡현歙縣 출신 포연부鮑延傅가 선지를 구매하여 지원함으로써 출간될 수 있었다. 『홍루몽紅樓夢』은 완성된 후, 손으로 쓴 필사본 형태로 민간에 전파되었다. 건륭

56년(1791)에 화신和珅이 청나라 조정에 보고하여 승인받고, 휘주徽州인 정위원程偉元이 자금을 지원한 덕분에 조설진曹雪芹이 쓴 80회와 고아高鶚의 후속 40회를 합쳐 선지로 인쇄하였다. 선지 덕분에 『홍루몽』이 세상에 나올 수 있었고, 이것이 바로 널리 유행한 '정갑본程甲本'이다.

선지는 최고급 서화지로, 중국 서화의 특성을 충분히 나타낼 뿐만 아니라 변형이나 노화되지 않고 벌레에 침식되지 않는 특성이 있다. 서화계에 '천년지千年紙, 오백년견五百年絹'이라는 말이 있는데, 견으로 그림을 그리면 수명이 오백 년이지만 선지로 그리면 천년 이상 지속될 수 있다는 뜻이다. 집계한 바에 따르면, 중국에 현존하는 종이로 된 책은 약 3천만 권이며, 선지로 인쇄된 책은 다른 종류이 종이로 인쇄된 것에 비해 손상 정도가 훨씬 낮았다. 연구자들이 인공가속노화법으로 실험실에서 시간 경과 실험을 했는데, 가상의 세월이 흐르면서 신문지, 동판지 등 산성 기계지의 백도가 눈에 띄게 감소한 반면, 약알칼리성인 선지는 태연하게 변함이 없었다. 다른 종류의 종이들이 미끄럼틀처럼 급격한 하락현상을 보인데 비해, 선지의 저항성은 특이하게도 '낙타등' 형태를 나타냈다. 즉 상당히 오랜 세월이 도리어 종이에 '젊음'을 부여했으며, 종이가 더욱 단단해졌다. 많은 종이가 300년이 되면 수명이 다하지만, 선지는 1500년이 지나도 현미경으로 본 청단靑檀 인피靭皮 섬유에 변화가 없었다. 이로부터 선지의 내구성을 알 수 있다.

중국역사박물관에는 청 건륭 23년(1758)의 측리지側理紙가 소장되어 있는데, 외관은 원통형이며 중간에 이음새가 없고 연미황색이다. 원료는 인피 섬유로, 종이는 두껍고 톱니 무늬가 있으며, 물이끼와 같은 것이 없고 외관도 청록색이 아니다. 이 종이는 강남에서 온 것으로 추정되며, 외관상 경현涇縣 종이방에서 제작해 진상한 것으로 보인다. 건륭제가 이 종이를 받고 크게 만족해했다고 전해진다. 『영측리지詠側理紙』라는 시를 특별히 썼는데, 그 중에서 '해조로 종이를 만들어 전해지니, 그 이름만 듣고 보지 못했네. …… 완전무결 이음새 없어 천의天衣(선인이나 선녀의 옷) 같고, 종횡으로 가는 실이 그물처럼 짜였네'라고 노래했다. 건륭 연간에 적사리翟賜履가 쓴 『경천죽지사涇川竹枝詞』에 '종이는 신인仙人의 묘수로 만들어져, 옛것을 모방하거나 옛 풍습을 따르지 않는다. 조정의 부름을 받았으나, 농사를 버리고 먼지를 터네'에서도 그 단서를 찾을 수 있다.

선지의 천년 꿈은 멀고 가까운 산봉우리에서 피어오르는 운무처럼 끊임없이 모이고 흩어지며, 또한 시간의 강물 위를 항해하는 배의 돛처럼 오고 간다. 풍물의 역사를 추적하는 것은 마치 배에 앉아 차 한 잔을 앞에 두고, 한 세대의 문호들이 지닌 풍류의 깊이를 되새기며 호수의 빛과 산의 경치를 음미하는 것과 같다.

14. 환남에서, 경현에서

경현에서, 걸어 다니며 선지의 근원을 찾는 데 있어 가장 중요한 것은 지각이며, 지역 정신에 대한 깨달음과 존중이다. 차가 도로를 따라 가다가 경현에 가까워지면, 도심을 지나 오른쪽으로 머잖은 곳에 높다란 두 개의 고탑古塔을 볼 수 있다. 탑이 있는 곳은 항상 그냥 지나칠 수가 없다. 차들이 물 흐르듯 지나가는 길가의 곳곳에 선지 생산 공장의 표지판이 나타나며 이곳이 선지의 고향임을 알려준다. 이어서 차가 멀지 않은 곳에 있는 이름 없는 흙길로 들어서면, 시끄러운 분위기가 끊어지고 양쪽으로 평온하고 고요한 산들이 나타난다. 집들이 질서정연하게 늘어서 있고, 높이 솟은 산봉우리, 우거진 숲, 졸졸 소리를 내며 흘러가는 시냇물 …… 작은 마을 옆의 울창한 숲 속에서 때때로 백로가 날아다니고, 시냇가에는 큰 청단나무들이 울창하게 자라고 있다. 이곳이 바로 선지의 초기 생산지였던 소령小嶺이다.

소령은 경현 북서쪽에 위치하며, '구령십삼갱九嶺十三坑'으로 알려져 있다. 이곳은 지형과 식생이 다양하고 수원水源 등 제지 자원이 풍부하다. 청 건륭 42년(1777)의 『초국조씨종보譙國曹氏宗譜』 서문에 다음과 같이 기록되어 있다. "종공鐘公이 춘곡으로 이주하여 녹봉산이 둘러싸고 구천수가 휘돌며 흘러가는 곳이 좋아 그곳에 정착하였다. 그 후 7대 손인 백십일공百十一公이 두 아들을 두었는데, 장남 대일공大一公, 차남 대삼공大三公이다. 송원 시기에 전란이 일어나 대삼공이 두 아들 이칠공二七公, 이팔공二八公과 함께 소령으로 피난하여 집안이 번성했다'고 기록되어 있다. 민국 3년(1914)에 재편집된 『경천소령조씨종보涇川小嶺曹氏族譜』 서문에는 "경涇은 산골 마을로, 산골짜기에 수천 가구가 모여 산다. 서쪽으로 20리 떨어진 소령에 조씨가 산다. 조씨는 우리 읍의 명문으로, 그 기원은 태평太平에서 시작되어 소령으로 이주하였으며, 집안이 번성하여 열세 가구로 나뉘었다. 그러나 땅이 적고 경작할 곳이 없어 채륜술蔡倫術을 생업으로 삼았다. 그래서 책을 읽는 것 외에 상업에 종사하는 사람이 많고, 부유하며 마치 큰 읍과 같다"고 기록되어 있다.

이러한 기록들은 조씨 선조들이 경현 소령에서 제지업을 시작하게 된 경위를 비교적 명확하게 보여준다. 조대삼曹大三이 송말의 혼란기에 남릉南陵의 규천虯川에서 경현 소령으로 이주하였다. 이후 마을에

농사 지을 땅이 적어 생계를 유지하기 어려워 제지업을 시작했다. 얼마 후, 제지업이 번성하면서 소령이 부유해졌다. 소위 '채륜술'이란 바로 제지술을 가리킨다. 조대삼의 제지 기술은 어디서 왔을까? 두 가지 가능성이 있다. 첫째, 조대삼이 제지 작업장에서 일하며 제지의 공정과 기술을 익혔을 가능성이 있다. 둘째, 조대삼이 소령에 도착한 후 제지 공정과 기술을 개선하여 청단으로 더 좋은 종이를 만들었을 가능성이 있다.

조대삼曹大三이 청단피青檀皮로 선지宣紙를 만든 것은 자신의 창작일까, 아니면 다른 작업장에서 배운 것일까? 이에 대해 관련 종보族譜와 지서志書에 명확하게 밝혀져 있지 않다. 소령의 민간에서 오래전부터 전해오는 이야기가 있다. 조대삼이 소령에 도착한 후, 산이 높고 땅이 척박해 항상 근심에 빠져 있었다. 어느 날, 조대삼은 시냇가에 자라는 많은 청단나무를 보았는데, 나무 껍질의 안쪽이 희고 아름다운 것을 보고 이를 종이 만드는 데 사용할 수 있겠다는 생각을 했다. 그래서 청단으로 종이를 만들기 시작했고, 이것이 큰 성공을 거두었다. 만들어진 종이는 부드럽고 섬세하여 공급이 수요를 따라가지 못했다.

전설은 항상 상상을 담고 있다. 조대삼의 제지에 관한 기록에는 선지 제작의 정확한 시기가 밝혀져 있지 않다. 현대적 의미의 선지의 정확한 탄생 시기는 송원宋元 시기로 한정된다. 추측하건대, 소릉에서 시작된 선지 제작이 점차 경현涇縣으로 확대되었을 것이다. 광서 19년(1893)에 편찬된 경현 왕씨汪氏의 『서원가보西園家譜』에는 북송 황우皇祐 연간(1049-1054)에 왕씨가 정덕旌德에서 석천송목방石川松木坊(지금의 조계漕溪)으로 이주하여 종이 제작에 종사했다고 기록되어 있다. 원말명초에 왕씨 73대 연경공衍慶公이 전란을 피해 아버지를 따라 경현 조계에서 선양도 중랑갱(宣陽都中郎坑, 지금의 경천진 고파촌古壩村)으로 이주해 제지업에 종사했다. 『서원가보』는 연경공에 대해 "대업을 이룰 만한 재능을 갖췄으나 전원에 묻혀 지내려는 뜻을 품었다. 당시의 난세를 만나 북산 북쪽, 중랑의 골짜기에 은거했다. 뿌리가 깊고 가지가 무성하여 경천을 영화롭게 하고 선주를 빛냈다"고 칭송했다.

경현이 조정에서 지정한 선지 중요 생산지가 되기 전, 조계, 선양도, 소령 등지에서 생산된 선지는 처음에는 서화용 종이가 아니라 사회적 기능을 가진 종이었다. 인쇄와 글씨를 쓰는 재료로서의 기능 외에도 종이는 많은 경우에 창문을 바르거나 다양한 물건을 만들고, 심지어 갑옷을 제작하는 데 사용되었다. 명대에 편찬된 『무비지武備志』에는 명인종明仁宗 시기에 한 번에 3만 벌의 종이 갑옷을 만들어 섬서성 방성防城의 궁수들에게 지급했다고 기록되어 있다. 선지로 만든 갑옷에 대한 구체적인 기술은 현재 전해지지 않고 있지만, 일반적으로 추측하건대, 동유桐油로 종이를 여러 겹 붙여 단단한 외피를 만든 것으로 보인다. 종이로 만든 갑옷은 철갑이나 피갑보다 가벼워서 군대의 전투력을 높일 수 있었을 것이다. 다만 동유에 침윤된 상태라 불에는 취약했을 것이다.

명 중기 이후, 강남江南의 경제가 빠르게 발전하고 문인화文人畵가 번성하면서 선지의 수요가 크게 증가함에 따라 선지는 빠른 발전기에 접어들었다. 당시 선지 생산의 주요 방식은 가족을 중심으로 한 작업장이었다. 경현 각지의 작업장에서 생산된 선지는 주로 관청의 수요에 충당되었다. 지방 관청이 특정 작업장의 제품을 선호하면 해당 작업장의 제품을 구매하고 배분했다. 궁궐에 공급되는 선지는 순안아문巡按衙門이 매년 조달했다. 가정嘉靖 31년(1552) 『경현지涇縣志』에는 "순안아문이 매년 필요로 하는 종이를 경현 선양도에서 만들고, 관리가 이를 수령하여 배포했다"고 기록되어 있다. 당시 선양도의 범위에는 예손禮遜, 임계하林溪下, 막풍漠風, 낭리浪裏, 인리仁裏, 인상仁上, 중촌中村, 오청烏로, 청천淸泉, 중원中元, 북보北保, 석피石陂, 전촌前村, 차랑查浪, 북충北衝, 호촌胡村, 이의李儀, 중평中平, 영동永東, 양신良神, 영서永西 등이 포함되었는데, 고대와 현대의 지명을 비교하면 현재 경천진涇川鎭, 정계향汀溪鄕, 낭교진榔橋鎭 세 곳에 분포했던 2000여 호의 촌락 범위로 분석된다. 청 초 순치 13년(1656)에 편찬된 『경현지』에도 같은 기록이 있으며, 100여 년 간격의 두 기록이 일치하는 것은 공물로 조정에 받쳤던 선지의 가장 중요한 생산 기반이 경현 선양도 일대에 집중되어 있었음을 보여준다.

명청 시대의 경현涇縣에 수공 선지宣紙를 생산하는 작업장이 곳곳에 퍼져 있었다. 보존된 관련 자료에 따르면, 조씨曹氏, 왕씨汪氏 외에도 적씨翟氏, 조씨趙氏 등이 가내수공업 형태로 선지를 제작했다. 건륭 시대의 『경현지涇縣誌』에는 선지가 "호북충湖北衝, 자갱慈坑, 송촌宋村, 소령小嶺 등지에서 나온다"고 기록되어 있다. 조씨는 소령을 기반으로, 조씨는 자갱을 기반으로, 적씨는 도화담桃花潭 일대를 기반으로, 오씨吳氏는 무림茂林을 기반으로, 호씨胡氏는 북공北貢을 기반으로 선지를 생산했다. 이 시기에 왕대겸汪大謙은 '왕육길汪六吉' 선지를 만들어서 청대 중후반기에 명성을 떨쳤다.

무림 오씨는 자신의 마을 서쪽 심가갱沈家坑에서 종이를 제작했으며, 상서 오방배吳芳培는 『심가갱조지가沈家坑造紙歌』를 남겼다. 시에는 "제지법이 옛부터 전해져, 앞에는 채후蔡侯가 있고 뒤에는 좌백左伯이 있네. 안두봉미雁頭鳳尾(기러기의 머리, 봉황의 꼬리라는 뜻-역자주) 각기 특별한 재능을 가졌으며, 윤기와 매끄러움이 마치 숫돌 같구나. 우리 마을 서남쪽 심가갱은 옛 방법을 따르며 변하지 않았네. 시내의 담초를 베어 신중히 선택하고, 향피를 찬 연못에 담가 깨끗이 하네. 비에 씻고 햇볕에 말려 재액에 담그고, 거친 껍질을 벗겨 정수를 보존하네. 수도사가 열심히 갈고 닦듯이, 침전물을 정화하여 깨끗하게 하네. 활수活水의 소리가 새의 지저김같이 소란하고, 조석으로 소나무 숲이 서로 화답하네. 구조를 들고 화로로 말려, 눈처럼 하얀 피부와 옥같은 모습이 얼마나 가볍고 청순한가……"로 표현했다.

위에 언급된 이러한 가문들은 모두 경현의 명문가였으며, 문화를 중시하고 교육에 힘쓴 덕분에 여러 분야의 인재가 끊임없이 배출되었다. 조씨는 경현의 명문가였다. 명말 조숭례趙崇禮는 유명한 서화가로, 그의 글씨는 이왕二王(왕희지와 왕헌지)의 정수를 깊이 수용했고, 난초를 그리는 실력이 특히 뛰어났다. 조청려趙青藜도 대서화가였으며, 포세신包世臣은 자신의 서론書論에서 그를 높이 평가했다. 조창趙昌, 조사등趙士登, 조량주趙良澍 모두 명신이었다. 조소조趙紹祖는 박학한 대유학자였다……조씨의 종이업은 생지를 재가공한 나문지羅紋紙로 유명했다.

조정은 어떻게 선지를 징발했을까? 일부 문헌에서 실마리를 찾을 수 있다. 명 가정 15년(1536)에 편찬된 『영국부지寧國府志』에는 "해마다 종이 운송비가 이십칠냥이다. 순찰어사가 파견되어 도찰원으로 종이를 운송할 때마다, 도찰원에서 종이찰을 지급한다"고 기록되어 있다. 순찰어사가 종이를 운송하는 데 필요한 운송비가 27냥이라는 의미이다. 청 건륭 17년(1752) 정상여鄭相如가 편찬한 『경현지』에는 "조정의 사무 중에서, 경지涇紙는 높이 사척, 폭 사척오촌의 금방金榜(과거나 전시의 합격자 명단을 게시한 황색 종이로 된 방-역자주)에 사용된다. 조호槽戶가 매년 제작하며, 관리가 인수를 한다. 명시에는 순찰에 의해, 국조에는 포정사布政司에 의해, 매년 호부에서 가격 은삼만냥을 거두어 호부로 보낸다. 강희무술康熙戊戌 이후에는 내차內差가 구매했다. 가장 큰 것은 록왕潞王으로, 높이가 일장육척이며, 명나라 노빈潞藩이 제작했다. 다음은 백록白鹿으로, 높이가 일장이척이다. 화심畵心, 일명 징심당澄心堂, 나문羅紋은 조씨가 옛 방식을 새롭게 모방했다. 권렴卷廉, 위묵闈墨(청대에 과거에 합격한 사람의 답안 중에서 선별하여 펴낸 모범적인 문장-역자주)에 사용된다. 연사連四, 공단公單은 모두 일상적으로 사용된다. 모두 호북충, 자갱, 송촌, 소령 등지에서 나온다"고 기록되어 있다. 이 문장은 청나라 순치제에서 건륭제 시대에 일반적으로 선지를 내무부內務府에서 구매하고 포정사가 운송했다는 것을 보여준다. 당시 지급된 은 삼만 냥의 가치를 당시 물가로 환산하면, 적어도 100톤 이상의 선지를 구매할 수 있었다. 이런 양은 당시 선지 생산이 매우 높은 수준에 이르렀음을 나타낸다.

선지宣紙 생산의 성수기가 되면, 시냇가마다 물레로 움직이는 거대한 나무망치가 종이물을 두드리는 소리가 고요한 시골에 울려 퍼졌다.

청 초기 시인 조정휘趙廷輝는 당시의 정경을 시로 묘사했다:

산중 사람들 무엇이 그리 바쁜가
분주히 돌 나르며 새 담장 쌓는구나
시냇가 종이방아 쉴 새 없이 돌아가니
방아 찧는 소리 한 자락, 석양을 흔드네

강희제 때 진사를 지낸 저재문儲在文은 경현涇縣을 여행하며, 『나문지라문지紙罗纹纸』에 대한 찬사를 담은 시를 지었다.

산은 높고 우거져 아름답고, 물은 굽이치며 맑게 흐른다.
하늘을 뒤덮는 울창한 숲 속,
동부銅釜(고대에 종이를 만드는데 사용한 도구-역자주)는 맑은 구름으로 이어진다.
땅을 울리는 방아 소리가 선조宣曹 마을에 울려 퍼진다.
정교하게 골라놓은 것들이 폭포처럼 층을 이루고,
삼삼오오 모여있는 외딴 마을들이 마치 시장 같구나.……
단풍 웅덩이를 지나 서쪽으로 가면, 소령의 맑고 청정함에 감탄하고,
마독하를 건너 동쪽으로 오면,
사람들은 길에서 조계에서 만든 종이의 정교함에 대해 이야기한다.
스스로 위대한 뜻을 품고, 세심히 원료를 선택하고,
독특한 기술과 뛰어난 품질을 추구하니,
파사波斯(페르시아-역자주)가 제지기술을 배우고자 한다.……

지금의 경현에는 소령 조씨 선지 외에도 대표적인 선지 제조회사인 중국 선지 주식회사, 왕육길汪六吉, 왕동화汪同和, 금성金星, 이원李園, 천년고선千年古宣 등 많은 브랜드가 있다. 많은 선지 작업장들이 여전히 옛날처럼 곳곳에 자리잡고 있다. 경현에서 많은 사람들의 이야기 주제는 선지와 관련이 있다. 그 전통 작업장들 중 많은 곳이 여전히 고대 방식으로 선지를 만들고 있다. 그곳을 방문할 때면 때로 작업장 안 어두운 빛 속에서 일하는 사람들의 모습을 보며, 고대인들이 일하는 듯한 착각을 불러일으킨다. 실로 수천 년 동안 선지의 비법은 이 평범한 사람들을 통해 전해졌으며, 경현에서 살고 있는 사람이라면 대개 종이

를 만드는 법, 종이의 특성, 필묵연筆墨硯 그리고 서화의 기술에 대해 알고 있다. 이는 당연한 일이다. 복잡한 제지 방법이나 과정, 서화와 관련된 기술 모든 것들이 많은 사람들의 생계를 위한 기술로, 피 속에 녹아있는 문화 전통으로, 시간이 침식할 수 없는 유전적 계승으로 이어지고 있다.

경현涇縣에서는 어디에서나 선지宣紙와 관련된 것들을 볼 수 있다. 소홍蘇紅의 한 농가체험식당에서 식사를 하는데, 옆쪽의 마당에는 청단나무 숲이 크게 자라고 있었다. 종이 제작에 대한 이야기가 나오자 주인장이 할 말이 많았다. 그는 선조들로부터 이곳 사람들이 모두 종이를 만들 줄 알았으며, 장강변의 무한武漢, 무호蕪湖, 남경南京, 상해上海 등지에 선지점포를 열었다는 말을 들었다고 했다. 여기에 '종이 공장'이라 불리는 작은 마을이 있었는데, 아마도 제지의 고향이었을 것이다. 하지만 마을 사람들이 모두 이주해 갔고, 작은 마을도 사라졌다고 한다. 주인장은 또한 선지 공장이 청단에 대한 수요가 많아서 집집마다 청단나무를 심고, 매년 백로白露 이후에 청단의 열매를 따서 말렸다고 했다. 주인장의 설명에 의하면, 이듬해 경칩에 땅에 뿌리면 청묘青苗가 자라는데 청묘가 두세 해 자라면 가지를 베어 껍질을 벗길 수 있다. 겨울이 되면 크고 작은 선지 공장들이 와서 수확하고, 집집마다 베어낸 청단나무 가지를 선지 공장에 팔았다.

중국 선지 주식회사가 위치한 곳에 선지 박물관이 있는데, 이곳에서 초기 선지 수공 제작과정을 모두 볼 수 있다. 종이를 뜨는 작업장에서, 작업자가 막 떠낸 선지를 깔끔하게 차곡차곡 쌓는 모습이 정갈하고 문학적인 분위기를 자아낸다. 건조 작업장에서는 작업자들이 쌓인 선지를 하나하나 떼어내 벽난로에 붙여 말린다. 나는 얼굴을 가까이

대고 선지를 자세히 들여다보며, 그 내부의 무늬를 세심하게 살폈다. 그것은 뚜렷한 소용돌이 무늬로, 말끔히 감긴 실패나 방금 딴 면화송이처럼 보였다. 그것은 구워진 듯 따뜻한 느낌을 주었고 채 가시지 않은 시큼한 냄새가 났다. 나는 참을 수 없어 그것을 귀에 갖다 대고 손가락으로 톡톡 쳐보았다. 바람이 스치고, 물이 흐르고, 나뭇잎이 달빛 아래에서 흔들리는 것처럼 '솨솨' 소리가 났다. 그것은 익숙하면서도 낯설고, 오래되었지만 젊으며, 가볍지만 묵직했다. 더 나아가 하소연 같기도 하고 계시啓示 같기도 했다. 그 순간, 나는 갑자기 심장이 뛰며, 선지는 생명이 있고, 의식이 있으며, 환생할 수 있다는 생각이 들었다. 단지 첫 번째 생명만이 아니라 두 번째, 심지어 세 번째 생명도 가질 수 있다. 선지에게 생명은 영생불멸이다. 자연 속의 모든 정령들이 그러하다. 나비가 번데기가 되고, 번데기가 나비가 되며, 씨앗이 땅에 떨어져 새로운 꽃을 피우고, 꽃이 지고 새로운 씨앗을 맺는다. 차잎은 따여져 죽지만 끓는 물에서 다시 펼쳐진다. 나무는 잘려 나간 가지에서 새로운 생명을 틔운다……잡초는 태워도 다시 자라며, 봄바람이 불면 다시 푸르러진다. 인간에 비하면 풀과 나비는 연약하지만 대개 영원한 생명을 가지고 있다. 달과 태양처럼 아침에 오고 저녁에 가며, 결코 죽지 않는다.

구자키 준이치로는 『그늘에 대하여』에서 종이에 대한 깊은 애정을 이렇게 적었다. "당지唐紙와 와지和紙(일본의 전통 종이-역자주)의 촉감을 보면 항상 따뜻하고 친근한 느낌이 들고, 마음이 안정되고 평화로워진다. 서양지는 반사적인 표면을 가졌지만, 봉지奉紙와 당지는 부드러운 눈처럼 햇빛을 흡수하며, 손에 닿는 감촉이 부드럽고 소리 없이 접힌다. 우리가 나무의 연한 잎을 만질 때 느끼는 촉촉함과 온기같다. 하지만 번쩍거리는 물건을 보면 마음이 편치 않다."

선지는 구자키가 그의 책에서 언급한 당지, 와지와 같은 질감을 가지고 있지만, 더욱 순백하고 가볍다. 그것은 자연스럽고 소박하다. 초기 봄의 연한 잎처럼 아름답다. 따뜻하되, 비취처럼 투명하고 통찰력이 있다. 그것은 항상 소박하고 우아하며, 금속처럼 차가운 광택을 발산하지 않는다. 그것은 불멸의 영혼을 지니고 있으며, 시간에 맞서는 품성을 지니고 있다. 평범하면서도 신성하며, 멀면서도 가까우며, 가벼우면서도 무겁다. 그것은 자연이며, 미이며, 영원이다.

05

선지宣紙의 철학적 정신

15. '천인합일'

중국에서 제지술이 왜 등장했을까? 그 후, 왜 서화와 더할 나위 없이 어울리는 선지가 생겨났을까? 여러 다양한 설이 분분하다. 직접적인 기술적 원인과 간접적인 사회적 원인 외에, 문화 전통과 철학적 인식 차원의 원인도 있을 것이다. 세상 모든 것은 원인이 있어야 결과가 있고, 결과가 있다면 반드시 원인이 있다. 고대 중국인들은 만물이 영혼을 가진다는 생각에서 출발하여, 최고의 경지인 '천인합일'을 추구했다. '천인합일' 사상의 기원은 중국 농경 사회가 정밀한 농법으로 발전하려는 자각에서 비롯되었다. 농경사회는 천지자연에 의존하여 생계를 꾸려나가야 했기에, 천지 자연, 바람, 비, 천둥, 번개, 강, 호수, 나무, 돌도 숭상했다. 공경의 기반 위에서 중국인은 항상 천지와 소통하며, 자연을 이해하고 자연을 활용하며, 자연을 묘사하고 자연을 모방하려고 했다. 중국 전통 관념에서 인류는 천지 만물의 일부로, 인간과 자연은 밀접하게 연결되어 있다. 천지 자연과의 소통을 위해 노력하고, 자연의 변화 법칙을 이해하는 것은 지극히 높은 생존의 경지였다.

경계境界란 사실 마음의 빛으로, 인간의 인식 향상에서 나오는 광채이다. 사람들로 하여금 각종 소외 상태에서 벗어나 본연으로 돌아가게 하며, 인생의 길을 더욱 명확하게 해준다.

'천인합일天人合一' 사상은 맨 먼저 『주역周易』에서 제시되었다. '대인大人이란 천지와 덕을 함께한다……'라는 것은 큰 덕과 지혜를 가진 사람은 반드시 자연의 법칙을 따른다는 의미이다. 『주역』이 주나라 시대의 저작으로 알려져 있는데, 이는 중국 농경사회 초기부터 이미 '천인합일'에 대한 염원이 있었음을 시사한다. 노자와 장자도 천지인의 덕에 대해 통찰력 있는 논평을 남겼다. '천인합일' 개념을 명확히 제시한 것은 한나라의 동중서董仲舒였다. 동중서는 『춘추번로春秋繁露·음양의陰陽義』에서 "천天 역시 기쁨과 분노의 기운, 슬픔과 즐거움의 마음이 있어 인人과 같다. 종류가 같으니 천인은 하나다"라고 말했다. 동중서는 체계적인 이론을 통해 천의天意를 관찰하고 해석할 수 있다고 논증했다. 천이 기뻐하면 봄이 되고, 천이 즐거워하면 여름이 된다. 가을은 천의 근심이고, 겨울은 천의 슬픔이다. 동중서는 인간과 하늘이 동류同類이며, 천, 지, 인, 만물은 하나라고 생각했다. 중국 전통 주류 사상인 유가儒家 학설은 천도를 따른다. 천에는 '삼재三才'가 있다. 천, 지, 인에는 군위신강君爲臣綱, 부위자강父爲子綱, 부위처강夫爲妻綱 '삼강三綱'이 있다. 천에는 금, 목, 수, 화, 토 '오행五行'이 있다. '오상五常'에는 인, 의, 예, 지, 신이 있다. 인은 측은지심惻隱之心, 의는 수오지심修悟之心, 예는 공경지심恭敬之心, 지는 시비지심是非之心, 신은 각수지심恪守之心이다. 동중서가 제시한 '천인합일' 이론은 천에 따르고 천과 합치되며, 천의 '도道'로 인의 '도'를 설명하려고 했다.

'천인합일天人合一' 이론은 한漢 이전부터 제창되었고, 동중서董仲舒의 학문은 이를 발전켰으며, 이학理學은 그것을 체계화하고 목표를 제시했다. 이학은 당나라 시대의 불교 흥성, 도교의 변화, 유학의 상실이라는 배경 하에서 유학자들이 '천인합일'을 목표로, 전통 유학의 도덕과 인仁의 체계를 돌파하려는 시도였다. 불교의 방식을 받아들여 천지를 연결하려는 형이상학적 확장이었다. 이학은 불교와 도교의 이론을 융합하여 더욱 철학적이고 논리적인 이론체계를 갖추었을 뿐만 아니라 어느 정도 종교적 추구를 수용함으로써 기존에 도덕과 윤리만을 추구하던 전통적인 유교와는 달랐다. 이학은 평온, 사색과 관찰을 중시하고, 내향적이면서도 외향적이며, 철학적이면서도 건설적이다. 이학이 세계를 바라보는 시각은 더욱 이성적이고 세밀하며, 더욱 미묘하고 깊다. 인식론적 관점에서 볼 때, 이학은 뚜렷한 발전을 보였지만, 객관적 사실을 설명하고 표현하는 데에는 상당히 주관적이고 난해하며, 말하고자 하는 요지를 적절히 드러내지 못했다. 인류의 언어 체계는 항상 이러하다. 형이상학적 문제나 인류의 근본적이고 첨예한 문제에 관련되면, 표현상의 단점과 한계가 불가피하게 발생한다. 전반적으로 볼 때, 이학은 '천인합일'을 숭상하고, 그것을 인류 추구의 최고 목표로 여겼다.

이학 이후, 중국 문화는 '천인합일'을 궁극적으로 추구해야 할 목표로 확립했다. 중국 문화에서 볼 때, 인간은 자연에서 비롯되었고 자연의 일부이며 결국 자연으로 돌아가야 한다. '천인합일'은 인간이 자연의 법칙에 순응하는 것이자, 천도天道에 순응하는 것이다. '천인합일'은 중국문화의 최고 법칙으로서, 중국인들이 정신적으로 추구해온 영원한 이상향이었다.

중국문화의 '천인합일' 정신에는 '원환圓環'과 '화합和合'의 개념이 내재되어 있다. 이는 중국인의 시공관과 일맥상통한다. 중국 문화 전통의 '삼관三觀', 즉 우주관, 세계관, 인생관은 모두 순환적이다. 중국인들은 천원지방天圓地方, 즉 하늘은 둥글고 땅은 모나다고 여겼다. 외적으로는 원이지만, 내재적 특성은 실제로 순환적이다. 중국의 음양오행 문화에서 음양은 순환하며, 시작이 곧 끝이며, 끝이 곧 시작이다. 목생화木生火, 화생토火生土, 토생금土生金, 금생수金生水, 수생목水生木, 목극토木克土, 토극수土克水, 수극화水克火, 화극금火克金, 금극목金克木 등 '종시終始'는 멈추지 않는다. 태극팔괘도에서 볼 수 있듯이 한 물고기가 다른 물고기를 쫓아 세상을 이끌고, 끊임없이 생생하게 순환한다. 중국인의 역사관도 순환적이며, '분구필합分久必合, 합구필분合久必分(오랫동안 나뉘어 있으면 반드시 다시 합치고, 오랫동안 합쳐져 있으면 반드시 갈라진다는 의미-역자주)'은 순환을 의미한다.

중국인의 시간 개념도 순환적이며, 60년을 한 갑자甲子로 삼아 순환하며 하나의 선처럼 끊이지 않는다. 중국인은 미래를 바라볼 때 앞이 아닌 뒤를 돌아본다. 과거사가 곧 미래사인 것이다. 공자가 '삼대三代'를 숭상한 것은 산이 돌고 물이 돌고, 일월건곤日月乾坤이 돌듯이, 그는 과거의 '삼대'가 미래에 다시 부흥할 것이라고 굳게 믿었다. 이 때문에 공자는 이렇게 탄식했다. "세월이 이와 같으니, 낮과 밤이 쉬지 않는다."

중국철학은 전체적으로 생명철학으로 볼 수 있으며, 생명을 우주의 최고 실재로 간주한다. 생명은 일종의 정신이며, 만물은 모두 영혼을 가지고 있다. 천지 자연 속의 모든 것은 생명을 가지고 있으며, 생명의 활력을 지닌다. 중국의 예술 정신도 마찬가지로, 생명을 본체로 하고 최고의 진리로 여기는 정신이다. 중국 예술은 자연의 정신을 최고의 기준으로 삼고, 천, 지, 인의 합일을 추구하며 의식적으로 모방한다. 산천하천, 산수전원, 화목어충, 풍우안설은 중국 예술의 영원한 주제이자 외적 표현이며, 항상 영성과 영지적인 감각을 추구한다.

중국 문화의 '삼관三觀'이 이러하므로, 예술관에도 큰 영향을 미칠 수밖에 없다. 중국 철학을 이해하지 못하면 중국 예술을 이해할 수 없다. 전통 문인화는 거시적으로 보면 '천인합일'의 구현체이며, 중국인의 천지만물에 대한 사고와 감응, 즉 생명의 깨달음이다. 문인화는 처음부터 이利가 아닌, 강한 이상주의적 색채를 띠고 인문학적 배려의 의미를 담고 있다. 회화란 곧 구도求道이며, 도의 지혜로써 자신의 생존상태를 돌아보는 것이다. 중국인에게 그림 그리기는 기교의 바다로 들어가는 것뿐만 아니라, 망망한 천지로부터 위안을 얻는 것이기도 하다.

중국회화의 전체적인 미감을 '기운氣韻'이라는 말로 개괄할 수 있다. 기운에 대한 개념은 육조六朝 이후 서서히 형성되었으며, 이는 강남江南의 수려한 풍경과 안개 자욱한 자연 환경이 예술에 대한 관조와 영감을 주었기 때문이다. 문인화는 능숙한 기예뿐만 아니라 강한 정신력, 사유성과 철학성을 갖춤으로써, 낙감문화樂感文化(현실세계에 발을 딛고, 긍정적이고 낙천적인 생활태도, 인간관계 그리고 정서적 체험을 통한 인간성의 완성을 이룬다는 철학개념-역자주)를 충분히 표현해야 하며, 세속과 평범함에 대한 반항, 초월, 도전 등을 요구한다. 이러한 힘은 신비로움, 강력한 의지력과 정신력을 지니고 있는데, 이는 인간 자체뿐만 아니라 천지의 도에서 비롯된, 천天, 지地, 인人의 '삼위일체'의 산물이다. 그렇기 때문에 문인화는 단순한 기교나 화파가 아니라, 예술이자 인격이며, 천지의 은혜와 의도이다. 뛰어난 문인화는 필묵, 산곡, 기상을 하나로 융합하여, 산수 자연의 기운뿐만 아니라 풍부하고 창매한 생명의 기운을 담고 있어서 인격의 완성과 생명의 이상 및 낭만을 엿볼 수 있다. 중국화는 화가가 그린 한 획 한 획에서 그 기량과 심성, 풍격과 경계, 생명의 기운을 볼 수 있다. 뛰어난 중국 화가는 반드시 광원한 '삼관三觀'에 대한 깨달음과 자각 능력을 가지고 있다.

종이의 출현은 인간의 '격물치지格物致知'의 산물이자 천지의 정신이 부여한 것이며, 이는 중국 문화의 철학적 정신과도 깊은 관련이 있다. 선인들이 종이를 만들 때 광대하고 신비한 천지의 순환에 근거를 두었는데, 이는 천지의 혼연한 기운과 인간과 천지의 호연한 대립을 전달하고자 한 것이다. 선인들이 종이를 만든 것은 단순히 일상을 기록하고 쓰는 것이 아니라, 천지의 정신과의 교류를 추구한 것이다. 종이는 천지의 영기에서 비롯된 자연 속 식물이 만든 것으로, 천조지설天造地設(자연스럽고 이상적이라는 의미-역자주)의 성분을 가지고 있다. 환남皖南의 산천은 고요하고 평온하여, 그 속에 심오한 아름다움과 철학을 품고 있었다. 선지宣紙를 만드는 청단靑檀은 산천 깊숙한 곳에서 자라나며, 천지의 부드러운 기운, 일월의 빛, 숭강崇江의 바람과 구름의 감로를 받아 탄생한 천조지설의 산물이다. 청단의 지극히 유연하고 독특한 성질, 이것은 '도道'이자 '리理'이다. 이렇게 깊숙한 곳에 내재된 사명이 바로 선지가 탄생한 이유이다. 만물이 생장하는 것은 모두 '도'가 있기 때문이며, 만물이 나타나는 것도 모두 '리'가 있기 때문이다. 이러한 종이에 글을 쓰고 그림을 그릴 때, 어찌 예술의 영성과 생명을 지니지 않겠는가?

선지宣紙는 단지 아름다움만이 아닌 철학이며, 시적 감성과 낭만을 지녔다. 당나라 사공도司空圖의 『이십사시품二十四詩品』은 시의 다양한 특성을 논한 책인데, 이 책에서 논한 웅혼雄渾, 충담沖淡, 섬농纖穠, 침착, 고고高古, 전아典雅, 세련, 경건勁健, 기려綺麗, 자연, 함축含蓄, 호방豪放, 정신, 진밀縝密, 소야疏野, 청기淸奇, 위곡委曲, 실경實境, 비개悲慨, 형용形容, 초예超詣, 표일飄逸, 광달曠達, 유동流動 등 스물네 가지 특성은 천지의 특징이자 중국 예술의 정신이다. 선지는 마치 시처럼, 천지가 지닌 어떠한 특성과 정신을 고스란히 지녔다. 『이십사시품』에서 '섬농纖濃'을 이렇게 논했다. "졸졸 흐르는 물, 끝없이 펼쳐진 봄. 한적한 깊은 골짜기, 때때로 미인을 보네. 만개한 봉숭아꽃, 물가 풍경에 마음이 이끌리고, 굽이진 버드나무 그늘, 지저귀는 종달새가 이웃 같구나. 깊이 탐구하면 할수록, 인식은 진실되니, 걸음을 멈추지 않으면, 고대의 역작들처럼 새로워지리." 이런 유원하고 정취 있는 '섬농'이 선지의 특성이다. 이렇듯 함축적인 선지를 '천인합일' 한 마디로는 그 내재정신과 광박함 그리고 유미함을 다 표현하기에 부족하다. 좋은 것들은 모두 신비로운 특질을 지니게 마련이다, 전혀 다른 것들을 하나로 융합시키고, 모순을 조화롭게 하며, 극단적인 특성을 섞어 놓는다. 선지가 바로 그렇다. 선지의 존재는 '예술 철학'에 대한 최고의 해석이며, 프랑스의 철학자이자 비평가 이폴리트 텐이 말한 것처럼 예술의 본질은 사실 자연을 모방하는 것이다.

정말 그렇다. 선지는 자연이 예술에게 준 가장 좋은 응답으로 볼 수 있다. 그 자체로 자연, 방대함, 시적 감성, 혜안을 지니며, 우아함, 정확함, 직관, 가벼움도 갖추고 있다. 또한 가벼운 바람과 구름 같은 춤, 신묘한 창조, 만류상천萬類霜天(만물이 번성하다는 의미-역자주)의 자유도 있다.

선지는 또한 신묘하다. 부드러운 붓이 먹물을 머금고 빙기옥골氷肌玉骨(맑고 청초한 미인이나 매화를 비유적으로 이르는 말-역자주) 같은 선지에 닿을 때, 그 순간의 침착함, 민감함, 세심함, 여유로움은 마치 씨를 뿌리고 경작하는 것처럼, 신의 인도처럼 본질적으로 해방을 맞이한다. 인간으로 하여금 어느 새 어둠 속에서 마음을 가다듬고 그 맛을 음미하게 만든다. 붓과 먹이 대지를 그릴 때 선지는 하늘이 되고, 산맥을 이룰 때 선지는 구름이 되며, 숲을 연출할 때 선지는 안개가 되고, 제방을 표현할 때 선지는 불현듯 강물이 된다…… 선지 위에서 붓글씨는 가지에 만발한 꽃, 충만한 봄기운, 돌멩이 깔린 길, 자연스러운 연결, 노인을 부축하고 아이의 손을 잡고 가는 기쁨과 웃음이 된다…… 특히 초서草書를 쓸 때 생각과 자아를 내려놓고 하늘을 나는 듯 한 자유로움을 느낀다. 수천 년 동안 중국인들이 서화를 끊임없이 추구해온 이유는 무엇일까? 가장 근본적인 이유는 사람이 '문방사보文房四寶'와 연결되는 과정에서 형태를 느끼는 것뿐만 아니라 의미를, 심지어 상象을 느낄 수 있기 때문이다. '천인합일'은 몸·마음·영혼의 삼위일체三位一體이기도 하다. 누군가가 붓을 들고 책상 위에 선지를 펼칠 때, 글을 쓰거나 그림을 그리는 것이라기보다는 연결되고 융화되는 것이다. 가까운 친구와 함께 술을 마시고 깊은 대화를 나누는 것처럼, 심지어 '선정禪定(참선參禪하여 삼매경에 이르는 것-역자주)'에 들어간 것처럼, 하늘의 해와 달이 밝게 빛나고 하늘의 문이 열리는 것처럼 천지의 자연 정신이 서화 속에 스며들어, 만물이 소생하는 기운을 드러낸다.

16. 온윤하고 정결하다

예술은 마치 꿈결과도 같고 이념은 소명과 같다. 꿈 속에 소명이 있다면 그 속에는 잠재력, 동력, 기회도 있다. '천인합일天人合一'의 철학적 사고뿐만 아니라, 중국의 옥 문화 전통은 중국 사회 여러 분야의 발전에도 보이지 않는 영향과 추진력을 가져다 주었다. 중국이 발명한 비단에 옥성玉性이 있고, 도자기에 옥성이 있으며, 종이 특히 선지에도 옥성이 깃들어 있다. 이러한 물건들은 모두 온화하고 매끄러우며, 정갈하고 우아한 특징을 지니고 있다. 이들이 중국에서 탄생한 것은 우연이 아니라 필연으로, 심미의 추구, 무형의 공감과 연결 그리고 잠재적인 희망이자 추구였다.

문화 발달의 초창기에 인류는 자신의 직관에 크게 의존했다. 천지의 미물美物이라 할 수 있는 옥은 중국 문화에 자양분을 공급했다. 아름다운 옥은 돌이지만 조금도 생경하지 않고, 고기의 지방질처럼 친근하다. 옥은 빛을 발하지만 눈부시지 않고 즐거움을 준다. 옥에는 영적 속성이 있어, 온화함, 원만함, 지혜를 연상시킨다. 중국인은 옥과 피부를 맞닿는 접촉 속에서 빛나는 공감각을 느끼며, 옥의 질감과 온도로부터 도道의 존재를 인식했다. 옥은 부드럽고 유순함 속에 강한 힘이 숨어 있고, 강인함 속에 날카로움과 예리한 특성이 있다. 인간은 옥에 대한 감각을 인간화, 신성화함으로써 일련의 관련 문화를 형성했다.

옥은 깨우침을 준다. 중국 초기 정치는 '예악정치禮樂政治'라 불렸는데 옥의 광채와 이상적인 요소가 그 속에 내재되어 있다. 중국인은 옥을 신권, 정권, 군권의 상징으로 삼아 원시 국가의 형태를 확립하고 예악정치의 전체적인 형태도 결정했다. 군자 문화와 옥은 공감대를 이루며 옥으로부터 많은 영감을 받았다. 공자와 동시대를 살았던 관중은 옥에 '구덕九德'이 있다고 했고, 『예기禮記』는 공자의 말을 전하며 옥에는 인仁, 지知, 의義, 예禮, 충忠, 신信, 천天, 지地, 덕德, 도道 '십일덕十一德'이 있다고 했다. "옥은 온화하고 상냥하니 이는 인仁이며, 세밀하고 견실하니 이는 지知이며, 청렴하나 날카롭지 않으니 이는 의義이며, 자연스럽게 늘어지고 가지런하니 이는 예禮이며, 두드리면 소리가 맑고 은은하며 오래 지속되다가 뚝 그치니 이는 악樂이며, 흠이 미덕을 가리지 않고 미덕이 흠을 가리지 않으니 이는 충忠이며, 표면의 질감과 내부의 광택이 일체가 되어 겉과 속이 같으니 이는 신信이며, 기운이 하늘을 관통하듯 웅장하니 이는 천天이며, 정기가 산천에 나타나니 이는 지地이며, 규와 장이 탁월하니 이는 덕德이며, 천하에 귀하니 이는 도

道이다. 시에 이르기를, '그대를 생각하니 따사로움이 옥과 같도다'라고 하였다. 그러므로 군자가 이를 귀하게 여겼다. 이렇듯 공감각적 의미를 담은 설명은 '군자와 같은 옥'에 대한 최상의 해석이다.

동한東漢 허신許慎의 『설문해자說文解字』에서는 옥을 '오덕五德'으로 요약했다. '온화하고 광택이 흐르니 인仁의 방편이고, 이치가 밖에서부터 드러나 안을 알 수 있으니 의義의 방편이며, 그 소리가 부드럽고 멀리 퍼지니 지智의 방편이고, 부러질 지언정 굽히지 않으니 용勇의 방편이며, 날카로우나 사납지 않으니 결潔의 방편이다.' '오덕'은 후세에 인, 의, 예, 지, 신으로 간결해졌다. 자연 속성과 도덕이 완벽하게 융합된 옥을 사람에 비유하고 의미를 부여함으로써 중국인의 행동과 인성을 규범하는 지침의 역할을 했다.

옥은 자연적으로 생성되어 내부에서 외부로 스며드는 색택色澤을 가지고 있는데, 이를 일러 '윤潤'이라 한다. 옥의 색과 광택은 다이아몬드의 그것과는 다르다. 다이아몬드의 빛은 화려하고 눈부시지만, 옥은 자연스럽고 고요하며 눈을 즐겁게 한다. 중국의 사대부들은 이러한 내외부로부터 비롯된 색과 광택을 무엇보다 좋아했으며 군자는 이와 같은 내면의 수양을 가져야 한다고 여겼다. 군자의 덕목 중 가장 중요한 것은 '온윤溫潤'이다. 옥의 특성이 군자의 특성이다.

중국 문화는 '옥성玉性'을 숭상했다. '옥'과 관련된 모든 것을 세련되고 지혜로운 것으로 여겼는데, 가녀린 미인은 옥녀玉女로, 호탕한 남자는 옥랑玉郎으로, 재능 있는 남녀는 한 쌍의 벽인璧人으로 불렀다. '옥용玉容', '옥면玉面', '옥모玉貌', '옥수玉手', '옥체玉體', '옥견玉肩', '정정옥립亭亭玉立', '옥수림풍玉樹臨風' 같은 좋은 의미를 담은 말들도 있다. 고대 중국어에는 '옥인玉人'이라는 표현이 있었는데 특히 좋은 것을 비유하는 말이었다. 단지 외모가 아닌 내면의 윤기와 아름다움을 의미했다. 진정으로 아름다운 사람은 아름다울 뿐만 아니라 기품과 기운이 있으며, 옥처럼 내부에서부터 빛을 발산한다. 예쁜 것은 때로 생김새가 어떤지 잘 알 수 없을 때가 있지만, 아름다운 것은 잘 이해하지는 못해도 마음을 끄는 매력이 있다.

중국 문화에서는 사람만 옥기玉氣를 취하는 것이 아니라 신선도 옥기를 취한다. 천상의 황제는 옥황대제玉皇大帝라 하며, 천상의 궁전을 옥허선경玉虛仙境, 경루옥우瓊樓玉宇라고 부른다. 아름다운 명소는 모두 '옥'자와 뗄 수 없다. 맑은 달 속에 비치는 검은 그림자를 본 고인古人들은 약 방아 찧는 토끼 이야기를 상상했다. 이 토끼는 일반 토끼가 아니라 옥토끼다. 옥토끼는 어떤 모습일까? 상상하기 어렵지만, 분명 지상의 토끼보다 맑고 투명하고 아름다울 것이다.

옥은 부유함, 장엄함, 청결함을 상징하며, 약간의 신비함도 가지고 있다. 옥은 권력과 평화의 상징이기도 하다. '금과옥률金科玉律'은 변하지 않는 법률을, '화간과위옥백化干戈爲玉帛'은 전쟁에서 평화로의 전환을 의미한다. 옥은 또한 정조와 절의를 비유하기도 한다. 순백하고 소박한 꽃은 종종 '옥玉'자가 들어가는데 예를 들어 백옥란白玉蘭, 옥명화玉茗花(백산차) 등이 있다. 스스로를 소중히 여기는 사람을 옥에 비유하여, '수신여옥守身如玉'이라고 한다.

중국 문화는 '옥성'을 가지고 있으며, '옥성'과 일치하는 모든 것을 좋아한다. 도자기는 '토중지옥土中之玉', 비단은 '의중지옥衣中之玉', 벼루는 '석중지옥石中之玉'이다. 화려한 당삼채에 비해 송의 자기는 내면의 절제와 함축을 중시하며, 질감의 변화를 중요하게 여긴다. 일종의 불확실한 의미가 있다. 예를 들어 가요哥窯는 불 온도가 너무 높아 유약이 갈라지는 현상으로 인해 생긴다. 송인들은 갈라진 무늬가 더 아름답다는 것을 발견하고, 다양한 불 온도를 사용하여 다양한 아름다운 갈라진 무늬를 만들어 냈다.

송대의 자기는 상고 시대의 정신에 대한 추모이다. 상고 시대의 정신이란 무엇인가? 옥 문화와 청동 문화이다. 송대의 많은 도자기들은 고대 청동기나 옥기의 형태를 모방했다. 예를 들어 관이병貫耳瓶, 종식병琮式瓶 등이 있으며, 유색은 옥기의 청백 질감을 추구하여 도자기가 가능한 한 '옥성'을 띠도록 만들었다.

송사宋詞는 송의 도자기와 같이 송나라 문화의 '집대성'으로 옥 문화의 여러 특징을 다분히 담고 있다. 예를 들어 평범하면서 함축적이고, 소박하면서 간결하며, 지극히 우아한 스타일과 기품이 있다.

뛰어난 시사詩詞와 문장은 '필묵지옥筆墨之玉'이라고 할 수 있다. 시사도 그렇고 문장도 그렇다. 선진先秦 산문은 옥처럼 소박하고 본연의 것을 중시하며 흠결을 숨기지 않고 천연 그대로의 모습을 보여준다. 한나라의 부賦는 운문과 산문이 정교하게 교차하며 기교와 음성에 중점을 두었는데, 마치 정교한 옥고리와 같다. 위진魏晉 시대의 문장은 청량하고 탈세속적며, 이는 마치 기품 있는 옥패와 같다. 당송唐宋 대가들의 문장은 질박하면서도 기세가 넘쳐 마치 고고한 옥과 같다. 명대의 소품은 정감과 정취에 중점을 두었으며, 감상용 소품처럼 미묘하다. 팔고문(명·청 과거 시험에 쓰였던 문체의 하나)은 틀에 박혀 있고 '옥성'이 결여되어 마치 돌처럼 딱딱하다.

중국에는 '금수문장錦繡文章'이라는 말이 있는데, 이는 글이 비단처럼 화려하다는 뜻이다. 비단의 속성은 사실 고대의 옥 문화와도 잘 어울린다. 글을 옥에 비유하고, 비단에 비유하는 것은 그 의미를 느낌으로 알 뿐 말로 설명하기 어렵기 때문이다. 중요한 것은 공감이다. 통감通感이 좋으면 명확히 말하지 않아도 알 듯하고 통감이 좋지 않으면 명확히 말해도 도리어 통하지 않는다. 문학가 고수顧隨는 이렇게 말했다. "중국의 문학, 예술, 도덕, 철학에 있어 최고의 경지는 모두 옥윤주원玉潤珠圓(옥처럼 윤기가 흐르고 구슬처럼 둥글다는 뜻-역자주)이다." 이렇게 본 기준은 공감각이며, '옥성'이 하늘의 도를 드러낸다고 본 것이다. 좋은 것에는 모두 '옥성'이 있다.

군자는 옥과 같다는 말은 나중에 매화, 난초, 대나무, 국화로 확장되었는데, 이를 '사군자四君子'라고 한다. 소나무와 측백나무는 매화, 난초, 대나무, 국화보다 더 높아 '성인'에 비견된다. 중국인들이 매화, 난초, 대나무, 국화를 사랑하는 것은 품격과 도덕적 기준에 중점을 두기 때문이다. 러시아인이 백화白樺(자작나무)를 사랑하고, 일본인이 앵화櫻花를 사랑하고, 인도인이 보리수를 사랑하고, 멕시코인이 선인장을 사랑하는 것과 비교하면, 중국의 '사군자'는 더욱 시적이고 예술적인 요소가 있다.

중국 전국시대의 굴원屈原은 '군자여옥君子如玉'의 전형적인 예이다. 굴원에게는 옥의 특징이 있다. 온윤하고, 정결하며, 문예적이고, 시적이다. 또한 귀족적인 사대부 정신이 있어, 차라리 온전한 기와장이 되느니 옥의 파편이 되고자 했다. 목숨을 희생하더라도 결코 타협하지 않았다. 굴원과 같은 기질을 가진 인물로는 초한楚漢이 패권을 두고 대립하던 시대의 항우項羽가 있다. 항우가 강동을 건너지 않은 것도 타협해 치욕을 견디느니, 차라리 당당하게 죽음을 맞이하겠다는 정신이었다. 이렇게 타협하지 않는 정신이 전형적인 군자의 정신이자, 옥의 정신이다.

문인화나 선지宣紙나 모두 '옥성玉性'을 지닌다.『태고유음太古遺音』에서 고금古琴의 발음에 관해 논하며 기奇, 고古, 투透, 정靜, 윤潤, 원圓, 청淸, 균均, 방芳 '구덕九德'을 언급했다. 사실 선지 역시 '구덕'을 가지고 있으며, 비슷한 특성을 지닌다. 청단피靑檀皮를 원료로 만든 고급 서화지인 선지는 송원宋元 시기에 탄생했다. 그 생성은 강남江南 문화의 내재적 정신과 관련이 있다. 강남은 오초吳楚 문화의 근원지로, 신석기 문화를 기반으로 화려하고 온윤하며, 심오하고 정결한 '옥성'의 특징을 지니고 있다. 양저良渚, 룽가탄凌家灘 등지의 옥은 마치 동방의 새벽 빛처럼 인류 초기의 빛을 발산한다. 선지는 종이 중의 '옥'이며, 종이의 '군자'로서 군자성을 지니고 있다. 대략적으로 말하자면, 최소한 화和, 정靜, 청淸, 원遠, 고古, 담淡, 천恬, 일逸, 아雅, 려麗, 청淸, 윤潤, 원圓, 세細 등의 내재적이고 지성적인 특성을 가진다. 문인화는 역사적 근원과 문화 전통 그리고 옛 정취와 품격을 담고 있다. 그것은 그림 속 '옥'이자, 그림 속 '군자'이다. 문인화는 선지의 탄생을 도왔고, 선지는 문인화의 발전을 촉진했다. 문인화와 선지는 진주가 한 줄에 꿰이고 두 개의 검이 만난 격이다.

중국의 서화는 항상 품격과 경계와 같은 군자적 요구뿐만 아니라 그림과 인격의 통일성을 요구한다. 사람이 그림을 그릴 때, 먼저 그 마음을 바르게 하여 군자가 되어야 한다. 사람이 경솔하면 붓질이 자연스레 방종하고, 사람이 거만하면 붓질이 필히 무모하고 조급해진다. 소위 그림은 그것을 그린 사람과 같다는 말이 바로 이것이다. 중국화는 속된 기운, 매너리즘, 성냄, 저속함, 규각기閨閣氣(글씨에 힘, 즉 골력이 부족하고 힘이 없음-역자주), 축흑기蹴黑氣(무턱대로 함부로 하는 창작-역자주)를 경계하며, 붓질에 날카로움이나 흘러내림을 경계하고, 계정혜戒定慧(불교 용어, 수도자가 반드시 배우고 실천해야 할 근본적인 일을 뜻함-역자주)할 것을 요구한다. 지고의 경지에 이르는 인격의 정화, 도덕적 요구인 것이다.

　예술과 미에는 항상 형이상학적인 의미의 선구자 정신이 내재되어 있다. 작품 속에 담긴 예술정신은 때로는 드러나고 때로는 감춰져 있으며, 밝기도 하고 어둡기도 하며, 있기도 하고 없기도 하다. 문인화는 회화의 기법보다는 사상성과 관념성, 내면적 정신을 더욱 중시하며, 표현주의적 특성을 가지고 있다. 문인화는 상형에서 사의寫意(그리는 사람의 생각이나 의중을 그림으로 표현하는 화법-역자주)로 발전했으며, 단일한 그림에서 시, 서, 화, 인의 '사위일체'로 발전했다. 가장 근본적으로 중국 문화의 철학관이 작용하고 있다. 중국인에게 예술과 인생은 하나이며, 중국 예술 속에는 광대무변하여 헤아릴 수 없는 무엇, 표현하고자 하는 너무나 많은 것들이 내재되어 있다. 문자로 표현할 수 없는 것은 그림을 통해, 그림으로 표현할 수 없는 것은 시를 통해, 시로 표현할 수 없는 것은 서예를 통해, 서예로 표현할 수 없는 것은 인장을 통해 보완했다…… 중국 문화는 물론 문자를 중시하고 존중하지만, 존중할수록 중시할수록 문자의 단점을 발견했다. 문자는 외부의 극치를 표현할 수 없으며 내면의 비밀을 표현할 수 없고, 심지어 복잡한 감정을 표현할 수 없다. 어떻게 해야할까? 문인들은 앞다퉈 붓을 들고 선지를 펼쳐 붓과 먹으로 종이 위에 '글자 하나 없는' 무언의 경계를 표현하는 데 주력했다. 산수, 인물, 꽃과 새, 곤충 등 모든 자연 앞에서 마치 빛의 세례를 받은 것처럼 순수해졌다. 눈을 감고 생각을 붓과 먹, 선지에 맡기고 알 수 없는 흑백의 세계에 영혼을 맡겼다. 화폭 위의 모든 것은 영원히 변하지 않는다. 산수는 백 년이나 천 년이나 만 년이나 여전히 그대로이고, 꽃은 한 계절에 피고 새는 해마다 남쪽으로 날아간다. 본질은 영원히 변하지 않는다. 문인화는 허무와 혼돈을 추구하며, 끊임없이 추구와 마주한다. 비록 책이 아니어도 산수와 자연의 대사의大寫意이며 생활과 인생의 대문장이다.

예술은 오로지 신비로운 미지의 세계와 연결될 때 웅대한 힘을 갖는다. 마치 작은 시내가 큰 강에 합류하듯, 하얀 구름이 하늘에 떠 있듯, 이 세상이 저 세상과 이어지듯이. 선지宣紙 역시 이러한 기능을 내재하고 있다. 순백하고 신비로운 선지는 그 자체로 예술의 결정체이며, 붓과 먹이 그 위에서 요동할 때, 마치 물 위를 떠다니는 나룻배처럼 편안히 나아간다. 선지의 이러한 매력은 수많은 중국인들을 '빠져들게' 했다. 종이 위의 자유와 창조는 최고의 위로이며, 수많은 이들의 영혼이 쉴 수 있는 곳을 찾아준다. 이 세상에 중국인처럼 서예와 회화를 보편적으로 사랑하는 민족은 없을 것이다. 글을 쓸 줄 아는 사람은 반드시 서예를 사랑하며, 감흥을 아는 사람은 반드시 회화를 사랑한다. 이러한 현상이 나타나는 중요한 이유 중 하나가 선지 덕분이다. 선지의 흡수력과 온윤함은 자연스럽게 예상치 못한 예술적 효과를 나타내며, 서화에 대한 모호한 평가 기준과 기법, 심미적 기준을 형성하여 인간에게 더 많은 자유와 평안, 흥미를 제공한다.

선지의 등장으로 서화는 한결 경쾌하면서도 무한한 내용과 예술정신을 담을 수 있게 되었다. 선지는 가볍다. 매미 날개처럼 가볍고 바람처럼 가볍지만, 역사와 철학, 예술을 하나로 융합하면서도 무겁지 않다. 문자와 선들이 무거움을 벗어나 상상력에 날개를 달게 한다. 한자의 아름다운 형태가 종이 위에서 자유롭게 뻗어 나가고, 더 이상 칼과 도끼로 새겨진 듯한 깊이가 아니라 부드럽고 유연하게 진정한 '살아있는 것'이 되어 물풀처럼 흔들리며 아름다움을 뽐낸다. 선지 위에서 붓과 먹은 마치 신비한 기운을 받은 듯 산맥이 되고, 강이 되고, 나무가 되며, 뿌리에서부터 끝까지 생명력이 넘친다. 꽃과 새, 곤충, 인물이 된다.…… 선지는 드넓고 아득한 바람처럼, 끝없는 세월처럼 모든 것을 응결시켜 유형을 무형으로, 무형을 생명으로, 생명을 영원으로 바꾼다.

중국인이 숭상하는 '옥성'으로 선지를 바라볼 때, 선지의 완벽한 '격格'이 쉽게 드러난다. 선지는 온윤하고, 정결하며, 유교적이고 평화롭다. 시와 정취로 가득 차 있다. 그것은 교만하거나, 사치스럽지 않으며, 화려하지도 허세를 부리지도 않으며, 깊은 내면의 정기신精氣神(인간은 우주의 정기를 지녔으며 이것이 극에 이르면 신에 도달한다는 선도仙道의 이론-역자주)을 지녔다. 인간에 비유하자면, 선지는 '유儒·석釋·도道'의 삼중 인격을 가진다. 동시에 품격 있는 '유자儒者'처럼 극진한 수양을 하며, 재능 있는 '도자道者'처럼 자유롭고 구속 받지 않으며, 욕심이 없이 항상 넓은 마음을 가진 '각자覺者'와 같다.

선지의 특질은 곧 각오지심이요, 각오지도이다. 이고李翶의 시에서 '나는 도를 물으러 왔지만 남길 말이 없네, 구름은 푸른 하늘에 물은 병 속에'라고 했다. 선지도 이와 같다. 도가 어디서 왔는지 묻지 말 것은 도는 종이 속에, 옥 속에, 바람 속에 있음이다.

17. 현묘玄妙와 공령公靈

"도道란 오직 은은하고 아득할 뿐이니, 아득하고 은은한 가운데 형상이 있고, 황홀하고 흐릿한 가운데 그 실체가 있다. 심원하고 그윽한 가운데 그 정수가 있으니, 그 정수가 매우 참되어 그 가운데 확실함이 있다. 고금에 이르기까지 그 이름은 사라지지 않는다……" 라고 노자 老子는 『도덕경道德經』에서 서술하였다. 이 구절을 표현할 때 노자는 정확하고 적절한 언어를 구사하려 애썼으나, 여전히 역부족의 공허함을 면하지 못했으며, 문장에서 드러나는 것은 여전히 희미함과 모호함이었다. 아마도, '도'의 정신적 특성이 바로 그러한 것이 아닐까?

『도덕경』에는 "현지우현玄之又玄, 중묘지문衆妙之門"이라는 말이 있다. 이 여덟 글자는 '도'의 변증적 관계를 가리킨다. 인간의 생명이든, 자연과 천지이든, 체로서는 실제이고 기로서는 허상이라, 마치 변화무궁하고 포착하기 어려운 것과 같다. 중국 문화의 음과 양 또한 허실과 변증적 관계이며, 음 중에 양이 있고, 양 중에 음이 있으며, 허허실실, 실실허허, 상대 안에 내가 있고 내 안에 상대가 있다…… 음양 간의 균형은 어떻게 이루어질까? 오직 '화합和合' 두 글자만이 진리이다. '화和'는 차이가 있는 다양성의 통일을 뜻하며, '합合'은 융합을 의미한다. '화합'은 외형적 동일함과 일치보다는 내면의 조화로운 통일을 추구한다.

서예는 태생부터 분명한 '필적학筆跡學'의 성분을 가지고 있었으며, 쓰는 주체인 사람 자체가 일부를 결정하고, 쓰는 도구인 붓과 먹물이 일부를 결정하며, 쓰는 매체인 종이의 특징 또한 매우 중요하다. 따라서 사람의 기질과 특성은 최종적으로 드러나는 글씨의 풍격, 특색과 밀접하게 연결되어 있다. 다시 말해 사람으로써 글씨를 볼 수 있고, 글씨로써 사람을 볼 수 있다. 북송시대 시인이자 서예가 황정견黃庭堅은 이렇게 말했다. "동파東坡(소식 蘇軾)의 서예는 초기에 자태가 아름답고, 중년에는 원만하면서도 운치가 있으며, 말년에는 침착하고 시원스럽다." 이 평가는 소식의 글씨가 경험과 나이에 따라 끊임없이 변화했다는 것을 말한다. 어찌 변하지 않을 수 있겠는가? 몸이 변하고, 용모가 변하고, 마음이 변하니, 손의 감각 역시 자연스레 변했을 것이다. 글씨가 사람이고, 사람이 글씨이다. 서예에서 개인의 많은 잠재적 정보를 세심하게 식별하고 엿볼 수 있다. 이러한 연결은 은밀하고 깊으며, 모호하고, 현묘하다. 전달되는 정보는 일반적으로 붓, 먹, 종이 세 가지뿐만 아니라 보는 이의 기분과 감정도 담겨 있다. 물物은 마음으로 만들어지고, 상象은 마음에서 생겨난다. 이러한 물상과 심경의 공동 창조된 감각은 매우 현묘하고, 기이하면서도 흥미롭다. 또한 이는 중국 서예문화의 근간을 이룬다. 가치 있는 서예 작품은 문자의 내용과 선의 근골筋骨 외에도, 동적인 아름다움과 감정적인 아름다움이 있어서 심성, 다시 말해 인격과 기품을 볼 수 있다. 거기에 더해 글씨를 쓴 이의 심미적 방향성도 볼 수 있다. 서예는 극히 예민한 예술로서, 항상 영성과 공허의 기운, 어떤 형이상적인 의지를 품고 있어 작품이 제한된 형질을 초월해 아련한 경지로 가득 차게 한다.

    소식蘇軾의 『철차첩啜茶帖』과 『보월첩寶月帖』을 예로 들면, 한 사람이 겪은 험난한 유랑의 쓰라림뿐 아니라, 나아가 고난 속에서도 낙을 찾는 인생 태도까지 엿볼 수 있다. 송고종宋高宗 조구趙構의 『사악비수칙賜岳飛手敕』과 악비岳飛의 '환아하산還我河山'의 수적手跡(필적 또는 서예 작품의 특징적인 손길-역자주)을 대조해 보면, 천년 미제의 많은 단서들을 추측해볼 수 있을 것이다. 어떤 것은 확실하고, 또 어떤 것은 불확실하다. 어떤 것은 판단하기 쉽고, 또 어떤 것은 판단하기 어렵다.

    예술이든 현상이든 감각과 신체에 예민하게 닿아 흥분과 떨림을 일으킨다면, 반드시 영지靈智의 의미를 가진다. 서예는 영지의 의미를 가지고 있다. 마찬가지로 영지의 의미를 가진 것으로 음악, 무용 등의 예술 형태도 있다. 서예는 또한 종합적인 정보 이미지이다. 서예는 복잡하다. 중국인은 자신들의 세계와 생명에 대한 모든 인식을 횡橫, 수豎, 피撇, 점點, 절折 속에 녹여냈고, 먹과 종이의 흑백 대비는 음양 이극처럼 선조의 온갖 변화를 담았다. 또한 선의 굴절과 이동은 우주와 인생의 변화, 만남과 이별을 은유했다. 이렇게 볼 때, 종이 위에 쓰여진 서예는 중국인의 또 다른 철학사이자 '심령사心靈史'라고 할 수 있다.

중국 문화는 항상 감정의 교류, 변화, 이동을 좋아했는데, 이른바 '기정寄情'과 '이정移情'이다. 기정이란 산수를 자신의 감정과 이상을 담는 매개로 삼는 것이고, 이정이란 식물에 자신의 감정을 이입하고 인격화하는 것을 말한다. 이렇게 만사만물이 모두 '심心'과 연결된다. 이러한 방식으로 중국 문화의 독특하고 포착하기 어려운 심미관이 발달했다. 근본적으로 보면, 고대 사회에 무속의 발달로 인해 사람들은 만물에 영혼이 있다고 믿었기 때문이다. 만물에 영혼이 있기 때문에 서로 소통할 수 있고, 더욱이 구별 없이 하나가 될 수 있다고 믿었다. 인간사, 세상사가 험난하고 변덕스럽지만, 오직 별들만이 영원하고 청풍명월만이 유구하다고 생각했던 중국인은 산수와 하나가 되는 가운데 마음의 평안을 추구했다. 이러한 철학 관념은 현묘기이玄妙奇異하여, 이에 상응하는 현묘기이한 예술 풍격을 낳았다.

중국 전통 문화의 여러 오묘한 철학사상은 젓가락, 바둑, 주산, 중의학, 고금, 보자기 등 많은 면에서 드러난다. 젓가락과 바둑은 모두 대도지간大道至簡이며, 주판알은 하나를 십으로 보는 부담 없는 가벼움이 있다. 보자기의 경우, 무엇이든 천으로 싸서 크게 하거나 작게 할 수 있다는 점에서 고도의 미학을 보여준다. 지극한 간편함 속에 최대의 포용력이 있다.

예운림倪雲林의 시에 "천년 묵은 바위 위 푸른 이끼, 석양 비친 시냇가 나무 그림자 깊어라"라는 구절이 있다. 시구에서 광대하고 심오한 우주관과 인생관을 볼 수 있다. 돌은 영원한 사물이고 사람은 잠깐의 삶을 살고 있다. 사람이 돌을 대면할 때, 마치 순간이 영원에 대응하는 것 같다. 청산은 변하지 않고, 푸른 물은 계속 흐른다. 사람이 이러한 '경境'에서 갑자기 영원과 대면하면, 연약한 생명에 장구한 시간이 흘러들고 위안을 느끼게 된다. 이것이 바로 중국 예술의 독특한 우주감이다. 이는 또한 문인화의 영원한 감각, 붓과 먹의 표현적 세계가 아닌 생명과 관련된 영원한 경계이다.

예술은 신비로와서 유형을 무형으로 바꾸고 사람들의 공감을 불러일으키는 모든 것들을 예술로 귀착시킨다. 중국 전통 예술의 중요한 특징 중 하나는 바로 허현虛玄과 오도悟道이다. 중국의 여러 예술 형태, 예를 들어 고금古琴(칠현금), 서화 등은 허현과 오도와 관련이 있다. 고금은 어떤 의미에서 남을 위해 타는 것이 아니라 자신을 위해 타는 것으로, 고금 소리로 도를 깨닫는다. 고금은 사실 자기 수양의 도구로 자신과 마주하고 천지와 연결된다. 연주를 통해 자신을 수양하고 호흡을 조절하며 세상의 은밀함과 신비함을 감지하는 것이다. 고금은 언제나 군자의 도에 도달하는 중요한 방법으로 여겨져 왔으며, 이는 그 내성內省(자신의 심리 상태나 정신의 움직임을 내면적으로 관찰하는 일-역자주)을 의미한다.

중국 고금은 인간과 천지 사이의 대화와 소통, 욕심이나 구하는 바가 없는 선경仙境을 지향한다. 중국의 서화 또한 마찬가지로, 문인화와 서예는 내성이 특히 강하며, 내성의 관조를 통해 삼매三昧(사물의 본질에 대한 깨달음을 뜻하는 불교 용어-역자주)를 구한다.

중국 문화는 형형形, 상象, 의意의 층차적 결합을 중시하며, 외부 사물의 형태는 가장 중요하지 않은 것으로 여긴다. 오히려 사물 뒤에 숨겨진 상과 그것이 암시하는 의미가 더욱 중요하다. 이러한 본질을 이해하면, 중국 서화가 종종 기묘하고 허무한 것을 추구하는 이유를 설명할 수 있다. 이상한 돌, 가는 물줄기, 몇 그루의 말라버린 나무, 초가집, 그리고 저물어가는 가을, 시든 연꽃, 바람에 흔들리는 갈대 등은 평범한 사람들에게는 무용하고 아름답지 않은 것처럼 보일 수 있지만, 이들은 종종 중국의 문인들이 가장 애정하는 것들이며, 중국 문화의 정신적 상징이자 인생 경지의 중요한 '원료'로, 생명의 이미지를 가진 존재들이다. 중국 문인들은 짙은 녹색의 가녀리고 연약한 풍물보다는 낙화유수落花流水, 고목이나 까마귀를 좋아했다.…… 이러한 상태는 사실 일본 문화의 '와비사비侘寂의 미'와 마찬가지로 강한 관념성과 정신적 구성요소를 가지고 있다.

중국 문화가 왜 이러한가? 이는 생명과 시공간의 본질에 대한 주목에서 비롯되었다. 세속의 표면을 넘어 생명과 세계의 본질에 관심을 가지고 예술적 방식으로 생명에 대한 견해를 표현하고자 했기 때문이다. 중국 문인화나 서예는 근본적으로 조경造境(구체적인 형상을 통해 감정, 의미, 마음을 표현하는 것-역자주)을 창조하는 것이며, 단순히 사물에 대해 글로 쓰거나 형상을 그리는 것이 아니다. 따라서 중국 문화는 항상 표현하고자 하고, 느낌을 전달하고자 했다. 선지宣紙에 남겨진 시, 서, 화, 인은 작게는 '언지言志(자신의 생각과 뜻을 밝히는 것-역자주)'로 크게는 인생의 허화虛化(비우다, 공허하다는 의미-역자주)와 감정이입으로 의미와 느낌을 전달했다.

선지는 바로 이렇게 중국 문화의 특성에 조화롭게 안착해, 생기로움과 신비, 실존과 자유, 유형과 무형의 전환에 대한 표현의 욕구를 완벽하게 실현했다. 선지는 또한 오초吳楚 문화의 특성, 인간과 신의 상통相通 그리고 무속성을 가지고 있다. 마왕퇴馬王堆에서 출토된 옷에 별, 달, 식물, 물결구름무늬가 수놓아져 있어, 원시적이고 까마득한 꿈속 같은 느낌을 준다. 전국시대 초나라의 삼려대부三閭大夫 곡원屈原은 기백이 남달랐던 인물로 그의 시문은 하늘을 찌를 듯한 기개와 풍격을 지녔다.

송나라의 산수화는 중국 산수화의 정점으로, 웅장하고 장엄한 기개를 담고 있다. 예술 정신과 예술 난이도 측면에서, 서양의 교향곡에 비견될 수 있다. 송나라 이후의 회화는 허와 실의 결합에 큰 중점을 두었다. 송대의 대표적인 학자 정이程頤는 "천지의 정수를 품고 오행의 좋은 기운을 얻은 자가 인간이다. 그 본질은 진실하고 고요하며, 아직 발현되지 않았을 때 오성五性이 갖춰져 있어, 인仁, 의義, 예禮, 지智, 신信이라고 한다. 형상이 생기면 외부 사물이 그 형상을 자극하여 내부가 움직이며, 내부의 움직임으로 일곱 감정이 나타나니, 희喜, 노怒, 애哀, 락樂, 애愛, 오惡, 욕慾이라 한다. 감정이 격해지면 더욱 흔들리고 성질이 마모된다. 그러므로 깨달은 자는 감정을 조절하여 중심과 일치시키고, 마음을 바르게 하고 성정을 다스리니, '성정이 감정을 따른다'고 한다. 어리석은 자는 제어하지 못하여 감정을 사악하고 외설한 곳으로 이르게 하며, 성정을 잃어버리니 '감정이 성정을 따른다.'" 이 대목은 천지의 '허령虛靈'의 중요성을 설명한다. 실이 있으면 허가 있고, 허가 있어야 실이 있다. 허해야만 현묘하고, 현묘해야 허하다. 현묘와 허의 상호 변증법을 파악하고 적용할 때만이 현묘를 얻고 묘문妙門(열반의 경지에 들어가는 불가사의한 문-역자주)에 들어갈 수 있다.

명대의 화가 이일화李日華는 이렇게 말했다. "사물을 묘사하는 자는 그 형태를 얻는 것보다 그 기세를 얻는 것이 낫고, 그 기세를 얻는 것보다 그 기운을 얻는 것이 낫고, 그 기운을 얻는 것보다 그 본성을 얻는 것이 낫다." 이 말을 중국 회화의 세 시기, 다시 말해 '기세를 얻는 것'에서 '기운을 얻는 것'으로, 그리고 '본성을 얻는 것'으로 확대하여 이해할 수 있다. 중국 회화는 위진에서 북송에 이르는 긴 시간 동안 형세形勢와 동세動勢를 추구하는 단계를 거쳤다. 외적 형상에 대한 묘사를 통해 내적인 정신과 기질을 표현하고, 마침내 형상과 정신이 모두 담긴 예술의 경지를 추구했다. 이는 그림의 외적인 신비에 대한 추구로 이어졌으며, 외적인 의미와 외적인 정취를 요구하게 되었다. 고개지顧愷之의 '전신사조傳神寫照'가 그러하고, 북송의 화가들이 추구한 생동하는 '생의生意'도 그러하다. 송원 이후 문인화가 발전하면서 '의意'를 더 중시하게 되었는데, 이는 이일화가 말한 '성性', 즉 사물의 본성이나 본질을 의미한다. 서화의 최고 경지는 형상形象에 대한 추구가 아닌 자연스러움을 추구하는 것이며, 한 걸음 더 나아가 의意를 얻고 형形을 잊는 것이라고 여겼다.

서화가 그렇듯 서예도 마찬가지이다. 서예는 '마음을 담는' 예술로, 이학理學의 숭상과 일치한다. 이학을 만난 서예는 마치 날개가 달린 학처럼 비상했다. 송나라 사람들은 이학을 숭상하며, 담백하고 생동감 넘치는 정신세계를 추구했다. 이러한 주관적인 것들이 서예에 스며들어 서예의 정신을 한층 고양시켰다. 위진魏晉과 수당 시대에 비해, 송나라의 서예는 새로운 정신의 내향성을 가지게 되었으며 한 단계 도약을 완성했다.

예술과 인심은 이렇게 서로 연결되어 있다. 사회의 인심을 동시대의 예술 작품에서 볼 수 있다. 인심이 고상하면 예술도 자연스럽게 고상하고 인심이 천박하면 예술도 천박하거나 예술이라 할 것이 못 된다. 예술은 반대로 인심에 영향을 주어, 우둔한 것을 민감하게, 경직된 것을 유연하게 만들 수 있다.

중국 예술은 항상 능품能品, 신품神品, 묘품妙品의 구분을 두었다. 능품은 규칙을 따르는 것이고, 신품은 규칙을 깨는 것이며, 묘품은 규칙을 초월하는 것이다. 능품은 유가의 삼매三昧이고, 신품은 도가의 삼매에 이르며 묘품은 불가의 삼매에 이른다.

중국 서화의 심미 기준이 왜 이토록 현묘할까? 근본적인 이유는 예술의 주관성을 강조하고 예술의 객관성을 중시하지 않기 때문이다. 예술은 실험이 아니며, 점에서 점, 면에서 면으로 가지 않는다. 중국 서화의 관념으로 보면, 예술은 더욱 '무巫'의 기운이 있으며, 있는 듯 없는 듯한 '도道'에 가깝다. 그 기준은 느낄 수 있으나 말로 표현할 수 없다.

문인화가 부상하는 과정에서, 선지宣紙는 큰 역할을 했다. 선지의 주요 구성 요소인 청단피青檀皮는 피지皮紙, 마지麻紙, 죽지竹紙 등에 비해 더욱 섬세하고 부드러워 먹을 잘 머금고 표현력이 뛰어났다. 먹으로 선지 위에 글씨를 쓰거나 그림을 그리면 뜻밖의 시적인 아름다움을 창조했다. 화가는 이에 힘입어 천지인의 영기를 느끼고 어둠 속에 가려진 신의 뜻을 깨달았다.

선지의 탄생은 중국 서화 예술에 있어 마치 천조지설天造地設 같은 의미를 지닌다. 마치 중국 서화를 위해, 또는 문인화를 위해 선지가 태어난 듯했다. 선지는 시적이면서 자유로운 특성을 드러내며, 서화를 '이상적 경지'로 이끌었다. 거울에 비친 꽃과 물에 비친 달처럼, 그림에 인온氤氳(하늘과 땅의 기운이 서로 합하여 어림-역자주)의 층을 만들었다. 선지는 흐릿하게 번지는 특성을 가지고 있어, 중국 서화의 모호함과 자유로움, 중국 문화의 '일음일양一陰一陽'의 철학적 의미를 생생하게 드러냈다. 중국 문화는 항상 현묘하고 몽환적인 느낌을 지녔으며, 공자孔子에게 꿈이 있었고, 장자莊子에게도, 이백李白에게도, 이상은李商隱에게도, 육유陸游에게도, 신기치辛棄疾에게도, 탕현조湯顯祖에게도, 조설춘曹雪芹에게도 꿈이 있었다⋯⋯ 선지는 어떤 면에서 '꿈을 만드는' 기능을 가지고 있었으며, 선지의 등장으로 수많은 사람들이 꿈을 이루었다.

왕유王維의 시 『산중山中』에 '형계백석출荊溪白石出(형계는 흰 바위 드러나 있고), 천한홍엽희天寒紅葉稀(찬 날씨에 단풍잎도 다 졌네), 산로원무우山路元無雨(산길엔 본래 비 안 내렸지만), 공취습인의空翠濕人衣(푸른 안개 사람 옷에 스미네)'라는 구절이 있다. 거대한 공허감과 깊은 선적인 분위기가 시의 배경처럼 깔려 있다. 그림으로 표현한다면 사실적이기보다는 허공을 그려야 하며, 붓과 먹, 종이의 상호작용을 통해 경지를 표현해야 할 것이다. 이 과정에서 붓과 먹, 뛰어난 구상 그리고 종이가 무척 중요하다. 선지는 허공의 세계를 표현하기에 더없이 적절하다. 선지 위에서 붓과 먹은 더욱 유연하고 부드럽게 그리고 기민하게 허공 같은 현묘한 경지를 더욱 잘 드러낼 수 있다.

선지는 송대와 원대 이후 부상한 문인화와 불가분의 연관성이 있다. 전반적으로 볼 때, 선지의 특성은 문인화의 이념과 상통相通한다. 문인화 평가는 대체로 석가와 노자의 기준을 따르며, 흥미, 의미, 선의를 추구하고, 문학적 취향과 필묵의 정취도 중시한다. 원대의 명사 구원仇遠이 이공략李公略의 「고랑중우산관월도高郞中吳山觀月圖」에 대해 "납납건곤쌍로안納納乾坤雙老眼, 도도강한일편주滔滔江漢一扁舟"라고 평했다. '쌍로안雙老眼'은 선의를 나타내며, '일편주一扁舟'는 도행道行을 나타낸다. 불가와 도가의 사상을 마음에 품고 있으면, 천지의 현묘함을 꿰

뚫어 보고, 자연 속에서 자유롭게 노닐 수 있다.

문인화는 보편적인 깨달음과 도를 탐구하는 데, 이는 선지宣紙가 함축적 의미를 추구하는 것과도 통한다. 선지의 순수함과 포용력에는 보편적인 인식과 공감각이 내재되어 있다. 인식을 얻은 후에는 모든 것이 정결하고, 평화롭고 지혜로워진다. 문인화는 외형이나 모방에 집중하지 않는다. 이보다는 영혼의 에너지에 중점을 두고, 생명력을 드러낼 것을 강조한다. 서위徐渭의 그림에 적힌 시, "반평생 초라하여 이미 늙은이 되어, 홀로 서재에서 밤바람 울부짖는 소리를 듣는다. 붓 끝의 명주는 팔 곳이 없어, 덩굴 속에 쓸데없이 나뒹굴고 있다"라는 구절처럼, 실의에 빠진 서위는 그림을 통해 마음속의 분노를 씻어 내고, 전 생애를 붓과 먹에 담아 꽃과 새, 물고기와 곤충, 덩굴을 그렸다. 그의 그림에는 자연스럽게 어떤 원망이 배어있으며, 쓸쓸한 한기 속에 서 있는 감정과 깨달음이 담겨 있다. 서위의 그림은 다른 차원의 표현을 드러낸다. 그의 그림 속에서 꽃은 꽃이 아니고, 새는 새가 아니며, 산은 산이 아니고, 물은 물이 아니다. 그림을 넘어선 의미와 정신이 있다. 무정無情이 곧 다정多情이며, 더욱이 깊은 정이다. 이때, 오직 섬세한 선지만이 그를 이해하고, 더 큰 경지에서 그와 하나가 되어 그의 마음속 세계를 생생하게 드러낸다.

선지는 '선의禪意'로써 복잡함을 단순함으로 변화시키는 데 능하며, 세계와 생명 본질과의 은밀한 조화를 품고 있다. 유儒, 석釋, 도道의 정수를 선지는 적절하게 담아낸다. 유가의 덕과 맑음을, 도가의 자유분방함과 기묘함을, 불가의 공적空寂함과 선의를 표현할 수 있다. 선지 이전의 종이는 전통적인 유가적 성격을 가지고 있었다. 규율성과 절제 그리고 경직되어 있어 기량을 발휘하기 어렵고, 심지어 모종의 매너리즘을 지니고 있었다. 선지의 등장으로, 유가의 고아함과 절제, 도가의 유연함과 기묘함, 불가의 광대함과 무욕을 마음껏 펼칠 수 있게 되었다.

선지는 또한 장자莊子가 말한 '부유浮遊'감각을 찾을 수 있다. 붓과 먹의 선을 편주扁舟로 삼고 선지를 호수로 삼아, 우주의 혼돈한 시절로 거슬러 올라갈 수 있다. 흰 구름과 푸른 하늘, 시간의 흐름 속에서 한 줄기 긴 선이 위로는 하늘에 닿고 아래로는 깊은 못에 이르며 자연경관을 탐색한다. 이는 나비가 나인지 내가 나비인지 알 수 없는 자유로운 경지이다. 그래서 중국 지식인들이 그토록 동경하고 갈망했던 것이다.

서예도 문인화도 시적이고 음악적인 면이 있다. 종백화宗白華는 "중국의 악교樂敎가 길을 잃어 시인들이 노래를 할 수 없게 되자, 마음의 정취를 서법과 화법으로 표현하게 되었다. 서예는 특히 음악을 대신하는 추상 예술이다"라고 말했다. 선지 위에서 중국의 서화는 음악이자 시다. 서예의 선과 그림의 붓놀림에서 리듬과 운률을 볼 수 있으며, 가벼움과 맑음, 신중함과 장중함, 웅장함과 기묘함, 소박함과 평온함같은 감정의 흐름을 느낄 수 있다. 시성詩性이든 음악성이든 모두 통감通感(공감각)의 일종이다. 모든 예술 형태 중에서 음악성이 가장 통감적이다. 장면과 감정, 감각을 멜로디로 변환할 수 있을 뿐만 아니라, 색채, 시간, 철학적 사고도 멜로디로 변환할 수 있다. 이러한 통감은 직관적이며 지고한 지혜의 표현이다.

18. 간결과 평온

『도덕경道德經』 제42장에는 '도道가 하나를 낳고, 하나가 둘을 낳으며, 둘은 셋을 낳고, 셋은 만물을 낳는다'는 글귀가 있다. 만물은 물론 음악, 회화, 서예 등 모든 예술 형태를 말한다. 회화 측면에서 보면, '도'를 반영할 수 있는 것은 회화와 관련된 재료와 도구, 그리고 필묵筆墨 등 관련 기예들이 있다. 필묵은 기교 외에도 더욱이 하나의 정신적 경지를 나타낸다. 필묵은 평온한 이성과 예술적 상상력을 표현할 수 있고, 가장 충만하고 자연스러운 감성을 체현한다. 이러한 의도적이거나 무의도적인 표현은 세계의 본질과 잘 어울린다. 서화에서는 철학과 예술이 하나로 융합되어 '중묘지문眾妙之門(모든 오묘함의 문)'이 필묵 아래서 드러난다.

중국의 필묵은 예술이자 철학이며, 태극도의 변증법적 사고에서 발단한다. 유협劉勰의 『문심조룡文心雕龍』 서문에서 "인문人文의 원천은 태극에서 시작한다"고 하였다. 즉, 문학이든 예술이든 '태극'의 현묘한 도와 연결된다는 것이다. '도'를 더 풍부하고 신비로운 '규칙'으로 이해한다면, 중국인의 예술은 중국인의 인생관, 세계관, 우주관과 동일하다고 볼 수 있다. 황빈홍黃賓虹은 중국화의 오묘함이 태극도에 있다고 말했다. 신비한 태극도에서 검은색 속의 흰색, 흰색 속의 검은색, 검은색과 흰색의 상호 변화를 세계의 법칙이자 예술의 법칙으로 본 것이다.

육조 남제南齊의 화가 사혁謝赫은 회화의 '육법론六法論'을 제시했다. '육법이란 무엇인가? 첫째, 기운氣韻, 생동함이다. 둘째, 골법骨法, 필법筆法이다. 셋째, 응물應物, 형상을 그리는 것이다. 넷째, 수류隨類, 채색을 하는 것이다. 다섯째, 경영經營, 자리를 찾아주는 것이다. 여섯째, 전이모사傳移模寫, 옛 것을 모사하여 기법을 전승하는 것이다.' '육법'은 이로써 중국 서화의 평가와 창작의 최고 기준이 되었다. 사혁의 '육법'은 인물화의 생동감과 전신傳神(전신사조傳神寫照의 준말로 초상화를 그릴 때 인물의 외형 묘사뿐 아니라 인격과 내면세계까지 표출해야 한다는 초상화론-역자주)과 채색화에 중점을 두었다. 당시 회화는 인물과 채색에 치우쳤는데, 이는 원대 이후에 요구되는 기운과 매우 달랐다. 원대 이후 문인화는 일종의 기상, 정신, 경지를 추구했다. 사혁의 '육법'은 기술에 중점을 두었고, 문인화의 기운은 도에 중점을 두었다. 원대 이후, 문인화가 추구하는 필묵은 '경境'을 만드는 데 중점을 두었으며, 생명에 대한 지각과 지혜를 요구했다. 이에 따라 회화에 생명의 감각과 지혜를 녹여내야 했고, 문인화는 더 많은 사상, 정신, 개념적 의미를 지니게 되었다. 명대의 문징명文徵明은 '사람의 품격이 높지 않으면 먹을 뿌릴 수 없다'고 말했다. 필묵은 자유로운 선으로도, 신비한 먹물로도 표현되며, 서양화의 선과 색깔과는 다른 문화적 함의를 지닌다. 필묵은 중국 서화에서 매우 중요한 부분이다. 한 가닥의 부드러운 털 속에 부드러움 속의 강함, 면리장침綿裏藏針(바늘 침솜 속에 바늘을 감추고 있다는 뜻-역자주)을 감추고 있다. 잘 사용하면 부드러움 속에 강함, 강함 속에 부드러움이 있어, 태극권과 같은 현묘함을 지니게 된다. 중국화 필묵의 최고 경지는 온후한 빛을 발하는 기개와 품격, 강인한 생기를 드러내는 것이다.

붓과 먹은 하늘과 땅, 인간 세상의 아름다운 경치를 창조할 수 있다. 선지宣紙 위에서 진한 먹물은 힘차고 유쾌하며, 덧칠한 먹물은 묵직하고 깊은 느낌을 주며, 옅은 먹물은 달빛 아래 맑은 바람이 부는 것 같다. 붓과 먹 그리고 선지는 함께 조형 예술의 질감, 양감, 공간감을 표현할 수 있다. 누군가가 중국 서화 예술의 본질은 단지 사의寫意만도 선만도 아니며 붓과 먹의 공력이라고 말했다. 붓과 먹의 신비한 결합을 모두 서예에서 찾을 수 있다. 만약 서예의 기술이 없다면, 붓과 먹은 단지 허풍에 불과하다. 중국화는 서술적인 특징, 즉 그려지는 것이 아니라 '쓰여지는 것'이다. 형상적인 비유로, 중국화는 인간이 평온하고 여유로운 상태에서 공리지심功利之心을 버릴 때 '쓰여진다'. 그 기준은 붓의 정교함과 먹의 오묘함, 서예의 필법과 회화와의 융합, 전서篆書와 주서籒書를 사용하여 그림이 서예의 운치와 그림의 정취를 갖추도록 하는 것에 있다.

필묵의 공력은 기술적 측면에서 보면 손목의 공력과 기교도 포함된다. 손목의 힘을 자유롭게 움직이고, 붓끝, 붓배, 붓근을 포함한 붓의 모든 부분을 조절하는 것은 매우 예술적인 행위이다. 회화 예술의 완성도는 마음, 손, 붓, 종이가 완벽하게 융합되어 전체가 되고, 모종의 신비한 리듬과 조화를 이루는 데 있다. 붓이 닿는 곳마다 먹물은 음과 양으로 나뉘고 진함, 연함, 건조함, 습함으로 나뉘며 스펙트럼처럼 수천 가지 색을 구현한다.

붓과 먹은 단순히 색을 대체하는 것이 아니라, 정신을 전달할 수 있다. 중국화에서는 선의 표현에 매우 큰 중요성을 둔다. 위진魏晉 시대 이후, '조의출수曹衣出水(조부흥이 그린 옷은 젖은 옷이 몸에 달라붙어 있는 것 같다는 말로 선이 생생하고 자연스럽다는 의미-역자주)'와 '오대당풍吳帶當風(옷자락과 띠가 바람에 나부끼듯 그리는 화풍-역자주)'의 전통이 있으며, 기술적으로는 고고유사묘高古游絲描(선의 묘사가 아지랑이처럼 고상하다는 의미-역자주), 정두서미묘釘頭鼠尾描(붓질의 시작과 끝이 가늘어지는 기법), 행운류수묘行云流水描(붓이 매끄럽고 날렵하게 전환하는 기법-역자주) 등의 세밀한 기법이 있었다. 문인화가 성행하면서 서법을 그림에 도입하여, 회화가 깊은 서법 이념을 갖게 되었다. 서양화에도 선이 있으며, 특징은 정확하고 유려하며 적절하다. 중국화의 '선'은 주관적 색채를 가지고 있으며, 기복과 전환, 원활함과 신속함이 있는데 소위 '안근류골顔筋柳骨'의 요구가 바로 이것이다. 예를 들어, 매란죽국梅蘭竹菊의 그림법을 보면 매화의 선은 성긴 그림자처럼 비껴가는 선이고, 대나무는 마치 겨울 산의 설송처럼 힘이 넘치는 선이며, 국화는 오로지 서예적 선으로 '깊은 그리움과 함축'의 경지를 표현한다. 이 부분에서, '금릉팔가金陵八家' 중 한 사람인 공현龔賢은 붓과 선의 집대성자로, 그의 「천암만학도千巖萬壑圖」는 선과 먹의 색으로 기암절벽과 깊은 골짜기의 웅장하고 장대한 분위기를 그려내어 중국화의 최고 경지에 이르렀다.

송宋나라 이후, 서화와 그림의 연결은 더욱 밀접해졌다. 화가들은 모두 서예가였고, 그들은 붓과 먹의 고수였다. 미불米芾, 소식蘇軾, 조맹부趙孟頫, 예찬倪瓚, 동기창董其昌, 심주沈周, 문징명文徵明, 서위徐渭, 진순陳淳, 당인唐寅, 왕탁王鐸, 오창석吳昌碩 등이 모두 그러하다. 근대 화가 중에서, 황빈홍黃賓虹의 붓과 먹은 최고로 인정받고 있다. 황빈홍은 그림을 그릴 때, 붓을 들고 일단 그리기 시작하면 중간에 멈추지 않았고, 또한 붓을 씻는 법이 없었다. 황빈홍은 농묵과 담묵을 번갈아 사용하여 그림을 그리고, 먹이 마르기 직전에 먹을 덧칠해 윤곽선을 흐리게 하거나 먹의 농담이 서로 침투하는 파묵효과(먹의 농담을 겹쳐 칠해 입체감과 깊이, 강한 존재감을 표현하는 동양화 기법-역자주)를 만듦으로써 마치 먹물이 촉촉하게 마르지 않은 것처럼 보였는데, 이를 '윤함춘우潤含春雨'라고 불렀다. 또한 '건렬추풍干裂秋風'은 먹색의 농담과 건습의 대비를 통해 가을바람이 스치듯 화면이 갈라지는 시각적 느낌을 주는 화법이었다.

누군가는 황빈홍의 기막힌 솜씨가 먹에 있다고 생각한다. 황빈홍은 제묵세가制墨世家 출신으로, 먹을 잘 알고 휘주송목徽州松木으로 연묵을 만들었을 뿐만 아니라, 많은 고휘묵古徽墨을 수집했다. 고휘묵은 매우 짙고 윤이 나는 먹으로 황빈홍의 그림에 특별한 느낌을 더했다. 먹

남송南宋, 마원馬遠, 「한강독조도寒江獨釣圖」

을 잘 이해했던 황빈홍은 먹을 사용하는 데 능숙했으며, 그의 붓이 닿는 곳은 마치 빛이 먹색의 산수에 비치는 것처럼 빛났다. 황빈홍은 때로는 먹을 찍어 선지 위에 그림을 이것저것 그리다가 한참 후 붓이 말라서 먹물이 먹히지 않으면 먹물이 아닌 물을 붓에 찍어서 다시 그렸다. 황빈홍이 산수를 그릴 때는 정해진 방법이 없었는데, 일반적인 사람들처럼 가까운 나무부터 그리지 않고 처음부터 진한 먹으로 산을 그렸다. 먼저 전체를 그리고 나서 부분을 그리는 이런 습관은 수천 년의 전통과는 거리가 멀었다.

붓과 먹의 기술은 단지 먹을 사용하는 것뿐만 아니라, 선지宣紙의 여백을 충분히 활용하는 것도 포함한다. 이른바 '지백수흑知白守黑', 또는 '대백여흑大白如黑'이라고 한다. 청나라의 대표적인 서예가 등석여鄧

제백석齊白石, 「묵하도墨蝦圖」

石如는 "필획이 드문 곳은 말이 달릴 수 있고, 조밀한 곳은 바람조차 통하지 않아야 한다. 항상 백을 흑으로 삼아야 기이하고 흥미로운 것이 나온다"고 말했다. 흑은 붓과 먹이 만들고, 백은 선지가 만든다. 흑은 유有이고, 백은 무無이다. 흑은 실實이고, 백은 허虛이다. 흑은 창조이자 기술이고, 백은 포용이자 공령한 것이다…… 제백석齊白石의 새우를 보면 물의 맑음을 느낄 수 있고, 마원馬遠의 한강독조寒江獨釣에서는 물안개가 자욱한 수면을 느낄 수 있다. 한 점의 먹도 없이 간결하게 표현한 상상력은 '초월적인 무無'의 경지이다.

문인화는 절반은 미학이고, 절반은 철학이다. 외적인 것은 미학을 나타내고, 내적인 것은 철학을 나타낸다. 중국 철학은 '무중생유無中生有', 또한 '유중생무有中生無'를 말한다. 중국인들에게 '공空'은 아무것도 없는 것이 아니라 모든 것을 포함하는 것이다. 그림은 시와 마찬가지로 '공산불견인空山不見人(텅 빈 산에 사람은 보이지 않고), 단문인어향但聞人語響(어디선가 말소리만 들려온다)'을 숭상하며, 이는 시적인 정서와 경지를 나타낸다. 현대 미학가이자 철학자이기도 한 종백화宗白華는 "여백은 공백이 아니라, 영기靈氣가 오가며 생명이 흐르는 곳이다. 여백이 있어야 간결해지고, 간결하고 순수해지면, 이치와 흥미가 넘치며 형체를 벗어난다"고 말했다. 중국 고대 회화는 선지가 등장한 후, 여백을 점점 더 중시하게 되었다. 가장 대담하고 훌륭한 여백을 남긴 이는 팔대산인八大山人이고, 근대 중국에서는 장대천張大千과 제백석이 그러하다. 문인화의 백은 시이며, 흥취이며, 의미이다. 평범한 그림에서는 흰색이 검은색을 받쳐주지만, 훌륭한 그림에서는 검은색이 흰색을 받쳐준다. 팔대산인의 그림에서는 먹이 닿는 곳 뿐만 아니라 하얀 여백에도 그의 감정이 담겨 있다.

여백은 중국 예술만의 독특한 정신이다. 서양화와 비교했을 때, 중국화는 가장 간결한 수법으로 가장 풍부한 기운을 표현한다. 고금, 서화, 시, 문학 등 중국 전통 예술과 문학에서, 여백은 언제나 지고한 경지를 표현하는 매개이자 운치의 근원이다. 그것은 박자와 단락의 여운이자, 산수 속에 흐르는 정서이다. 여백과 밀접하게 관련된 운연雲煙(구름과 안개) 또한 중국 문인과 화가들의 영원한 묘사 대상이었다.

여백은 또한 시적인 의미를 가지고 있다. 중국화에는 바람 속의 대나무, 물 속에서 유영하는 물고기, 높은 하늘을 나는 기러기가 있다. 서양화는 접시에 담긴 채소와 과일, 피를 흘리는 사냥감을 그린다. 서양화는 정물을 좋아하고, 중국화는 생물을 좋아하여 생명이 있는 것을 그린다. 생명이 있는 것은 생기와 시적 운치를 지니고 있다. 황산곡黃山谷은 이공린李公麟을 '담묵으로 써낸 무성의 시'라고 칭했다. 곽희郭熙는 『임천고치林泉高致』에서 "시는 무형의 그림이고, 그림은 유형의 시"라고 말했다. 그림을 그리는 사람이 시를 모르면 어떻게 의미와 흥미를 이해할 수 있겠는가?

여백은 또한 여유롭고 평온한 마음가짐이다. 거센 파도가 치는 바다 앞에서 서양 화가들은 열정적으로 유화 스케치를 하지만, 중국 화가들은 여전히 잠잠한 마음으로 바라본다. 마원의 「수도십이정水圖十二幀」에는 고요하고 맑은 분위기, 은은하고 자유로운 표현과 운치가 있다. 여백은 넓은 시야를 제공하며, 마치 하늘에서 대지를 내려다보는 것 같다. 송대 곽희는 산수화에 대해 '삼원三遠'의 개념, 다시 말해 고원高遠, 심원深遠, 평원平遠을 제시했다. '원遠'은 신비롭고 생기 넘치는 경지이며, 예술과 삶의 거리를 의미한다. 이는 선지의 백으로 가장 잘 표현된다.

송대宋代 회화의 가장 뛰어난 특징은 설경에서 나타난다. 설경은 시적인 여백이며, 백白이자 공空이다. 유종원柳宗元의 '천산조비절千山鳥飛絕(온 산의 새는 날지 않고), 만경인종멸萬徑人蹤滅(모든 길에는 사람의 발길이 끊어졌다). 고주사립옹孤舟簑笠翁(외로운 배에 삿갓 쓴 노인), 독조한강설獨釣寒江雪(눈 내려 차가운 강에 홀로 낚시질 한다)'이 바로 송대의 그림에서 흔히 보이는 풍경이다. 설경 속에서는 흑과 백만 남아 심오한 경지만이 화면에 가득하다. 그림을 감상하는 사람이나 그리는 사람이나 마음이 순백의 종이가 되어 언제든 생각의 진한 먹이 스며들어 고요한 아름다움을 형성한다. 왕유王維는 시에서 "공산불견인空山不見人(텅 빈 산에 사람은 보이지 않고), 단문인어향但聞人語響(단지 말소리 메아리만 들려오네). 반경입심림返景入深林(석양빛이 깊은 숲으로 들어와), 복조청태상復照靑苔上(다시 푸른 이끼 위에 비치는구나)"이라고 했다. 이 또한 생명의 고요함과 지혜, 시와 그림이며, 이러한 장면은 서양 유화로는 표현하기 어렵다. 설사 표현한다 해도 그 공적인 경지, 공감각을 일으키기 어렵다. 문인화는 시적인 세계이자 주관적 창조의 세계, 심령이 침윤하는 세계이다.

　중국화의 신비로운 점은 평가 기준의 모호함에도 있다. 중국 문화에는 이상한 현상이 있다. 글의 판단은 항상 유가儒家의 기준으로, 세상으로 들어가 글로써 도를 전달하고자 한다. 서화의 판단은 불교와 도교의 기준으로, 세속을 벗어나려고 한다. 왜 이럴까? 글은 기능적이며, 도를 전달하고 가르치는 데 사용된다. 회화는 마음의 직접적인 표현과 추구이며, 화가는 이를 통해 창을 열고 사회의 엄격함과 허무함을 벗어나 시원하고 조용한 풍경을 찾고자 한다. 중국 회화 기준의 확립에는 송원宋元 회화가 모범이 되어 시작을 열고 하나의 기준을 형성했다. 송원 문인화는 추수장천秋水長天, 정허청명靜虛澄明, 함용만물涵容萬物을 함축하고 있다. 생명의 경지, '치허극致虛極, 수정독守靜篤'의 불변

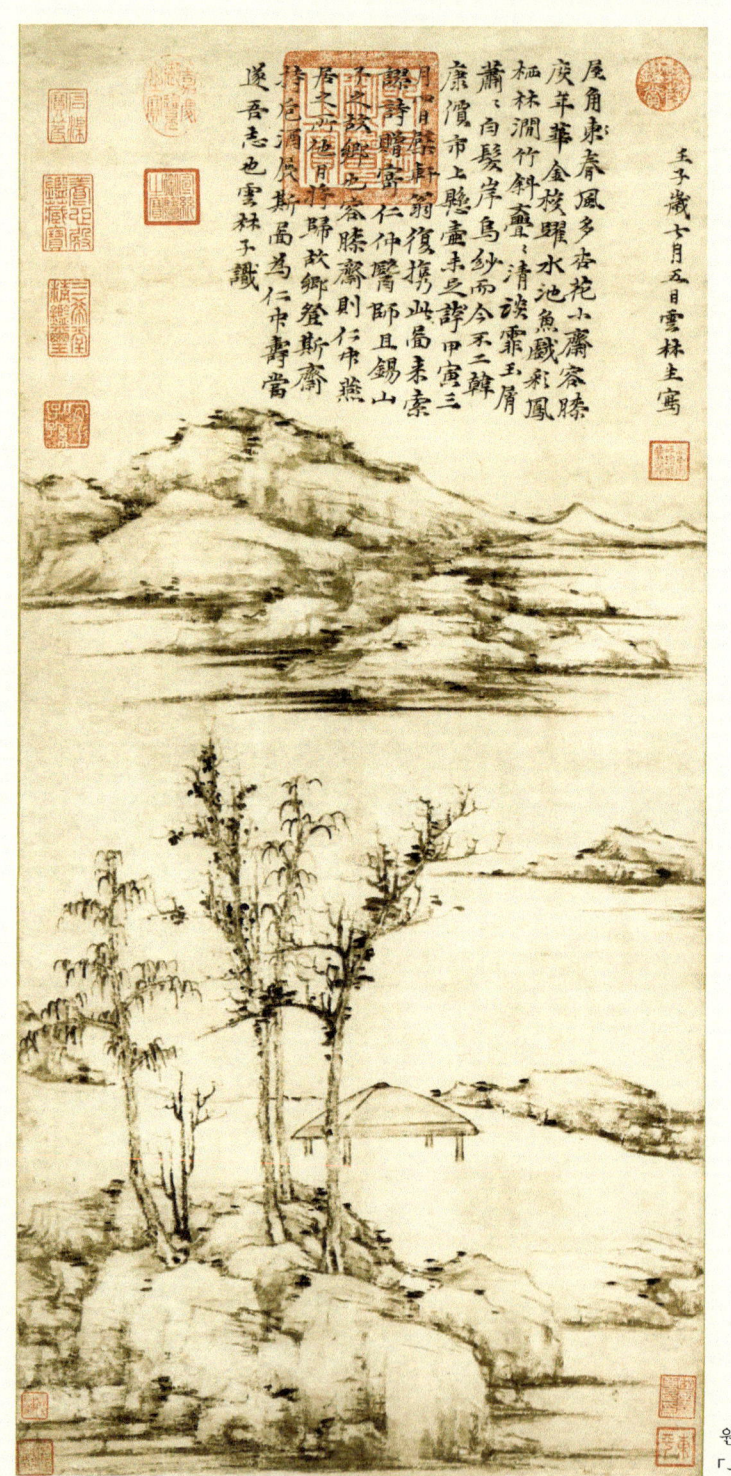

원元, 예찬倪瓚, 「용슬재도容膝齋圖」

함, 학명구고鶴鳴九皐, 천풍호탕天風浩蕩의 기운, 정수류심靜水流深, 유연적응悠然愜意의 경지, 문화와 정신의 작은 우주, 충만한 생명공간이 그 속에 들어있다.

선지가 서화와 만난 후, 문인화는 기틀을 갖추고 더욱 공고한 평가 체계를 확립했다. 선지는 문인화를 더욱 깊은 시적인 정감을 갖게 했다. 외적인 형태의 공간 배치를 최종 목표로 삼지 않고, 시정화의詩情畵意(시의 정서와 그림의 뜻을 조화롭게 표현하는 미학적 개념-역자주) 공간의 창조를 중요시했다. 예찬倪瓚의 종이본 그림『용슬재도容膝齋圖』에서 드러나는 공간이 그러하다. 공산수영空山水影, 일하양안一河兩岸, 산도 움직이지 않고, 물도 움직이지 않는다. 전체 그림은 고적枯寂하고, 적막寂寞하다. 그림 속의 정자에도 사람이 없고, 공허함 그 자체이다. 이러한 회화 언어는 자연 환경의 스케치가 아니라, 전달의 수단이다. 적막함과 공령한 공간 속에 무한한 내용이 담겨 있다.

문인화는 '도道'가 함축되어 있으며 그것은 경지와 품격이다. 회화는 어떤 경지에 도달해야 하는가? 요약하자면, 전반적으로 담, 정, 느림을 추구하며, 청간淸簡, 청아淸雅의 공령한 경지에 이르러야 한다. 청淸은 멀고 투명한 천지의 정신이며, 맑고 우아한 마음의 경지이다. 단어로 표현한다면, '청간'과 '청아' 외에도 청정淸正, 청륜淸倫, 청출淸出, 청약淸約, 청장淸壯, 청허淸虛, 청오淸悟, 청원淸遠, 청진淸眞, 청정淸貞, 청경淸警, 청정淸靜, 청화淸和 등이 될 수 있다. 전체적으로 '청'은 내면의 지성이 지닌 특성으로, 세속을 벗어난 초연한 고원함이다.

그림의 품격은 한편으로는 회화에 대한 요구이고, 다른 한편으로는 인품에 대한 요구이며, 이 두 가지는 서로 연결되어 있다. 글이 그 사람이고, 그림이 그 사람이며, 글씨가 그 사람이고, 인印이 그 사람이다.

유가儒家의 '수제치평修齊治平(수신제가치국평천하의 줄임말)'의 이상을 가져야 하며, 도가道家의 '독여천지정신왕래獨與天地精神往來(인간의 정신은 우주의 본체와 서로 연결되어 있다는 의미-역자주)'의 경지를 추구해야 하고, 불가佛家의 '공령空靈', '적멸寂滅'과 같은 수행이 필요하다. 핵심은 여전히 세속으로부터 멀어지는 것이다. 그림 속에 오염과 불순함이 들어가면, 문인화의 정신적 실체를 얻기 어렵다. 임산지林散之는 시에서 이렇게 말한다. "춥고 외로운 등불 아래 수십 년의 서리를 견디며, 먹을 갈고 닦으니 감정이 깊어라. 붓을 들어 곡선에서 곧은 선으로 가니, 원 속에 네모가 있다. ……" 중국인은 경지가 수행을 통해 이루어지며, 이는 자연스레 되는 것이 아니라고 믿었다. 사람이 어떤 경지에 이르면, 그의 작품도 그 경지에 이른다. 중국인은 서화를 보고 평가할 때, 항상 작가를 마음에 둔다. 글이든 그림이든, 이런 그림자를 벗어나기 어렵다.

황빈홍黃賓虹이 예술평론가 구주상裘柱常에게 보낸 편지에서 이렇게 말했다. "그림이 첫눈에 놀라움을 주고 그 기술의 정교함에 감탄하지만, 깊숙히 자연의 풍취가 없으면 하급이다. 보고 나서 좋고 오래 봐도 싫증나지 않으면 중급이다. 처음에 별로 좋지 않거나 좋은 부분이 보이지 않지만, 깊이 관찰하면 그 좋은 부분이 다른 사람이 도달할 수 없는 곳에 있고, 붓의 깊은 의도를 이해하지 못하는 사람에게는 보이지 않으며, 오래 보면 끝없이 아름답다면, 이것이 상급이다." 좋은 그림은 한번에 볼 수 있는 것이 아니다. 만약 선전화가 시끄러운 예술이라면, 문인화는 조용한 이야기, 정숙한 예술이다. 제백석齊白石의 「한야객래차당주寒夜客來茶當酒(추운 겨울 밤에 손님이 찾아와 차로 술을 대신하는데)」「와성십리출산천蛙聲十里出山泉(개구리 울음소리가 들리는 곳 십 리 안에 반드시 샘물이 있다)」 등은 정精으로 동動을 제어한다. 중국의 글이든 서화든,

항상 정중삼매靜中三昧에 중점을 둔다. 이 또한 당연한 일이다. 선지宣紙 자체가 또 다른 정숙하고 광대한 천지 자연이기 때문이다.

옛날부터 대가들은 대부분 '문질빈빈文質彬彬, 연후군자然後君子(겉모양의 아름다움과 속내가 서로 잘 어울려야, 비로소 군자라 할 수 있다는 뜻-역자주)'의 품성을 가지고 있었으며, 설령 광기에 빠진 상태라도 범접하지 못할 맑은 기운이 있었다. 따라서 인품이 높을수록 그림의 품격도 높았다. 그림을 그리는 것은 재능만으로는 부족하며, 독서로 수양을 보충해야 한다. 매너리즘은 수양의 문제이며, 기술이 능숙해질수록 매너리즘이 강해지는 법이다. 그림이든 서예든 서권기書卷氣를 우선시했다. 서권기란 서화 작품 속에 넘치는 문화적 기운, 문인의 기질, 정신적 높이를 말한다. 육엄소陸儼少의 말에 따르면, 열에서 사는 독서, 삼은 글쓰기, 삼은 그림 그리기이다.

선지宣紙에는 자유성이 있어 특히 '일품逸品(뛰어난 기질이나 품격)'이 쉽게 나타난다. 위진魏晉, 당나라唐朝, 오대五代 이후로, 기술적인 바탕이 튼튼한 대가들 덕분에 능품能品, 신품神品, 묘품妙品이 많이 나왔다. 송원宋元 이후로 선지가 등장하면서, 문인화는 기술과 이론에서 혁신과 탐구를 거듭하며 '일품'이 끊임없이 나왔다. '일품'은 정해진 틀을 벗어나 독자적이고 신비성을 지닌 극히 자유로운 작품이다. 자유는 항상 예술의 가장 핵심적인 추구가 되어왔다. 헤겔은 한때 이렇게 말했다. "세상의 본질이 무엇이냐고 묻는다면, 나의 대답은 '정신'이다. 정신의 본질이 무엇이냐고 묻는다면, 나의 대답은 '자유'이다." 선지는 예술의 '통감通感'을 충분히 반영하며, 헤겔이 말한 '정신'과 통하고, 창작자의 '자유'를 충분히 구현한다. 세계 서화 예술의 숲에서 농담濃淡, 건습乾濕, 음양, 허실虛實, 비백飛白(획을 나는 듯이 그어 그림처럼 쓴 글씨체-역자주), 준찰준찰擦(산수화를 그릴 때 입체감이 있도록 주름을 그리는 기법), 점선 및 중채重彩(짙은 색채)를 기교 있게 결합시키는 것은 선지를 매개로 한 문인화만이 할 수 있다. 1956년, 장대천張大千이 스페인을 방문해 피카소를 만났을 때, 피카소는 제백석齊白石의 그림을 모사하며 이렇게 감탄했다. "그는 중국에서 가장 뛰어난 화가이다, 그의 그림 기술은 정말 놀랍다. 물고기를 그릴 때, 명백히 수묵만 사용하고 색조도 없는데, 사람들은 그의 그림에서 살아있는 물고기와 흐르는 강물을 본다. 정말 놀라운 기적이다! 어떤 그림은 보기에 아무것도 없는 것 같지만, 모든 것을 담고 있다."

피카소의 이러한 태도는 사실 당연하다. 그는 모든 관념적 예술, 기성 예술, 미의 개념, 궁정의 개념, 상업적 개념에 반대하며, 그리스, 아프리카, 본능을 숭배했다. 그가 중국화의 필묵에 감탄한 것은 사실 예술의 자유에 대한 찬사였다. 피카소가 몰랐던 것은, 중국화의 흔들리는 필묵 너머에 숨겨진 '귀한 그릇'이 바로 선지라는 사실이었다.

19. 붓, 먹, 벼루의 만남

중국인은 붓, 먹, 종이, 벼루를 '문방사보文房四寶'라 칭하며, 이 네 가지 글쓰기 도구가 하나의 체계로 서로 밀접하게 연결되어 있다고 보았다. 완벽한 그림은 붓, 먹, 종이, 벼루가 함께 창조한 결과물이라고 보는 것이다. 붓, 먹, 종이, 벼루는 사위일체四位一體로, 하나라도 없어서는 안 된다. 중국 서화에는 구勾, 준皴, 찰擦, 란染, 점點 등의 기술이 있으며, 파묵破墨, 숙묵宿墨, 적묵積墨, 발묵潑墨 등의 먹 사용법, 중봉中

鋒, 측봉側鋒, 역봉逆鋒, 탁봉拖鋒, 절차고折釵股와 옥루흔屋漏痕, 비백봉飛白鋒 등의 붓 사용법이 있다. 그러나 붓이든 먹이든 결국은 종이 위에 내려앉는 법이다. 따라서 붓, 먹, 종이와 먹을 갈아주는 벼루는 서로 불가분의 관계이다. 비유하자면 붓, 먹, 종이, 벼루는 중국 고대에서 가장 우아한 문예적 결합으로 마치 서양 고전 음악의 '현악 4중주'와 같다. 붓, 먹, 종이, 벼루의 매끄러운 운영은 마치 해와 달, 별의 운행과 같다.

'문방사보' 중에서 붓의 탄생이 가장 이르다. 글자는 처음에는 갑골에 새겨지고 그 다음에는 청동과 죽간에 새겨졌다. 붓이 새김칼을 대신하게 되면서 비로소 문자가 쓰여질 수 있게 되었다. 놀랍게도 붓의 발명이 선성宣城과 관련이 있다는 이야기가 있다. 기원전 223년경, 진秦나라의 장수 몽염蒙恬이 초나라를 치러 가면서 선주宣州 일대를 지나다가 이곳에서 살찌고 털이 긴 토끼를 보고 토끼털을 대나무 관에 고정하여 글쓰기 도구로 사용했다는 것이다. 이후 선성과 인접한 절강 호주湖州 일대의 붓 만드는 기술이 널리 알려졌다.

고고학적 증거에 따르면, 기원전 2000여 년 경에 이미 붓이 출현했으며, 이는 '몽염이 붓을 만들었다'는 이야기가 정확하지 않음을 증명한다. 가장 초기의 붓은 대부분 머리 부분이 솔처럼 생겨 단순히 선을 그리기에 적합한 형태였다. 몽염은 아마도 붓의 길이가 같은 붓의 머리를 끝이 뾰족한 형태로 개량하고 제작방법을 개선했을 가능성이 크다. '필筆'이라는 글자에서 붓의 제작 방법을 볼 수 있다. 동물의 털을 작은 원형 대나무 관 안에 고정시킨 후 글씨를 쓰는데 사용했다.

붓의 출현은 글자의 보존에 크게 기여했다. 붓이 등장한 후, 사람들은 더 이상 대죽에 새기지 않고 붓으로 먹을 찍어 글을 썼다. 이러한 행위는 글쓰기의 효율성을 크게 향상시켰으며, 동시에 글쓰기 재료의 변화와 제지술의 발명을 촉진했다. 붓이 가진 표현하고자 하는 욕구를 죽간으로는 만족시킬 수 없었기 때문에 종이가 생겨났다. 이 논리적 연결은 내재적이며 자연스러운 것이다.

 모필이 정형화되기 전에 한자는 아직 쓰기 규범도 형성되어 있지 않았고 예서隸書도 나타나지 않았다. 한나라 때, 모필이 뾰족하고 섬세하게 정형화되면서 서서히 글쓰기 규범이 생기고, 출봉出峰, 별날撇捺과 같은 필법이 생겼다. 당시에 모필로 글을 쓸 때는 붓끝을 대나무 조각에 잠시 얹어두어 먹물이 대나무 조각에 둥근 점처럼 맺히게 했는데, 이를 '잠두蠶頭'라고 했다. 바른 자세로 붓끝을 왼쪽에서 오른쪽으로 움직이다가 모필을 가볍게 들어 올려 제비꼬리처럼 날렵하게 치켜올리며 마무리하는데 이를 '연미燕尾'라고 했다. 이로써 가장 초기의 글쓰기 규범이 생겼고, 예서가 형성되었다.

 동한東漢 시절에는 인공 식물지植物紙가 출현했다. 이전의 견백絹帛(고대 비단의 총칭) 잡물이 섞인 종이에 비해 본질적인 비약을 이루었다. 모필이 종이에 닿는 것은 대나무 조각에 닿는 것과 달리, 더욱 민감하고 섬세했다. 이에 따라 글씨쓰기에 대한 요구도 자연스레 변했다. 예서가 종이에 쓰여지면, 물결이 이는 듯, 처마끝이 하늘로 치켜 올려지는 듯, 새의 날개가 펼쳐지는 듯한 느낌을 주었다. 종이에 글을 쓸 때의 속도도 대죽竹簡에 쓸 때보다 빨라졌다. 이렇게 탄생한 서체가 장초章草이다. 이때는 아직 벼루가 없었으며, 글씨쓰기와 관련하여 붓, 먹, 종이가 '문방삼보文房三寶'를 이루었다. 삼국 위진三國魏晉 시대에 가장 유명한 '문방삼보'는 좌백지左伯紙, 장지張芝 붓, 위단韋誕 묵이었다. 이후 글쓰기 도구가 고정되면서, 중국 서화, 특히 서예는 점차 일정한 미학 및 평가 체계를 형성했다. 중국 서예와 회화의 선적인 미, 음악적인 미, 구성미 그리고 정취의 미가 자연스럽게 생겨났다.

진대晉代에 선성宣城 지역에서 생산되던 모필이 널리 알려져 '선필宣筆'이라 불렀다. 선필 중에는 상품인 '진씨필陳氏筆'이 있어 문인 묵객들의 사랑을 받았다. 전하는 바에 따르면 왕희지王羲之는 진씨필을 구하기 위해 직접 『구필첩求筆帖』을 썼다고 한다. 수당隋唐 시기의 선필은 주로 토끼털을 사용했는데, 붓머리가 짧고 단단했다. 이런 선택은 당시 종이의 특성과 관련이 있을 것이다. 그 당시의 종이는 비교적 단단하고 거칠었기 때문에, 너무 섬세하고 부드러운 붓은 활용하기 어려웠을 것이다. 당나라 때의 붓은 매끄럽지 않고 붓끝이 심하게 닳아 자주 교체해야 했다. 따라서 많은 모필의 머리부분이 교체가 가능하도록 바뀌었다. 붓관은 계속 사용하고, 필두가 닳으면 새로운 것으로 교체했다. 남당南唐 시절에, 선주의 제갈씨諸葛氏는 유명한 필장筆匠이었는데 그가 만든 붓은 첨尖, 제齊, 원圓, 건健의 네 가지 특징을 가졌다. 즉 봉호가 뾰족하고, 외형이 원만하며, 눌러 쓸 때 부드럽지 않고, 들어 올릴 때 흩어지지 않는 특징이 있었다. 전해지기로 제갈필의 필두는 쥐수염으로 만들어졌다고 한다. 남당 후주의 마지막 왕 이욱李煜의 왕후 주아황周娥皇은 제갈필만을 사용하며, 특별히 '점청라点青螺'라고 명명했다.

송초宋初에 편찬된 『태평어람太平御覽·지부地部』에 기록된 바에 따르면, "선주宣州 중산中山은 독산獨山이라고도 불리는데 율수현溧水縣 동남쪽 십리에 있으며, 다른 산들과 잇대어 있지 않다. 옛날부터 전해져 오는 이야기에 따르면, 중산에는 백토끼가 살고 있으며, 이곳의 토끼털로 만든 붓은 세상에서 가장 정교하다고 한다." 당시의 여수는 선주군에 속했다. 송나라 때, 선주 제갈고諸葛高의 필제 기술이 매우 유명했다.

그가 만든 붓은 긴 필봉과 부드러운 필모를 가지고 있어, 이 붓으로 글씨를 쓰면 예술적 표현력이 남달랐다. 북송 선주 출신의 시인 매요신梅堯臣은 고향에서 만든 선필을 구양수歐陽修에게 바쳤다. 구양수가 제갈씨의 선필을 사용해 본 후, 감탄하며 말했다. "선주 사람 제갈고는 붓을 만드는데 능하고 대를 이어 참뜻을 잃지 않았다. 필심과 부호副毫가 긴밀하고 모필이 정밀하다. 붓의 심지가 적당히 단단하여 사용하기 쉽고, 백 자루의 붓에서도 전혀 차이가 없다." 제갈필을 경사京師(당시의 수도)의 필공筆工이 만든 붓과 비교하며, 경사 필공이 만든 붓은 너무 딱딱하거나 너무 부드러워 선필만큼 손에 익지 않는다고 말한 것이다. 황정견黃庭堅도 "선주 제갈의 '삼부필三副筆'은 필봉이 다 닳아도 필심은 여전히 원형이다"라고 평가했다.

이후 제갈필은 장봉주심필 기법을 바탕으로 무심산탁필을 창제하였다. 주심을 넣는 공정을 생략하고 한두 종류의 털을 직접 선택하여 비교적 긴 필두를 만들어 필통 깊숙이 박아 넣음으로써 붓을 더욱 견고하고 강직하게 만들었다. 이 붓은 먹을 풍부하게 머금고, 자유롭게 휘두를 수 있어 수묵화 창작에 유용했다. 제갈필의 필모는 주로 양털로 만든 양모필羊毫筆, 황서랑 꼬리털로 만든 랑모필狼毫筆, 토끼털로 만든 자모필紫毫筆 세 종류가 있었다. 소식蘇軾은 무심산좌필에 대해 평가하기를 "오직 제갈고만이 할 수 있으며, 다른 배우는 자들은 모양만 닮았을 뿐 법을 따르지 못하며, 오히려 평범한 필보다 못하다. 마치 사람들이 두보杜甫의 시를 배우면서 거칠고 속된 것만 취하는 것과 같다"고 했다. 이는 더없이 높은 평가이다.

원대元代에 이르러 본래 명성이 높았던 선필宣筆이 점차 인근의 호필湖筆에 의해 대체되었다. 호필이 우위를 차지하게 되었는데, 이는 주로 지리적 이유 때문이었다. 선성宣城에 비해 호주湖州는 동남쪽에 위치하고 태호太湖와 인접해 경제가 더 발달했으며, 남경南京과 항주杭州 등 상업과 문화가 발달한 지역과도 가까웠다. 강소와 절강이 상업 문화가 번성하여 자연스럽게 호필의 생산을 촉진했다. 호필은 종류가 다양하고 필봉筆鋒이 견고하면서도 풍성했는데, 주로 산양털, 토끼털, 황수리 꼬리털을 원료로 사용했다. '천만 개의 털 중에서 한 가닥을 선별한다'는 말처럼, 70여 가지의 공정을 거쳐 정교하게 만들어졌다. 글씨를 쓸 때 단단하면서도 부드러워 쓰는 이의 개성과 재능을 충분히 표현할 수 있었다.

'문방사보文房四寶' 중에서, 붓이 한 발 앞서 나갔다면 뒤이어 부상한 것은 묵墨이었다. 묵정墨錠은 칠연漆煙, 유연油煙, 송연松煙 세 가지로 나뉘었다. 묵의 역사는 한대漢代로 거슬러 올라가며, 심지어 더 이전까지 거슬러 갈 수도 있다. 붓이 발명된 후, 사람들은 송나무, 칠나무 등을 태워 만든 연재를 모아 묵을 만들기 시작했다. 이후 점차 접착제를 첨가하고 철망치로 끊임없이 단련하여 묵괴墨塊를 만들었고, 글을 쓸 때는 물을 더해 갈다가 나중에는 연지硯池에서 묵을 갈게 되었다. 휘묵徽墨의 탄생에 관해서는, 『휘주부지徽州府志』가 이렇게 기록하고 있다. "휘묵의 창시는 당말唐末에 이조易州(오늘의 하북 이현)의 유명한 묵공 해초奚超가 전란으로 인해 아들 정규廷珪와 함께 남쪽으로 피난해 흡주歙州에 정착한 후 시작되었다. 흡주에 도착한 후, 휘주의 산천에 가득한 마미송馬尾松을 보고 송연 묵을 만들 생각을 했다. 해초는 황산의 송연을 주로 사용하고, 진주, 옥가루, 사향, 등황藤黃, 장뇌樟腦, 파두巴豆, 빙편冰片 등을 첨가해 한데 갈아서 만들었다. 해정규奚廷珪 때에 '묵색이 풍성하고 질감이 좋은' 고급 묵괴墨塊를 만들어 주목을 받았다. 어느 날아들 해정규가 만든 묵이 남당 후주의 왕 이욱李煜에게 전해졌는데, 그는 사용해 본 후 크게 기뻐하며 즉시 사람을 환남皖南으로 보내 해정규를 불러들였다. 그에게 이씨李氏 성을 주고 '묵무관墨務官'으로 임명하여, 궁궐에서 '오금烏金'을 생산하도록 했다.

상상력을 발휘하자면, 이정규의 묵이 전국에 명성을 떨치면서 환남의 산골짜기에서는 소나무 연기가 피어오르고 많은 집들이 묵을 만드는 일에 뛰어들었을 것이다. 그들은 가마를 만들고, 우수한 질감의 소나무를 베어 불을 지폈다. 묵을 만드는 작업장이 소나무 연기로 가득하고, 묵을 만드는 작업공의 눈도 검게 물들었다. 제조공들은 온종일 머리가 헐클어져 있고 몸에는 늘 연기 냄새가 배어 있었지만, 그들이 만든 휘묵은 천하에 명성을 떨쳤다. 지금까지도 휘묵은 전국 묵 제조 분야에서 선두를 유지하고 있다.

흡연歙硯의 탄생과 명성을 누린 역사는 휘묵徽墨과 크게 다르지 않다. 연현은 사실 '연마研磨'이며, 허신許慎의 『설문해자說文解字』에서는 '연研, 즉 연마한다'고 설명한다. 당시의 안료와 묵괴墨塊는 비교적 원시적이고 거칠었기에, 글을 쓰기 전에 연석으로 묵을 갈고 물을 더하여 조절했다. 연의 좋고 나쁨이 색과 묵의 연마에 큰 영향을 미쳤다. 흡연歙硯의 창시자는 이수연易水硯의 고장 산서山西 출신이었다. 그들이 산속 깊은 휘주徽州로 이주한 후, 무원婺源 용미산龍尾山의 돌이 검푸르고, 섬세하면서도 부드러운 것을 보고 벼루를 만들었다. 첫 번째 용미연이 완성된 후, 사람들은 놀라운 사실을 발견했는데, 흡연의 아름다움이 이수연을 훨씬 능가한다는 것이었다. 전하는 바에 의하면, 금성연대金星硯台 하나가 남당의 황제 이경李璟에게 전해졌고, 이경은 흡연이 발묵성이 좋고 물이 스미지 않으며 붓을 손상시키지 않는다는 사실을 알고

금새 매료되었다. 흡연의 특징은 정교하고 섬세하며 발묵이 잘 된다는 것이다. 색이 검고 촉감은 아기 피부처럼 매끄러우며, 몸체는 금석처럼 단단하고 옥처럼 윤기가 흘렀다. 먹을 가는 소리가 나지 않고 먹물을 찍어 글씨를 쓰면 매끄럽고 촉촉하며, 먹물을 담아 두어도 쉽게 마르지 않았다.

남당부터 남송에 이르기까지 강남, 특히 지금의 환남皖南 지역은 필묵지연筆墨紙硯의 주요 생산지로 자리 잡았다. 남당 시절, '문방사보文房四寶'는 특히 선주宣州 제갈필諸葛筆, 휘주徽州 이정규묵李廷珪墨, 휘주 징심당지澄心堂紙, 무원婺源 용미연龍尾硯을 가리켰다. 송대의 '문방사보'는 선필宣筆, 휘묵, 선지宣紙, 단연端硯 또는 흡연을 지칭했다. '문방사보'는 변화를 거듭하며 대체로 강남, 특히 환남이라는 자연이 주는 보물이 많은 땅을 벗어나지 않았다. 필, 묵, 지, 연은 중국 문화의 노래였고, 시문이었으며, 슬픔과 탄식이었다.

그 과정에서 붓은 낭호狼毫(족제비털), 양호羊毫, 서호鼠毫, 초호貂毫(담비털), 발호髮毫로 발전했고, 종이는 마지麻紙에서 황지黃紙, 상피지桑皮紙, 저피지楮皮紙, 등피지藤皮紙, 죽지竹紙로 발전하여 마침내 한층 뛰어난 청단피青檀皮와 사전도초沙田稻草를 주요 원료로 하는 선지가 등장했다. 묵은 주로 송연松煙을 기본으로 휘주 이정규묵 이후에는 로소화묵羅小華墨, 호개문묵胡開文墨 등이 등장했고, 휘묵이 오랜 시간 동안 독보적인 위치를 차지했다. 흡연은 점점 더 정교해져 나문羅紋, 미문眉紋, 금성金星, 금훈金暈, 어자魚子 등 독보적인 품질을 자랑하는 벼루가 되었다. 필, 묵, 지, 연은 마치 하나의 시스템과 같았다. 붓의 출현으로 종이에 대한 요구가 생겼고, 제지술의 개선은 붓에 대한 요구를 가져왔다. 동시에 붓은 묵을 필요로 했고, 종이는 묵을 필요로 했으며, 묵은 벼루를 필요로 했다. '문방사보'에서 붓과 종이, 묵과 벼루는 마치 부부나 형제와 같다. 중국화에서 붓과 종이는 핵심 중의 핵심이며, 묵이 그 다음이고, 연대는 그 다음이다. 앞의 세 가지에 비해 연대는 복과 평안을 기원하는 뜻이 담긴 감상용 공예품으로도 볼 수 있으며, 미학적 의미를 가진다. 그 후, '사대호법四大護法'이 점차 확장되어 필각筆架, 필통筆筒, 필세筆洗, 필병筆屛, 수주水注, 진지鎭紙, 연갑硯匣, 인니印泥, 인규印規 등이 계속 추가되어 '호법'의 진용이 더욱 완비되었다. 이 체계는 지속적으로 정교함을 추구하며 끊임없이 발전하여 마침내 지극한 자연스러움의 경지, 천지합일의 경지에 이르렀다.

'문방사보文房四寶'를 펼쳐 글을 쓰거나 그림을 그릴 준비를 하는 모습은 시적이고 그윽한 분위기를 자아낸다. 먼저 선지宣紙를 정연하게 펴고 진지鎭紙로 눌러 고정한 뒤, 묵을 갈기 시작한다. 송연松煙이 수중에 서서히 퍼져 나가며, 단련된 송연 가루가 천천히 물에 녹아 더없이 맑고 검게 변한다. 묵을 가는 동작은 단순히 묵을 세밀하게 만드는 것이 아니라, 감정의 침전이며, 조급함, 잡념, 혼란을 갈아내는 것이다. 세상은 저절로 고요해지고, 사람은 고요하고 담담한 마음으로 천천히 붓에 먹물을 찍으며 생각에 잠긴다. 이어서 먹물을 머금은 붓털이 종이에 닿고, 종이는 먹물을 머금고 미세한 섬유 속으로 스며든다. 필봉에 먹물을 찍어 중봉직필中鋒直筆로 힘차게 진행하고, 측봉側鋒으로 조정하는 움직임은 마치 날렵한 바람 같고 흘러가는 구름 같다. 이 과정은 단순히 정신을 집중하는 것이 아니라 자아를 잊은 정신의 춤이다. 정교하고 자유로운 선들이 구름 위를 거닐고 숲 속의 소로를 걸어 가는 듯하다. 붓끝의 둔좌頓挫(굵은 획으로 변해 갈 때 붓을 약간 틀면서 누르는 동작), 별날撇捺(필획의 왼 삐침과 오른 삐침)은 음율의 완급처럼 영성, 자유, 생명의 에너지를 방출한다.

　'문방사보'의 탄생에는 또 다른 깊은 이유가 있는데, 그것은 청허淸虛와 정적靜寂이다. 이것은 축적이자 단련이며, 또한 무르익음이다. 문화의 정수는 언제나 곧바로 얻어지기 보다는 시간의 침전이 필요하고, 잡념이 없는 깨끗한 심성이 필요하며, 더욱이 정적인 분위기가 필요하다. 이런 점에서 볼 때, 환남皖南 지역은 중국 문화의 삼매三昧를 깊이 간직한 곳이다. 황산黃山 기슭에 있는 이 그리 크지 않은 지역이 중국 문화의 매개체인 '문방사보'를 키워 낸 그 천조지설天造地設에 감탄을 금할 수 없다! 모든 것이 운명적으로 정해져 있다는 말은 바로 이를 말하는 것이 아닐까?

06

선지宣紙 위의
문화 풍경

20. 선지宣紙 위의 원나라

　조맹부趙孟頫는 문인화文人畵의 발전 과정에서 뿐만 아니라 선지의 발전 과정에서도 매우 중요한 인물이라고 해야 할 것이다. 조맹부의 손에서 문인화가 크게 발전하여 중요한 역사적 지위를 확립했고, 문인화의 개념이 공고해졌다. 그는 조길趙佶이 제안한 시, 서, 화, 인 '사위일체四位一體'를 기준으로 정교하고 우아한 그림과 글씨를 창조했고, 화룡점정의 인장을 통해 인간의 정신, 사고, 심령, 경계를 표현하려 했다. 조맹부는 종이에 더욱 의존했다. 마치 이리저리 떠다니는 한 조각 구름처럼 선지는 그의 붓끝에서 모든 것에 선기仙氣와 영성이 부여되었다.

　송나라 황실의 후손이었던 조맹부는 새로 세워진 원나라의 회유와 포섭을 피할 수 없었다. 원 23년(1286년), 쿠빌라이는 정거부程鉅夫를 강남으로 보냈다. 정거부는 호주湖州에서 은거 중인 조맹부를 찾아와서 새 왕조에 들어올 것을 요청했다. 쿠빌라이는 풍채가 준수하고 침착한 조맹부를 보고 잠시 놀라움을 금치 못했다. 『원사元史』에는 "맹포의 재기가 영민하고, 기품이 빛나, 신선 중의 인물 같았으며, 세조가 그를 보고 기뻐했다"고 기록되어 있다. 전 왕조의 황실 후손이었던 조맹부는 원나라 조정에 들어가 세조 때에 오품 관직에서 출발하여 인종 때에는 일품 관직에 올랐다. 중신의 지위에 올랐음에도 불구하고, 조맹부는 송나라 황실의 후손이라는 자신의 정체성을 더욱 포기하기 어려웠다. 어릴 때부터 받은 유가적 가치관은 그에게 충신이 되어야 한다고 가르쳤지만, 문제는 그가 누구에게 충성해야 하는가 였다. 송의 강산에 충성해야 하는가, 아니면 문화 도통道統(도학을 전하는 계통)에 충성해야 하는가? 괴로운 심경을 달래기 위해 조맹부는 『난정집서蘭亭集序』를 필사하고, 조식曹植의 『낙신부洛神賦』, 유령劉伶의 『주덕송酒德頌』, 혜강嵇康의 『여산거원절교서與山巨源絶交書』 등을 계속 필사하며 삶의 중심을 찾기 위해 노력했다.

예술적 능력, 이해력, 창조력 측면에서 볼 때, 조맹부는 중국 서화사史에서 가장 심오하고 능숙한 심지어 완벽한 인물이라고 할 수 있다. 탁월한 예술 수양과 필묵筆墨 기술 덕분에, 조맹부는 문인화의 방향을 능숙하게 이끌 수 있었다. 그는 마치 뛰어난 기수처럼 자신이 타고 있는 말을 춤추게 할 수 있었다. 원元 이전까지 문인들도 그림에 글씨를 썼지만, 이는 그림의 전체적인 효과와 구성에 영향을 미치지 않는 정도였고, 글자는 눈에 띄지 않는 곳이나 심지어 산속의 돌 틈새에 숨겨져 있었다. 조맹부 이후로 시문이 그림의 일부가 되어 중요한 위치에 당당히 등장했으며, 그림 속에서 글씨의 지위가 점점 중요해졌다. 또한 인장도 슬며시 그림 속으로 들어와 자리 잡았다. 문인화는 진정으로 그림, 시문, 서예, 인장 '사위일체'가 되었다. 그림은 가장 중요한 매개체이고, 시문은 재능의 상징이며, 서예는 영혼이자 귀결점으로 여겨졌다. 한자의 횡橫(가로획), 수竪(세로획), 피撇(긋는 획), 별撇(긋는 획), 절折(꺾는 획), 점點(점획)은 글자의 형태이자 더 나아가 뿌리라는 것을 상기시켰다. 인장은 초기 금석문으로의 회귀이며, 그림에 생동감을 주었다. 이렇게 조맹부, 황공망黃公望 등을 통해 그림, 시문, 서예, 인장 네 가지는 불가분의 관계가 되었고, 이것이 문인화의 비교적 고정된 특징과 형식이 되었다. 이런 수용적인 태도는 문인화를 더 풍부하고도 어렵게, 또한 더 매력적으로 만들었다. 그것은 단지 문인들의 즉흥적인 휘갈김이 아니라, 생명의 지혜를 나타내고 깨우치는 역할을 했다. 문인 묵객들이 창작의 행렬에 발을 들이는 것도 놀라운 일이 아니었다.

'서화동원書畵同源'의 제창은 단순한 표면적인 의미뿐만 아니라 더 깊고 은밀한 뜻을 담고 있다. 실제로 이것은 추억의 발현이자 고수固守의 표현이다. 동시에 문인화文人畵의 기능을 그대로 옮기는 것이 아니라, 필묵과 선의 예술을 통해 심령의 반영과 해방이라는 강한 주관성을 드러내는 것이다. 명나라의 왕세정王世貞은 '문인화는 동파東坡(소동파를 지칭)에서 시작해 송설(松雪, 조맹부의 호)에 이르러 대문을 활짝 열었다'고 여겼다. 이 말은 조맹부가 문인화 역사에서 차지하는 위치를 말한 것이지만, 그는 조맹부가 제창한 '서화동원'의 본질을 이해하지 못했다. 원나라의 군사력과 세속이라는 이중의 압박 하에서 '위국공魏國公'인 그에게는 더욱 은밀한 동기와 고려가 있었다.

조맹부는 종이에 특별한 애정을 가졌다. 이 시기에 선지가 탄생했을 것으로 보인다. 선지의 특성에 대해 조맹부는 낯설지 않았다. 평소에 그는 종이에 '고목죽석枯木竹石'을 그리는 것을 좋아했고, 그림에 다음과 같은 시를 썼다:

돌을 그리면 글씨를 쓸 때 비백체와 같고,
나무를 그릴 때는 주문체와 같다.
대나무를 그리려면 글씨를 쓰는 팔법을 모두 알아야 한다.
만약 이 이치를 안다면 서법과 서화가 본래 하나임을 아는 것이다.

이 시는 서화가 동일한 근원에서 나왔다는 뜻을 담은 시로, 조맹부의 문인화에 대한 이해를 드러낸다. 기석奇石을 그릴 때는 서예의 '비백' 준찰법을 적용하고, 고목을 그릴 때는 고대 전자篆字의 필법을 사용하며, 별撇과 날捺의 필법으로 묵죽을 그리려면 '영자팔법永字八法'에 능통

원元, 조맹부趙孟頫, 「작화추색도鵲華秋色圖」(일부)

해야 한다는 것이다.

조맹부가 40대에 그린 '작화추색도鵲華秋色圖'와 '수촌도水村圖'가 큰 명성을 얻으며 문인화 초기의 전형이 되었다. '작화추색도'는 제남濟南 화불주산華不注山과 작산鵲山 일대의 풍경을 그린 것으로, 나무 잎이 떨어지고 가지만 남아 찬 바람에 흔들리는 정경을 그렸다. 해질 무렵, 비스듬히 떨어지는 햇살에 붉은색과 자주색으로 물든 풍경의 장엄함이 매우 인상적이다. 이 그림은 전형적인 '한림寒林' 화풍으로, 조맹부는 왜 이런 그림을 그렸을까? 변화하는 중에 변하지 않는 이치가 있고, 무상한 가운데 영원한 이치가 있다. 가을이 오면 만물이 시들지만, 봄이 오면 풀은 스스로 푸르러진다. 황량하고 삭막한 경치도 생명력과 희망으로 가득 차 있다. 이러한 본질은 후세 화가들에게 영향을 미쳤다. 산에 투영된 화가의 미학, 물결무늬를 포함해 그림의 모든 필법에 자연스러움, 자유, 슬픔이 가득 차 있다. 공백에는 우아하고 부드러운 소해小楷(작은 해서체)로 잊을 수 없는 심경을 적은 후 인장을 찍었다. '작화추색도'는 중국 산수화 역사에서 매우 중요한 작품이며, 문인화의 기초를 다진 작품이라고도 할 수 있다.

또 다른 종이본인 「수촌도水村圖」도 비슷한 정서를 담고 있다. 그림은 색채가 거의 없이 대부분 연한 먹으로 이루어져 있다. 조맹부趙孟頫는 이러한 방식으로 물가의 마을, 구불구불한 언덕, 흐릿한 나무들을 그렸다. 평온하고 담담한 가운데 세월이 순백처럼 흘러간다. 이러한 감정은 하늘에 닿을 듯이 높이 솟아 웅장한 기세를 자랑하는 장엄한 산천과는 사뭇 다르다. 그림의 필묵은 조맹부의 시대에 이르러, 마치 험준한 산봉우리에서 평원으로 떨어진 것처럼 현실적이고 평화로우며, 고요 속에 무력함과 슬픔을 깊숙이 숨기고 있다. 이 점에 대해 조맹부의 「작화추색도鵲華秋色圖」를 범관范寬 혹은 거연巨然의 작품과 비교해 보면 알 수 있다. 범관과 거연의 깊은 산 기이한 물은 최고의 경지에 이르렀지만, 그것은 현실적이지도 자연스럽지도 평화롭지도 않다. 반면에 조맹부의 가까운 산과 고요한 물은 더욱 현실적이고 평화롭고 자연스럽다. 기술적인 처리에서 조맹부는 매우 섬세하고 가는 선을 사용하여 작은 산들, 나무, 강, 강에서 낚시하는 몇 명의 어부를 그렸는데, 거의 분별할 수 없을 정도로 정경이 아득하다. 조맹부도 훗날의 문인화도 이렇게 눈에 보이는 대로 그렸다. 나무만 보고 숲은 보지 않았고 일부만 보고 전체는 보지 않았다. 이러한 느낌을 선종禪宗의 말로 표현하면 '산은 산이요, 물은 물이다'라고 할 수 있다. 이것은 '산을 보아도 산이 아니고, 물을 보아도 물이 아닌' 것보다 높은 제3의 경지다. 이러한 경지에서 '본래의 것'을 볼 수 있다.

음악으로 표현하자면, 「작화추색도」는 우아한 소나타와 같다. 거연巨然과 범관范寬의 교향곡 같은 웅장함이 사라지고, 대신 실내에서 연주되는 현악 사중주로 바뀌었다. 혹은 비 오는 저녁, 고요한 분위기 속에서 한 사람이 피리를 불고 서너 명의 지기知己들이 즐거운 마음으로 듣는 것과 같다. 이것이 바로 평범한 인생, 깊이나 용기에 구애받지 않고 자족과 자유에도 얽매이지 않는 인생이다. 그저 시골에서 조용히 살면서, 혼자 연주하고 혼자 감상하며, 평온하고 안정된 방식으로 삶의 시간을 보낸다.

단순해 보이는 그림 속에 무한한 내용이 담겨 있다. 문인화는 시이며, 문학이며, 개념의 종합 예술이다. 문인화의 멋은 필묵에 있지 않고, 필묵 뒤에 숨은 것들, 그림 뒤에 있는 수양, 마음, 정취에 있다. 조맹부趙孟頫는 항상 '사고師古'를 주장했는데, 이는 남송 이후의 회화 스타일에 대한 불만 때문만은 아니며, 왕희지王羲之, 고개지顧愷之, 전자건展子虔, 왕유王維 등 고대 화가들의 예술 정신을 계승한 것이다. 더 나아가 전통 문화의 홍보와 계승이라는 의미도 담고 있다. 몽골이 중원을 차지한 후, 중화의 전통 문화는 은밀히 존재할 수 밖에 없었다. 대신에 주류를 차지한 것은 몽골인들의 세속적이고 실용적인 유목 문화였다. 조맹부가 이렇게 주장하는 것은 그의 마음속에 숨겨진 원망과 고통, 깨달음과 통찰 때문이다. 그는 그러한 틀에 박힌 표현이나 단순한 시시비비로 도덕적인 판단을 하고 싶어하지 않았다. 그보다는 삶에 대한 자신의 통찰, 존재의 생경함과 모순을 더 복잡하고 섬세한 방식으로 표현하고 싶어 했다. 마치 그의『서풍수마도西風瘦馬圖』처럼 한 사람이 말을 끌고 가는 쓸쓸하고 슬픈 모습은 그의 정신적 자화상이다.

조맹부趙孟頫의 그림은 마음과 외부 현실의 조화를 대변한다. 조맹부의 글씨도 마찬가지로 아름답고 평화롭다. 정확하고 준수한 글씨체는 조맹부에게 서예사에서 불멸의 위치를 가져다주었다. 누군가는 그의 서체에 대해 '살이 뼈를 가리지 않고, 근이 겉으로 드러나지 않으며, 자태의 아름다움이 넘치지만 웅장하고 기세가 넘친다. 미인 양귀비楊貴妃가 날개 옷을 입고 춤추는 데, 누가 마음을 빼앗기지 않겠는가?'라고 평가했다. 이는 조맹부의 서예가 수려한 미의 전형이며, 왕희지王羲之의 중화미中和美, 안진경顔真卿의 기혈미氣血美와 같다는 것이다. 그의 서예가 비할 데 없는 우아함과 고귀함을 지녔다는 평가이다. 하지만 아름다움과 우아함에는 다른 해석도 있다. 일부는 조맹부의 서예는 '무골無骨하고 부드럽다'고 지적한다. 서화도 다른 모든 예술처럼 작품과 인격을 연관지어서도, 완전히 분리해서도 안 된다. 때로는 서품이 인품을 나타내지만, 때로는 인품이 서품이 아니다.

중요한 것은, 그림이든 서예든, 스타일의 표현은 실제로 재료의 영향을 크게 받는다는 점이다. 송말 원초에 제지술이 크게 발전했는데, 특히 선지宣紙가 등장하면서 종이는 더욱 부드럽고 섬세하게 먹을 흡수하게 되었다. 그 결과 그 위에 쓰여진 글씨가 더욱 정확하고, 아름답고, 정교해졌다.

조맹부의 서예와 그림이 모두 '부드러움'이라는 특징이 있다. 그림 속의 물, 버드나무, 사람뿐만 아니라 산과 돌에도 부드러운 기운이 있다. 그러나 이 부드러운 기운은 어떤 온화함과 고귀한 기운을 품고 숲과 이슬, 연무와 어우러져 고요함 속에 특별한 맑은 경지를 형성한다. 조맹부의 서화에서 우리는 그의 예술관을 명확하게 볼 수 있다. 고고하기 보다는 침잠하고, 하늘거리기 보다는 고요하며, 험준하기 보다는 평온하고, 기이하기 보다는 품격이 있다. 그것은 마치 영혼의 단련과 내면적 관찰, 삶의 역설과 자아의 모순을 벗어난 뒤의 윤택함과 같다. 조맹부의 '부드러움'은 어떤 의미에서 볼 때 자신을 단련한 뒤에 찾아오는 온화함이자 자유로움이다. 시, 서, 화, 인의 창작에서 조맹부는 모든 내적 갈등을 벗어버린 뒤에 맞이하는 지극한 우아함, 온화함 그리고 아름다움을 드러내며 과거에도 없었고 미래에도 없을 방식으로 문화의 강물 속에서 잔잔히 일렁인다.

예술과 인생은 그렇게 현실과 비현실 사이에 존재한다. '여래如來'의 본질이 마치 온 것 같기도 하고, 온 것 같지 않기도 한 것과 같다. 이 때문에 조맹부趙孟頫는 특별히 '의미'를 중시하고 '형태'를 가볍게 여겼다. 아마 그에게는 사바세계는 무의미하고, 이상과 관념의 세계가 더 중요했을 것이다. 서화보다는 그것을 창작하는 문인과 사대부정신이 더 중요하다고 여겼을 것이다.

이로부터 조맹부가 문인화를 강조하는 숨은 뜻을 짐작할 수 있다. 한편으로는 '도'에 대한 탐구를 통해, 사대부 정신의 준수에 이르고, 다른 한편으로는 '도의 전달' 즉, 중화 문화의 정수를 전승하려는 것이다. 『당육여화보唐六如畵譜』에 조맹부와 전선錢選의 대화가 기록되어 있다. 조맹부가 전선에게 물었다. '사부화士夫畵란 무엇이오?' 전선이 대답했다. '예서 필법이오.' 조맹부가 말했다. "그렇지만 왕유王維, 이성李成, 서희徐熙, 이백시李伯時 등 사대부 중 고상한 이들을 보면, 단순히 외형을 모방하기보다는 그림을 통해 대상의 신비를 전달하려고 했소. 근세의 사부화 작가들은 크게 잘못되었소." 이 대화에서 전선은 문인화가 사실상 서예의 필법으로 그림을 그리는 것이라고 생각했지만, 조맹부는 그림의 내면적 정신, 화가의 내면 인격을 표현해야 한다고 여겼다. 문인화를 잘 그리려면, '사대부 정신'이 있어야 한다는 것이다. 예술가가 되려면 먼저 '사士'가 되어야 하며, 도덕적 요구와 품성을 지닌 지식인이 되어야 한다고 본 것이다.

일부는 원나라 시대에 조맹부가 있었기 때문에, 중원 문화가 약 백 년에 이르는 원의 통치가 끝난 후에 심각한 '단절'을 겪지 않고, 진晉·당唐의 유맥이 명明·청淸으로 비교적 원활하게 이어져, 심당문구沈唐文仇(명나라 중기에 나타난 회화의 한 조류-역자주)의 '명사가明四家'와 동기창董其昌, '사왕四王', '사승四僧' 등으로 나뉘질 수 있었다. 또한 일각에서는 황공망黃公望과 비교했을 때, 조맹부가 기술적인 관점에서 더 시적이라고 말한다. 필자 생각에 조맹부는 통찰력 있는 '무심한 사람'이다. 주변의 모든 것을 세밀하게 관찰하면서도 초연하다. 그는 더욱이 '예술의 눈'으로 보고, '예술의 손'으로 그리며, 예술적 방식으로 대한다. 천도天道를 깨달아 천도에 귀의한 조맹부는 자연스럽게, 선지宣紙처럼 우아한 기품을 발산한다.

원나라 서화계에서 조맹부가 선두에 있고, 뒤이어 황공망, 예찬倪瓚, 왕몽王蒙, 오진吳鎭의 '원사가元四家'가 있었으며, 전선, 고극공高克恭, 선우추鮮于樞, 가구사柯九思, 관도승管道昇, 왕면王冕, 주덕윤朱德潤, 조지백曹知白 등으로 이어지며, 중국 서화의 황금시대라 할 만했다. 반천수潘天壽는 『중국회화사中國繪畫史』에서 이렇게 말했다. "황공망, 왕몽, 예찬 등이 등장하면서, 전부 건필乾筆(물기가 거의 없는 마른 붓에 먹을 찍어 발라 사용하는 기법), 준찰皴擦(산수화를 그릴 때 입체감이 있도록 주름을 그리는 기법), 천강淺絳(황토석을 주색으로 하는 담채 산수화), 홍염烘染(묵이나 옅은 색으로 윤곽을 바림해서 형체를 두드러지게 하는 기법)을 사용하여, 고고하고 담백한 원대의 특색을 나타냈다. 명대와 청대 남종산수화의 선구자로, 중국 산수화에 큰 변화를 가져왔다."

원대 문인화의 화려함이 지닌 매우 중요한 이유 중 하나가 종이가 회화에서 차지하는 역할 때문이다. 남송 때부터 제지술이 빠르게 발전하면서, 종이의 질이 눈에 띄게 향상되었다. 더욱 평탄하고 매끄러워졌고, 표현력이 강해졌다. 많은 화가들이 종이에 그림을 그리는 것을 더욱 선호했다. 『도회보감圖繪寶鑑』은 왕몽이 '평생 비단을 사용하지 않고 오직 종이에만 글을 썼다'고 적고 있다. 『창라집滄螺集』은 오진吳鎭에 대해 '오직 좋은 종이와 붓으로 그를 유혹했다. 관례에 따라, 그가 스스로 올 때까지 기다렸다. 기뻐하며 그림을 그리고, 원하는 대로 할 때에만 그림을 얻을 수 있다. 그래서 중규仲珪(오진을 말함-역자주)는 비단에 그린 그림이 거의 없다'고 기록되어 있다. 황공망의 「부춘산거도富春山居圖」, 「계산우의도溪山雨意圖」, 이간의 「묵죽도墨竹圖」, 「사청도四淸圖」, 조맹부의 「수석수림도秀石疏林圖」, 「작화추색도鵲華秋色圖」, 「수촌도水村圖」,「홍의나한도紅衣羅漢圖」,「인기도人騎圖」,「송수구맹도松水鷗盟圖」,「삼마도三馬圖」, 왕몽의「청변은거도靑卞隱居圖」, 임인발의「출어도出圉圖」, 곡구사의「묵죽도墨竹圖」, 전선의「도지송서도桃枝松鼠圖」,「부옥산거도浮玉山居圖」, 조용의「송계조정도권松溪釣艇圖卷」, 조지백의「군산설제도群山雪霽圖」, 정사소의「묵란도墨蘭圖」, 고극공의「묵죽파석도墨竹坡石圖」 등이 모두 종이본 역작이다.

오늘날 연구기관이 검증을 거쳐 황공망의「계산우의도溪山雨意圖」는 뽕나무 종이를 사용했고, 이간의「묵죽도墨竹圖」와 조맹부의「인기도人騎圖」는 저수楮樹 종이를 사용했다는 결과를 얻었다. 검정된 작품 수가 제한적이긴 하지만, 현재까지 원나라에 존재하는 회화 작품 중 청단나무 종이로 만든 전지가 확인되지 않았다. 그러나 전지의 등장이 문인화 발전에 큰 영향을 미쳤다는 것은 확실하다. 원나라는 종이본 회화의 번영기였으며, 종이본 그림이 비단본 그림을 누르고 주류가 되었다.

공개龔開의「중산출유도中山出遊圖」는 종이에 그려진 걸작으로, 종규鐘馗(중국에서 역귀를 쫓아낸다는 신)와 그의 여동생이 수레를 타고 가는 장면을 묘사하고 있다. 구레나룻이 덥수룩한 얼굴로 여동생을 돌아보는 종규의 표정에 무한한 애정이 느껴진다. 여동생은 수레 안에 앉아 하녀들과 함께 먹물로 얼굴과 목에 화장을 하는 모습이 웃음을 자아낸다. 그들 뒤에는 다양한 모습의 하인과 귀신들이 따르고 있는데, 소와 말의 머리를 한 추악한 모습이다. 그들은 짐과 술단지를 어깨에 메고 머리가 헝클어진 채 뛰어다닌다. 이 그림은 흑백만을 사용했는데, 흑은 백을 배경으로 백은 흑을 배경으로 흑백이 어우러져 인물들의 험악하고 기이한 모습을 그려냈다. 반인반귀의 세계를 재미있고 흥미롭게 표현하고 있다.

가장 유명한 종이본 회화는 황공망의 「부춘산거도富春山居圖」이다. 이 작품을 그릴 때 황공망은 여든한 살로, 필묵에 대한 이해와 숙련도가 정점에 달한 때였다. 그의 그림은 극히 세밀하며, 높고, 고요하다. 황공망이 산수에 대해 가졌던 경건함은 중세 유럽의 그림이 기독교에 대해 가졌던 그것과 같다. 젊은 시절 재능이 뛰어났던 그는 어른이 된 후에는 큰 성취 없이 살다가 하급 관리가 되었지만 뇌물 사건에 휘말렸다. 그 후 부춘강가에서 살며 우연히 조맹부를 만나 그림을 배웠다. 노년에는 전진도에 귀의하여 점술가로 일하며 하루하루를 보냈다. 많은 사람을 만나 세상의 냉정함, 인생에 대한 특별한 이해, 그리고 산수와 천명에 대한 독특한 인식을 가지게 되었다. 황공망은 부춘산수를 긴 두루마리에 그렸는데, 이는 심사숙고한 결과였다. 긴 두루마리가 천천히 마치 긴 초점 렌즈가 이동하듯이 펼쳐진다. 먼 산은 희미하고, 가까운 나무는 우거지며, 언덕은 기복을 이루고, 강은 구불구불하며, 구름과 안개는 마을을 가리고, 낚시배는 물결에 떠다닌다. 경치는 사람이 움직일 때마다 바뀌고, 마치 작은 배를 타고 있는 것처럼 양쪽의 풍경이 눈앞을 스쳐 지나간다. 이러한 오르내림 속에 음악 같은 리듬이 있다. 하늘의 구름, 강가의 버드나무, 나무 위의 새 소리, 물속의 배 등이 필묵의 틈새에서 유유히 뿜어져 나와 공간감을 형성하며, 한적하고 단순하며 초탈한 경지를 이룬다.

풍경이 극치에 달했을 때, 차안이 곧 피안이 되고, 피안이 곧 차안이 된다. 한정된 것이 무한한 것이 되고, 무한한 것이 한정된 것이 된다. 이 그림이 독특한 시공간적 의미를 가지는 것도 놀라운 일이 아니다. 청대 화가 추지린鄒之麟은 이 작품을 "우군의 난정蘭亭(왕희지의 〈난정집서〉을 의미. 왕희지가 우군장군을 역임한 적이 있음-역자주) 같이 성스럽고 신비롭다"고 평가했다.

황공망이 이 시기에 사용한 필묵은 이미 일정한 경지에 이르렀다. 필치는 깔끔하고 단정하며, 가벼운 기운이 전혀 없다. 묵은 다양하게 변화하며, 조금도 어지럽지 않다. 산은 건필로 그렸고, 평지의 나무는 가로로 점을 찍어 그렸으며, 가파른 절벽과 깊은 골짜기는 세로선의 피마준披麻皴(바위와 돌의 주름을 삼잎의 모양으로 그리는 기법-역자주)을 사용했다. 색채 면에서 황공망은 가을 분위기를 나타내기 위해 연한 자주색을 사용했는데, 그는 밝은 듯 어두운 듯 가을 강물 위에 어리워져 밝은 색조를 발하는 자주색을 좋아했다.

황공망의 「부춘산거도富春山居圖」는 송나라에서 전해 내려온 희귀한 종이를 사용한 것이다. 이는 황공망의 친구인 무용사가 그를 위해 특별히 준비한 것이었다. 무용사는 황공망에게 「부춘산거도」를 그려달라고 청하면서, 행여 누군가가 가져갈 것을 방지하기 위해, 황공망에게 그의 본명인 '무용사'를 먼저 그림에 쓰도록 요구했다. 이것은 그림의 소유권을 강조하기 위함이었다. 황공망이 「부춘산거도」를 그릴 때, '열흘 동안 물 하나를 그리고, 다섯 날 동안 돌 하나를 그렸다'고 『산수화법』에서 스스로 밝혔다. '보따리 안에 붓을 넣어두고, 좋은 경치를 만날 때마다, 이상한 모양의 나무를 보면 그것을 그려서 남겼다. 그러면서 새로운 영감이 생겼다.' 이일화는 『육연재필기六硏齋筆記』에서 이렇게 적었다. "황공망은 종일 황량한 산과 어지러운 바위, 무성한 숲과 대나무 사이에 정신이 몽롱한 상태로 앉아 있었다. 사람들은 그가 무엇을 하는지 알 수 없었다. 또한, 그는 바다와 이어지는 호수에 오랫동안 머물며, 격렬한 물결과 폭풍우를 바라보았다. 물속의 기이한 장면에 놀라면서도 그는 신경 쓰지 않았다." 이 과정 중에 황공망은 예찬을 위해

「강산승람도江山勝覽圖」를 그렸으며,「구봉설제도九峰雪霽圖」,「연계방대도剡溪訪戴圖」,「천지석벽도天池石壁圖」,「동정기봉도洞庭奇峰圖」등도 그렸다.

4년 후, 황공망은 여든다섯 살에 세상을 떠났다. 이후 무수한 사람들이 부춘강을 찾아 그의 그림 속 산수를 찾아 헤맸다. 하나같이 황공망의 그림 속 부춘강이 실제 세계보다 더 깊은 의미를 담고 있다는 사실에 탄복했다.

중국의 산수화는 수당隋唐 시대 이래로 줄곧 '장산촌수, 척마두인 丈山寸樹, 尺馬豆人(한 길 높이의 산, 한 자 높이의 나무, 한 치 길이의 말, 한 키 높이의 사람이라는 의미-역자주)를 추구하여' 인물은 산수 속에서 무시할 수 있을 정도로 작게 그려졌다. 송나라의 산수화는 인물의 모습이 더욱 희미해져 만산萬山 속에 숨겨져 있었는데, 이는 자연과 자연의 '이치'에 대한 경외심과 겸손함에서 비롯되었다. 예찬倪瓚부터 이런 방식은 더욱 극단적으로 변해 그림 속에 인물의 모습을 찾아보기 힘들었고, 가끔 산 속 깊은 곳에 작은 인물이 나타나더라도, 벌레처럼 작고 희미하여 마치 허공에 떠 있는 듯했다. 그 이유는 인간 세상에 실망한 나머지 인물을 그릴 가치가 없다고 여겼기 때문이다. 예찬의 산곡散曲『절계령折桂令』에서는 '천지 간에 영웅 한 명 보이지 않고, 호걸 한 명 보이지 않는다'고 했다. 세상에 영웅과 호걸을 찾아보기 어려운데 굳이 그림에 그릴 필요가 있었겠는가?

눈에 인간이 없으니, 마음에도 인간이 없고, 마음에 인간이 없으니, 그림에도 인간이 없었다. 그림 속에 범인凡人 한둘을 그려넣으면, 그것은 분명 깨끗한 세계를 망가뜨릴 것이라고 인식했다.

예찬의 그림은 처음에는 시선을 끌지 않는다. 때로는 평범하게 대충 그려진 듯, 무심한 듯 보일 수 있다. 하지만 세심하게 들여다보면, 그림은 깊고, 초월적이고, 고요하다. 적막하기가 마치 나뭇잎 한 장 떨어지는 소리까지 들릴 것 같다. '태고의 정결함'이 느껴진다.

「용슬재도容膝齋圖」를 예로 들자면, 이 그림은 도연명陶淵明의 시「귀거래혜사歸去來兮辭」를 묘사한 그림이다. '남창에 기대어 나의 오만한 정을 맡기고, 무릎을 구부릴 만한 공간이 편안함을 아네'라는 구절이 있는데, 이는 집이 무릎 하나 들어갈 정도로 작지만, 마음은 평온하고 넓은 상상력을 담고 있다는 뜻이다. 예찬은 그림을 통해 은자의 참된 의미와 복잡한 인생사를 관조하며, 문인화가 지향하는 완벽한 모습을 보여주었다. 문인화는 무엇을 그리는가 어떻게 그리는가 보다는 그림이 담고 있는 시적 감성과 정서를 표현하는 것을 무엇보다 중시했다.

예찬의 시에서는 '하얀 갈매기가 날아가는 곳, 푸른 산이 밝게 빛나고, 구름 속의 소나무는 몇 겹인가? 황공망은 화가로서 인간에게 사랑도 미움도 없다'고 했다. 예찬의 시나 그림은 이미 강한 형이상학적 사색을 담고 있다. 산골짜기에 핀 아름다운 난초처럼, 사랑도 미움도 없는 높은 경지이다.

『장자莊子』에는 요 임금이 천하를 안정시킨 후, 고사姑射의 산과 분수汾水의 햇볕 좋은 곳으로 네 명의 도인을 만나러 갔다가 천하를 잊어버렸다"는 내용이 나온다. 예찬이 그린 산수가 바로 고사의 산수다. 산은 패망한 나라의 산이고 물은 전쟁에 패한 후의 물이며, 고독하고 차가운 광한廣寒의 세계다.

'원사가元四家' 중에서, 왕몽王蒙의「청변은거도青卞隱居圖」,「임천청집도林泉淸集圖」,「갈치전이거도葛稚川移居圖」,「춘산독서도春山讀書圖」,「단산영해도丹山瀛海圖」등이 모두 종이에 그려졌다. 오로지 오진吳鎭만이 몇 점의 비단본 그림을 남겼다. 종이본 서화의 필묵 기법이 더욱 중시되면서 새로운 규범이 점차 형성되었다. 종이 위에서 그려진 '원사가'의 필묵은 이전보다 풍부하고 섬세하며, 생동감 있고 자유로웠다. '원사가' 중에서, 예찬은 고독하고 쓸쓸하며, 황공망은 담담하고 차분하며, 왕몽은 깊고 수려하며, 오진은 아득한 기상을 보여준다. 이는 모두 은거생활의 우울함, 애절함과 관련이 있다. 왜 그들은 색채를 좋아하지 않았을까? 한편으로는 종이의 표현력이 뛰어나고 흑백의 세계가 더욱 화려했기 때문이다. 다른 한편으로는 이미 메마른 마음 속에서, 흑백이 차가운 달의 시린 경지를 더욱 잘 표현했기 때문이다.

주관과 객관의 양면적인 여건이 마련되면서 중국 회화는 청록靑綠 시대에서 수묵水墨 시대로 진입했으며, 문인화의 특징이 더욱 뚜렷해졌다.

원나라의 전선錢選도 주목할 만한 인물이다. 전선은 특별한 화가로, 그의 화조도는 남송의 원체화院體畵와 크게 다르지 않지만, 산수화는 남송 원체화의 화려하고 복잡한 기법을 배제하고, 당나라 시대의 화풍을 회복하려 애쓰며 우아함과 화려함에 중점을 두었다. 전선이 종이에 그린「희지관안도羲之觀鵝圖」와「귀비상마도貴妃上馬圖」는 주제부터 세부적인 부분까지 고전적인 감성으로 가득 차 있다. 전체적으로 화려하고 다채로운 색감, 나무와 바위의 배치, 그리고 장식적인 색채는 명백하게 당대의 청록 화풍을 참고했다. 섬세하고 미묘한 기법과 종이의 독특한 질감으로 인해 무한한 의미가 전해진다. 한 연구기관이 전선의「추강대도도秋江待渡圖」가 선지에 그려졌다는 감정 결과를 얻었다. 이 그림은 당대에 유행했던 청록 산수화 기법을 이어받아, 인생의 유랑감을 표현했다. 가을 물과 길게 펼쳐진 하늘, 숲, 멀리 보이는 절, 모든 것이 마치 선경처럼 아득하다. 작은 배가 강 위에 떠 있고, 한 사람이 이쪽 강가의 나무 아래 서서 멀리 바라보고 있다. 천천히 움직이는 배와 초조하게 기다리는 사람, 흐르는 물과 시간이 하나로 어우러진다.

추강대도秋江待渡(가을 강가에서 나룻배를 기다린다는 뜻-역자주)는 문인화의 영원한 주제로, 한산한 가을 숲과 외진 나루터, 차가운 서리와 모래톱, 광활한 산과 강, 끝없이 펼쳐진 강물이 깊은 의미를 드러낸다. 이 세상에서 모든 사람은 저편으로 건너갈 것을 기다리는 사람이다. 차안은 고통이고, 피안은 멀기만 한데, 조용히 나룻배가 오기를 기다리고 있다. 문인화도 예술도, 한 장의 뗏목과도 같다.

원나라의 화가들은 인품이 높았고, 그것은 그림에서도 깊은 사대부 정신과 풍부한 생명의 깨달음으로 드러난다. 조맹부趙孟頫와 '원사가元四家' 외에도 원나라에서 두드러진 화가들의 작품으로는 장악張渥의 「구가도九歌圖」, 주덕윤朱德潤의 「임하명금도林下鳴琴圖」 등이 있다. 왕면王冕의 매화 그림도 마찬가지다. 송나라 사람들은 매화를 그릴 때, 비스듬한 그림자와 어둑한 운치를 잘 그려냈는데, 간결한 가지와 드문 꽃으로 고독하고 청아한 군자의 기품을 표현했다. 왕면은 고정관념을 넘어서 구부러진 가지에 만개한 꽃을 그렸고, 색깔이 없는 차갑고 간결한 대비를 통해 매화의 영혼을 그렸다. 청나라 초기 '양주팔괴揚州八怪' 중 한 명인 김농金農은 더 나아가 매화가 꽃을 피우는 것이 자기 자신을 찾는 가장 좋은 길이라 여기며, 깨달음의 향기라 하여 매화를 '명월전신明月前身'이라 불렀다. 그는 달빛이 환생하여 끊임없이 향기를 발하는 매화가 되었다고 보았다. 이는 투명하고 선적인 아름다움, 큰 깨달음의 정서를 상징한다. 중국 군자 문화는 매화에 대한 감정 이입을 더욱 풍부하게 표현했다. 이 시대의 그림들은 사대부의 정신으로 충만했다고 할 수 있다.

원나라는 중국 문인화가 나비로 변하는 시기였다. 이 과정에서, 선지를 필두로 하는 서화용 종이의 출현이 중요한 역할을 했다. 장구한 역사 속에서 많은 사건들이 기록되고 그림이 그려진 종이의 출처가 정확히 알려지지 않았지만, 문인화의 화풍과 문인화가 추구하는 관념과 의미는 선지의 특성과 매우 잘 어울렸다. 문인화의 특징이 선지의 특징이며, 선지의 특징이 문인화의 특징이었다. 문인화와 선지의 관계는 성격적 의미투합이며, 더 나아가 영혼의 결합이었다. 선지가 문인화의 낭만적 특성을 도왔고, 문인화의 비상을 도왔으며, 전통적인 사대부의 정신 세계 속에 구름처럼 피어났다. 선지의 놀라운 특징이 문인 사대부의 마음 속 장벽을 허물고 웅장하고 생동감 넘치는 해방으로 이끌었다. 이로 인해 수묵화는 명쾌한 구성, 자유로운 필묵, 금석의 운치, 깊고 풍부한 감정, 자유분방하고 개성적인 성격을 가진 최고 경지로 나아갔고, 시의 내포, 철학적 사색 및 종교적 의미를 얻었다.

21. 선지宣紙에 담긴 명나라

진정한 '그림의 종이 시대'는 결국 명나라에 와서 시작되었다. 대부분의 서화 작품들이 비단에서 종이로 옮겨갔다. 그림 재료의 변화와 함께 명나라의 그림 형식도 바뀌었다. 명나라 초기 황제, 대신, 귀족들은 원대의 서화에 대해 세속과 동떨어져 개인의 애수에 젖은 내향적 그림이라며 낮게 평가했다. 그들은 웅장하고 생기 넘치는 작품과 그 속에 담긴 활기찬 기운을 더 선호했다. 대진戴進을 대표로 하는 절파浙派 회화가 주목을 받기 시작했는데, 이들은 일상의 풍경이나 구체적인 이야기의 해석에 주목했다. 이러한 '생활 밀착형' 그림이 한때 화단의 주류를 차지했다. 하지만 시간이 지나면서, 절파의 과장된 스타일은 강남 문화와 맞지 않았고, 유교가 추구하는 중용의 길과도 어긋났다. '오문화파吳門畫派'를 대표로 하는 문인화가 다시금 사회 주류로 부상했다. 이것은 놀라운 일이 아니다. 당시 사회의 미적 가치관은 지식인들의 취향과 취미에 의해 좌우되었고, 그들은 역사를 창조할 수는 없었지만 사회의 미적 가치관을 어느 정도 좌우할 수 있었다.

명대의 문화예술은 주로 중기 이후에 번성했다. 왕양명王陽明의 '심학心學'의 부상과 전파로 사회 사조가 상대적으로 유연해졌고, 동남부 지역의 경제 발전도 느긋한 사회적 분위기를 조성했다. 이는 서화 예술에 번영한 시장 환경을 제공했다. 많은 지식인들은 전통적인 '학이우즉사學而優則仕(공자가 한 말로, 배운 사람이 여력이 있으면 벼슬을 한다는 뜻-역자주)'에서 벗어나, 먹고 마시며 즐기는 데에 열중했다. 특히 금기서화琴棋書畫(악기, 바둑, 서화, 그림-역자주)는 물론, 종이, 골동품, 정원, 꽃나무, 차와 술에도 열광했다. 위진 시대의 '죽림칠현竹林七賢'에 비해, 명말의 지식인들은 세속적인 삶과 예술 창작에 몰두했고, 자제, 이상, 애수보다는 자유, 편안함, 만족감을 추구했다. 많은 명대 지식인들은 즐겁고 풍요로운 삶을 살며, 시와 여행기를 쓰고 산수화도 잘 그렸다.

'원사가元四家'의 계승자는 '명사가明四家'다. '명사가'는 '오문사가吳門四家'라고도 불리며, 심주沈周, 문징명文徵明, 당인唐寅, 구영仇英 네 명의 유명한 명대 화가를 가리킨다. 네 사람 중에 비교적 나이가 많았던 심주는 북송의 동원董源과 거연巨然, 그리고 원나라의 황공망黃公望, 왕몽王蒙에 비견될 만큼 뛰어난 실력을 드러냈으며, 인물, 산수, 화조 모두에 능했다. 실력, 고상하고 여유로운 화풍, 대담한 필력 등 측면에서 그의 그림을 따라올 사람이 없었다. 네 사람 중에서 당시에 가장 큰 명성과 추앙을 받았던 인물은 당인이다. 당인은 시, 문, 서, 화 모두 뛰어났으며, 선지에 꽃과 새, 산수, 여인을 그리는 것을 가장 좋아했다. 당인은 서예를 그림에 접목시켜 묘사 대신 쓰기를 택했으며, 필묵은 간결하고 편안했다. 그의 스타일은 섬세하고 고전적이며 조용하고 여유로운 한편, 자유분방하고 거침이 없는 강렬한 면도 있었다. 이러한 스타일은 그의 개성, 삶의 태도와 관련이 있다. 그는 그림을 팔았기 때문에, 고객이 원하는 것을 그렸다. 복잡하고 다양한 창작 속에서 그의 깊은 실력과 재능이 드러났다. 당인의 작품들 중에 여인도「왕촉궁기도王蜀宮妓圖」「추풍환선도秋風紈扇圖」「도곡증사도陶谷贈詞圖」나 산수화「산로송성도山路松聲圖」, 혹은 화조도인「고사구욕도枯槎鴝鵒圖」등 모두 맑고 상쾌한 화풍을 보여준다.

당인唐寅은 특히 여인화仕女畵에서 높은 명성을 얻었다. 심지어 중국 역사상 여인화를 가장 잘 그린 사람으로 평가 받는다. 당인의 여인화는 섬세하고 가벼운 선으로 여인의 매혹적인 자태를 그리고, 생생한 색채로 여성의 아름다운 얼굴과 피부색을 표현했다. 그의 붓 아래 여인들은 머리를 높이 빗어 올리고, 청초하고 은은하면서도 고아한 분위기를 자랑한다. 동시에 세속적이고 요염하기도 하다. '미인은 뼈에 있고 피부에 있지 않다'는 말처럼, 당인의 붓놀림은 섬세하고 관능적인 영혼까지 그려냈다. 감성적인 사람이었던 당인은 종종 대관원大觀園의 자보옥賈寶玉(홍루몽에 나오는 남자주인공-역자주)처럼 여인을 사랑하고 열망하고 연민했다. 때로는「요재지이聊齋志異(청대 포송령이 지은 소설집. 모두 8권 491편으로 신선과 요괴의 이야기를 기술한 소설-역자주)」속의 서생처럼 그녀들의 매혹적인 모습을 감상했다.

당인의 작품들은 대부분 종이에 그려졌으며, 종이 위에서 그의 필치는 더욱 생동감을 띠며 선지의 조화가 극대화되었다. 당인은 왜 종이를 좋아했을까? 아마도 종이의 자유롭고 자연스러운 매력을 좋아했기 때문일 것이다. 당인은 다양한 종이의 특성과 선지를 잘 이해했다. 종이 위 몇 줄의 글, 하늘에 떠 있는 몇 조각 구름, 필묵은 편주片舟이고 선지는 망망대해였다. 이 가벼운 뗏목을 타고, 그는 더 광활한 사바세계로, 더 유원한 극락세계로 들어갈 수 있었다.

당인과는 달리 동시대의 또 다른 천재화가였던 문징명文徵明은 늦게 꽃을 피웠다. 문징명의 시, 문학, 서예, 미술 분야의 성취는 당인에 못지않다. 그는 청록青綠의 묘사, 수묵水墨의 농담, 공필工筆과 사의寫意에 능했다. 산수, 인물, 꽃 등 모든 분야에서 뛰어났다. 문징명의 작품은 거의 모두 종이본으로, 커다란 종이에 심혈을 기울여 완성된 작품들이다. 그의 작품 스타일은 다양하다. 「상군상부인도湘君湘夫人圖」 속 인물은 속세를 벗어난 듯, 구름처럼 날아오를 듯이 그려졌다. 의복의 주름은 고대의 나선형 선으로, 세밀하면서도 유려하다. 화면의 삼분의 일은 굴원屈原의 「구가九歌」를 옮겨 적어, 서화 일체의 전형으로 꼽힌다. 「난정수계도蘭亭修禊圖」는 문징명의 청록 채색화의 대표작으로, 겸공대사兼工帶寫(엄격한 조형 선과 사의 정신을 결합하여 깔끔한 세부 묘사를 유지하면서 물상의 신비로운 특징을 전달하는 표현형식-역자주)기법으로 난정蘭亭의 굽이굽이 흐르는 물과 우거진 숲과 대나무를 그렸다. 금전지金箋紙를 바탕으로 고귀하고 우아한 구성을 보여준다.

또 다른 종이본 그림인 「중정보월도中庭步月圖」는 대표적인 작품이다. 그림이 글씨에 글씨가 그림에 스며들고, 정신이 필묵에 스며들어 생기를 더하는 이 그림은 명대明代 문인화의 정수를 보여준다. 아래쪽

명明, 당인唐寅, 「왕촉궁기도王蜀宮妓圖」

에는 달빛 아래의 풍경이 생동감 있게 묘사되어 있다. 몇몇 사람들이 술잔을 앞에 두고 달을 감상하며 옛이야기를 나눈다. 달빛은 물처럼 흘러 그림자를 만들고 모든 것이 익숙하면서도 낯설게 느껴진다. 위쪽에는 화가 자신이 쓴 시와 글이 있는데, 수년 동안 현실과 허구의 경계에서 머물며 바쁜 삶이 영혼의 감각을 마모시켰다고 서술한다. 조용한 밤 맑은 달빛 아래, 취기가 오른 마음과 오랜 친구들과의 만남, 희미한 과거의 추억 속에서 지난 날의 분주함과 추구가 모두 헛된 것임을 깨닫는다. 「중정보월도中庭步月圖」는 마치 서화판 「난정집서蘭亭集序」처럼 자연스럽고 자유로우며 비통한 정서가 가득하다. 이 작품은 그림, 글, 문장 모두 뛰어나 문인화의 전형적인 예로 꼽힌다.

「한림종규도寒林鍾馗圖」는 문징명文徵明이 드물게 굵은 붓으로 그린

명明, 문징명文徵明,
「난정수계도蘭亭修禊圖」(일부)

그림이다. 화가는 소박한 붓놀림으로 마른 가지와 고목을 자유롭고 강렬하게 표현했다. 붓과 먹의 농담으로 깊이 있는 산경, 흐릿한 안개, 쓸쓸한 산림을 표현하는 데 남다른 재능을 보여준다. 종이와 필묵의 묘미를 잘 알고 있었던 그였기에 서화지의 효과를 극대화할 수 있었다.

문징명文徵明이 그림을 그렸던 종이에 대해 명확한 감정 결과는 아직 없으나, 많은 경우 선지宣紙를 사용했을 가능성이 크다. 당시, 환남皖南 지역에서 생산된 선지는 동남 지역에 대량 판매되어, 동남의 문인들에게 큰 인기를 얻었다. 명대 문인 심덕부沈德符의 『비오어략飛鳧語略』에는 '경현涇縣의 선지는 서재 벽에 붙여 놓고 여러 해가 지나도 여전히 사용할 수 있다. 그러나 종이가 점점 노화되어 먹빛이 스며들지 않는다. 과거 우중吳中의 문, 심종공沈仲公 등이 이를 좋아했다'고 기록되어 있다. 이는 문징명, 심주沈周 등 오문吳門 화가들이 경현지, 즉 선지를 선호했음을 나타낸다. 명대 문인 원홍도袁宏道는 백거이白居易, 소식蘇軾 두 사람의 풍격을 기리기 위해 쓴 『원홍도집전교袁宏道集箋校』에서 '매번 직위가 오를 때마다 향을 피우고 조용히 앉아, 어린 종에게 종이를 펴게 하고, 두 공의 여유로운 시나 작은 글, 또는 시의 한두 부분을 썼다'고 적었다. 여기서 말하는 종이는 선지일 것이다.

문징명 이후 문인화 스타일을 크게 확장한 사람은 서위徐渭였다. 서위의 일생은 '한 평생의 역경, 이른 죽음을 맞은 두 형제, 세 번의 결혼, 사방으로 일을 찾아다닌 삶, 다섯 수레의 학식, 일가 친척이 모두 흩어진 상황, 일곱 해의 억울한 옥살이, 여덟 번의 시험 낙방, 아홉 번의 자살 시도, 열 번의 탄식'으로 요약된다. 서위는 시, 문, 서예, 회화는 물론 각본에서도 뛰어난 성취를 이루었다. 그의 그림은 기이함, 호기, 여유로움이 가득하고, 간결하고 직설적인 표현과 자유분방한 스타일이 돋보인다. 주로 붓으로 먹물을 종이에 흩뿌리는 방식과 붓으로 칠하는 방식을 사용했으며, 먹빛이 서로 스며드는 방식으로 생생한 작품을 만들었다. 서위는 먹을 종이에 흩뿌리고 붓으로 펴 바르는 방식으로 발묵화조의 대사의大寫意 기법을 창조했다. 때때로 그는 필법과 먹의 조화를 무시하고, 빠른 운필과 필세의 강한 변화를 통해 작품의 역동성과 시각적 임팩트를 추구했다. 그의 그림에서 격렬함, 분노, 건조함, 고집스러움, 반항적인 결단, 생명력 넘치는 모습을 볼 수 있다. 남송의 양개梁楷가 그린 「발묵선인도潑墨仙人圖」와 비교하면, 서위의 필법이 더욱 대담하고 자유롭다는 것을 알 수 있다. 양개의 그림에는 '선'이 있고, 서위의 그림에는 '광선狂禪'이 가득하다. 공안公安파의 대표 인물인 원홍도는 서위의 시와 그림에 대해 매우 흥미롭고 적절한 평가를 했다.

> 문장文長(서위의 자)은 관직에서 소망을 이루지 못하자 방탕하고 기묘한 삶을 살았다. 그가 본 산은 웅장하고…… 마치 과부의 밤 울음소리와 유랑인의 추운 아침같이…… 서예를 좋아해 그의 시처럼 필체는 자유롭고 강렬하며, 거친 중에 아름다움이 뛰어나다…… 때로는 꽃과 새로 변하며, 모두 비범하고 아름다운 특징을 지녔다.

서위徐渭의 '광선狂禪'은 반항이자 슬픔이며, 생명, 사랑, 아름다움의 소멸에 대한 통곡이었다. 열정적이고 생생하게 마음속의 슬픔과 고통을 표출했다. 동시에 '심도尋道'의 요소도 있어 붓질로 내면의 순수함과 본질을 표현함으로써 서예와 회화에서 생명의 삼매三昧(잡념을 버리고, 평온한 마음으로, 사물의 본질을 이해한다는 의미-역자주)를 깨달았다. 중국 서예와 회화, 나아가 중국 예술에서 강렬한 변화와 역동성을 느낄 수 있는 경우는 드물다. 서위는 그 중 한 명으로, 극한의 변화와 반항으로 인해 후세 사람들은 그를 '중국의 반 고흐'라고 불렀다. 서위의 그림은 온화하고 점잖은 문인화 스타일의 획기적인 확장이다.

명 중기 이후, 동남 지역이 부유하고 자유로워짐에 따라, 전반적인 사회 분위기가 밝고 여유로워졌다. 이에 따라 회화와 문체도 변화했다. 이 시대를 대표하는 인물은 동기창董其昌이다. 동기창의 서예와 회화가 이룬 업적과 지위는 원대의 조맹부趙孟頫와 비견된다. 서예와 회화 창작뿐만 아니라 관련 이론에 대해서도 체계적인 사고와 주장을 펼쳤다. 그는 송대 문인화를 경시하며, 소식蘇軾의 필묵이 지나치게 짙고 화려하다고 생각했다. 동기창의 회화는 단아함을 추구하며, 필치와 먹의 조화, 소박함 속에 우아한 아름다움을 중요시했다. 일각에서는 청초의 '사왕四王'이나 '사승四僧' 모두 동기창에게서 영향을 받았거나 그의 '법'이나 '도'를 따랐다고 본다. 이는 동기창에 대한 최고의 평가로 볼 수 있다.

동기창의 가장 중요한 작품은 팔경八景을 주제로 종이에 그린 산수화첩으로, 이는 예찬倪瓚의 작품을 모방한 것이다. 시와 함께 그려진 그림이 특히 조화롭고 우아하다. 후인들은 이를 두보杜甫의 『추흥팔수秋興八首』와 비교하기도 하는데, 이는 그의 작품이 그만큼 뛰어나다는 것을 의미한다. 이 작품군에서 동기창은 특히 종이와 먹의 조화에 주의를 기울였다. 농담濃淡과 건습乾濕이 조화를 이루어, 정취가 깊고 우아한 강남지방의 가을 풍광을 창조했다. 전체 작품은 화려한 과시도 과도한 꾸밈도 없지만, 진정한 기운이 화면에 넘친다.

동기창董其昌의 대표작으로는 그의 노년에 그린 「고일도高逸圖」가 있다. 이 그림은 후세에 '양심의 작품'으로 인정받았으며, 재난을 겪은 후 동기창의 쓸쓸한 심경을 엿볼 수 있다. 작품은 여전히 예씨倪氏(예찬)의 필묵 기법을 모방한 것으로 건필담묵으로 호숫가 양안의 얕은 비탈과 언덕의 정취를 표현했고, 측봉행필로 쓸쓸한 원경을 묘사했다. 옛 방식을 따르지 않고, 가까운 여러 그루의 구불구불한 고목이 두 강안을 연결하는 역할을 하면서도 호수의 넓은 공간을 메우고 있는 구도가 시선을 끈다. 비스듬히 기울어져 서로 기대고 있는 듯한 광경이 쓸쓸하고 넓은 풍경에 따뜻한 느낌을 준다. 이처럼 특별히 정성을 기울였을 이 풍경은 어쩌면 노년의 마음가짐, 쓸쓸함 속에서도 무언가를 지키고자 하는 의지였을 것이다.

황공망黃公望을 계승한 동기창의 그림은 세속을 벗어난 초월, 시공간적 원근감, 유유자적한 심리를 드러낸다. 산수의 풍경이 긴장과 이완, 모임과 흩어짐 사이에서 유유히 흐른다. 약해 보이지만 내면에 강인함이 있고 흩어져 보이지만 내면에 연결고리가 있다. 애절해 보이지만 자유롭고 침착하다. 얕고 옅어 보이지만 무한한 의미가 있다. 『화사회요畵史繪要』는 이렇게 평가한다. '동기창의 산수, 나무와 돌, 연무는 유연하고 정기가 있으며, 깊은 필치로 풍류와 함축성을 묘사해, 본조本朝에서 제일이다.'

동기창의 뛰어난 회화 기술은 그의 깊은 실력과 서화에 대한 관점, 그리고 선택한 종이와 관련이 있다. 동기창은 희미하게 어우러진, 맑고 우아한 강남 풍경을 좋아했다. 종이의 표현 측면에서 보면, 섬세하고 담백한 선지宣紙가 단연 최고의 선택이었다. 동기창은 그림을 그릴 때 종이에 약간의 명반을 넣은 후 붓을 들어 필선을 가볍고 우아하게 그리는 것을 좋아했다. 선지가 없었다면 동기창은 그의 진심 어린 노력을 드러내기 어려웠을 것이다. 선지의 큰 포용성과 그것이 담고 있는 다변적 특성이 당시 시대와 그 시대 문인들의 일반적인 정서, 그들의 심미안과 절묘하게 맞아 떨어졌다.

명나라 말기 최고의 화가로는 진홍수陳洪綬를 들 수 있다. 그는 진노련陳老蓮으로도 불린다. 청나라 사람들이 항주杭州로 들어오자, 진홍수는 출가하여 참선과 그림으로 고독한 시간을 달랬다. 대개의 경우, 그는 무생무사의 상태가 되어 살아있는 것이 곧 죽음이고 살아있는 것이 곧 그림인 세월을 보냈다. 진홍수의 삶의 모습과 그림을 그렸던 동기를 이해하면, 그의 그림 속 고독과 외로움, 그리고 모든 생명과 현실을 초월한 순수함과 공명함을 이해할 수 있다. 그는 예술을 매개로 삶의 진리에 이르렀다.

진홍수는 서위徐渭처럼 문인화의 경계를 확장했다. 그는 서위와 거의 80년 차이가 나지만, 마찬가지로 '신의 재능'이라 불릴 만했다. 진홍수의 스타일은 서위와 달리 조용할 때는 음陰처럼 차분하고, 움직일 때는 양陽처럼 활동적이며, 움직임과 정적의 조화를 보여준다. 그러나 두 사람 모두 격식에 구애받지 않는 내면의 정신과 창의력을 지녔다는 점에서 일치한다. 진홍수는 인물, 꽃과 새, 산수화에 능했으며, 특히 인물화로 명성이 높았다. 형태에 중점을 둔 그의 화조도는 필법이 유연하고, 색채가 고풍스러우며, 꽃과 새, 벌레, 풀의 생동감이 완벽하게 드러난다. 그의 그림은 두 가지 출처가 있는 것으로 보인다. 하나는 송대 화원畵院의 공붓과 중채화로 세밀한 묘사가 특징이고, 다른 하나는 서위의 화조도의 영향을 받아 필치가 자유롭고 생동감있다. 깔끔한 세부 묘사를 유지하면서도 물상의 신비로운 특징을 잘 드러냈다. 그의 산수화는 필법이 세련되고 활기가 있다. 나무 줄기는 다양한 형태로 서로 얽혀 있고, 산과 돌은 주로 수묵으로 처리하여 층위가 분명하며, 또한 세밀한 선으로 떠다니는 구름과 흐르는 물을 그려 장식적인 효과를 거두었다. 이로 인해 사람들에게 더욱 사랑받았다.

　명대 중후기의 인물화는 주로 오문吳門을 모방하여 화려하고 섬세하며, 부드럽고 간결했다. 화면 속 여인들은 대부분 가느다란 눈썹과 작은 눈, 허약한 모습으로 하나같이 생기가 없어 보인다. 진홍수의 그림은 시류를 따르지 않고, 독특한 길을 개척했다. 색채는 고요하고 구성은 간결하며, 고고한 기운이 있다. 그의 그림을 보면, 마치 먼 시대에 와 있는 듯이 부처와 귀신, 신과 귀신이 구분되지 않는다. 눈에 보이는 것은 온통 괴석과 고목, 귀신을 연상시키는 인물들뿐이다. 잠시 현실인지 지옥인지 모를 정도다. 진홍수는 인물을 그릴 때 긴 붓으로 길고 우아한 선을 그렸는데, 그의 붓끝에서 탄생한 인물은 마치 마계에서 걸어 나온 듯 기이하고 독특하며 해학적이다. 비현실적인 분위기가 마치 장자庄子가 말한 '기인畸人'과 같다. 그가 그린 여성은 마치 인간의 모습을 한 요정처럼 가는 허리와 기이하게 변형된 골상을 가지고 있으며, 비록 아름다움의 기준과는 거리가 있지만 무한한 매력이 있다. 진홍수는 왜 이렇게 그렸을까? 그는 전통적인 여성을 잘 알고 있었다. 고대 중국에서 여성은 항상 도덕적 환경에 억압 받아왔지만, 남성에 비해 더욱 강인하고 지혜로우며, 신비롭기까지 했다. 진홍수의 그림 속 여성은 마치 진용의 소설 〈천룡팔부〉 속에 나오는 여성의 기질과 모습을 가지고 있다.

명나라 말기의 많은 화가들, 예를 들어 당인唐寅, 축지산祝枝山, 문징명文徵明, 동기창董其昌, 진홍수陳洪綬 등은 모두 사녀仕女(미인도에 등장하는 여인)를 그리는 데 열중했다. 왜일까? 그것은 도덕적 억압에 대한 불만과 더불어 자유에 대한 추구였다. 명말에는 사녀도가 대거 등장했고, 심지어 춘궁화春宮畵도 대거 나타났는데, 이는 고의적인 반항 정서와 정신의 자유 추구, 심지어 르네상스의 새벽 빛과 같은 의미가 있었다.

진홍수의 가장 두드러진 스타일은 고고함이었다. 당나라 말엽의 시인 사공도司空圖의 『이십사시품二十四詩品』에 '기인畸人이 진원眞元(도교에서 근본 또는 근원을 뜻하는 말-역자주)을 타고, 손에 부용 한 송이를 들고 있네. 그 오랜 재앙 위에 떠다니며, 깊고 아득하여 어디에서도 찾을 수 없네. 달이 동쪽의 두숙(천문 28수의 하나) 위에 떠오르고, 부드러운 바람이 함께 있네. 밤이 내린 태화산은 텅 비고 푸르며, 멀리 사찰에서 맑은 만종 소리가 들리네. 허허한 곳에 서서 마음이 정결하며, 그 모든 세속의 속박에서 벗어나네. 순박한 태고시대에 마음을 담으면, 자연스럽고 소탈함은 마치 신비로운 화신이 시공을 초월하는 것과 같네'라는 글귀가 나온다. 인간 세상에서 고통을 겪은 사람이 맑은 달빛과 신선한 바람이 부는 밤에 태화산 정상에 머물며 멀리 있는 사찰의 종소리를 듣는 장면을 묘사하고 있다. 모든 것이 고요하고 평온하며, 광활한 바다와 우뚝 솟은 산들, 영원한 시간과 늙지 않는 세계가 있다. 진홍수의 그림은 고고함의 정수를 극단적으로 표현한다. 모든 것이 몽롱하고, 겨울이 가고 봄이 오며, 꽃이 피고 지고, 달이 뜨고 진다.

진홍수의 고고함은 세상을 초월한 것이 아니며, 인간 사회를 외면하는 것도 아니다. 또한 고대를 이용하여 현재를 배척하거나, 인지상정을 벗어난 것도 아니다. 그는 시간과 관념을 초월하려 노력하며, 천지불변의 방식으로 무욕무구하게 세상의 영원함과 심연의 고요함을 듣고 감지했다.

진홍수의 그림에는 종종 결정적인 한두 점의 세밀한 묘사가 있다. 모든 것이 고요한 공간 속에서, 한두 점의 맑고 시원한 색상이 불현듯 시선을 끈다. 예를 들어 책상 위의 화려한 매화 한 송이, 천천히 걸어오는 미인의 가슴께에 있는 파란색 비단 부채 하나, 강호의 호걸 귀밑에 핀 들꽃 한 송이가 그렇다. 이러한 세밀한 아름다움은 고요한 심연에 갑자기 돌이 떨어지며 일으키는 파문처럼 충격으로 느껴진다. 또한 녹색 나무와 덩굴 사이에 피어난 한 송이 붉은 꽃이 온 세상을 깨우는 것과 같다.

이러한 대비는 바로 진홍수의 '노련老蓮(성숙하고 고아하다는 의미)'이며, 그의 선심禪心과 선의禪意다. 고요한 우물과 둥근 창에 달빛이 비치며 생동감이 넘치고, 주변은 조각 조각의 상념들로 가득하다. 이는 그림 속 '연꽃'이 피어나는 것처럼, '도道'의 개화이며, 영원히 깨지지 않는

'이치理'이자 깨달음 이후의 '불요정不了情(끝없는 사랑이라는 뜻)'이다. 진홍수의 모든 고고함은 이 '노련'의 생기를 드러내기 위함이다. 영원한 고독의 세상에서 물질적인 기쁨에 기대지 않고 자신의 슬픔에 슬퍼하지 않는다. 그러나 누군가는 꽃을 피우며 미소 짓고, 고요한 시공간을 깨뜨린다. 노년에는 '일을 하되 꽃일만 하고, 마음을 두되 오직 불심佛心에만 두는' 사람이 바로 꽃을 피우며 깨달음을 얻은 사람이다.

청나라 사람 장경張庚은 진홍수陳洪綬를 이렇게 평가했다. "기세와 기골 면에서 독보적이었고 진부함을 넘어서 있었으며, 진홍수는 구영仇英과 당인唐寅을 능가했다. 300년 동안 이처럼 뛰어난 붓놀림은 본 적이 없다." 진홍수의 인물화는 단순한 형상 묘사를 넘어서, 인물을 통해 깊이 있는 생명에 대한 사유를 표현해 냈다. 그의 작품은 이성과 감성, 생명력이 넘치는 활력과 함께 깊은 내면적 성찰을 품고 있어, 당대 인물화의 경계를 넘어 새로운 지평을 열었다.

선지宣紙는 물과 같고, 훌륭한 화가들은 붓을 갈대로 삼아 피안으로 건너가려는 구도자들이다. 사람들이 예술을 추구하는 것은, 사실은 허공 뒤의 심오함과 광활함으로의 연결을 갈망하는 행위이다. 예술은 한 척의 배, 일엽편주다. 사람들의 마음을 달래는 기능을 할 뿐만 아니라, 이를 통해 마음을 거울처럼 씻기우고 생각의 선을 만들어 저편의 별빛을 느끼게 한다. 진홍수는 분명 이를 이루었다. 광활한 물 위에서, 그는 항상 노를 젓는 사람이었다.

명말은 화려함, 자유, 동요, 비장의 시대였다. 수많은 재능 넘치는 서화가들이 등장했을 뿐만 아니라, 장창수張蒼水, 유종주劉宗周, 황종희黃宗羲, 고염무顧炎武, 왕부지王夫之, 방이지方以智, 전겸익錢謙益, 문진형文震亨, 탕현조湯顯祖, 장대張岱, 정약용鄭若庸, 양신어梁辰魚, 장봉익張鳳

翼, 왕세정王世貞, 육채陸采, 왕정눌汪廷訥, 모상冒襄, 대명세戴名世, 이어李漁, 유동尤侗, 오매촌吳梅村…… 등 우리의 귀를 번쩍 뜨이게 하는 이름들이 등장했다. 명말이라는 시대를 만난 문인들은 마치 손오공이 화과산을 찾아 파란만장한 삶을 시작하듯, 천지를 뒤흔드는 격변을 맞이했다. 그것은 큰 파도와 같은 시대였다. 처음에는 가벼운 비바람이었지만, 갑작스러운 폭풍우로 바뀌었다. 산처럼 큰 변화를 겪은 후, 많은 지식인들은 지성의 빛을 발하며 변화무쌍한 세상에서 다채롭고 화려한 이야기들을 만들어냈다.

확실한 것은 모든 빛나는 이름들이 선지와 밀접한 인연을 맺었다는 사실이다. 그들은 지성으로 선지 위에서 춤을 추었다. 그 세대의 지식인들에게 선지는 가장 아름다운 사물이었다. 인생의 발자취를 남길 수 있을 뿐만 아니라, 영혼을 위로하고 숨결을 머금을 수 있었다. 이는 선지의 행운이자, 그 시대의 행운이었다.

22. 선지宣紙에 담긴 청나라

청나라 초기, 정치와 사회 , 문화는 가혹하고 혼란했으며 화약 냄새가 자욱했다. 회화 분야에서는 궁정의 '사왕四王'과 민간의 '사승四僧'이 있었다. '사왕'은 왕시민王時敏, 왕감王鑑, 왕휘王翬, 왕원기王原祁를 말하는데, 이들은 모두 남방 출신의 궁중 화가들로, 필묵 기술과 예술적 소양이 세련되고 노련했다. 왕시민은 고고하고 힘이 넘쳤으며, 왕감은 중후하고 고요했으며, 왕휘는 우아하고 침착했으며, 왕원기는 소박하고 고풍스러웠다. '사승'은 명말 청초에 출가한 네 명의 화가를 가리키는

데, 원제原濟(석도石濤), 주탑朱耷(팔대산인八大山人), 곤잔髡殘(석계石溪), 점강漸江(홍인弘仁)을 말한다. 이 중 석도는 기이하고 초월적이었으며, 팔대는 간결하고 정교했으며, 석계는 예스럽고 고아했으며, 점강은 고요하고 간결했다.

'사왕'과 '사승'은 단순히 두 가지 스타일만이 아니라, 두 개의 진영이었다. '사왕'은 궁정에서 '사승'은 재야에서 '사왕'이 주류라면, '사승'은 비주류였다. '사왕'은 전통을 계승했고, '사승'은 새로운 것을 창조했다. '사왕'은 기술적으로 흠잡을 데가 없었고, '사승'의 그림은 힘차고 혁신적이었다. 한쪽은 중국 전통 사대부의 기개를 드러냈고, 다른 한쪽은 개성과 정신의 표현에 더 중점을 두었다. 비교하자면 '사승'은 차분하고 음울한 공간 속에서 빛나는 불빛과 같았다. 맑은 하늘의 번개와 혹한의 납매臘梅(음력 섣달에 피는 꽃-역자주)처럼, 역사적이고 미학적인 의미에서 특별했다.

'사승'의 족적은 주로 강남지방, 황산黃山 아래쪽의 땅과 밀접한 관련이 있었다. '사승'의 그림은 강남지방의 문화를 담았다. 삶의 자유로움과 자연스러움으로 북방에서 온 거칠고 엄격한 힘에 맞섰다. 종이의 관점에서 보면, '사승'의 회화 예술에서 선지가 큰 역할을 했다. 본연의 시적인 매력을 흡수하여 '사승'의 회화가 비상할 수 있게 해주었다.

'사승四僧' 중에서 화려한 빛을 발한 인물로 팔대산인八大山人을 꼽을 수 있다. 팔대산인의 많은 그림들은 연꽃 한 송이, 물고기 한 마리, 새 한 마리, 나무 한 그루 뿐으로 단순하지만, 자세가 이상하고 필치는 쓸쓸하다. 선지宣紙 위에 자주 등장하는 새, 닭, 나무, 연꽃, 작은 배 등은 모두 의지할 곳이 없이 외롭게 서 있다. 이런 방식은 이상하게 보일 수 있지만, 사실은 이해하기 어렵지 않다. 새의 상태는 사람의 상태이며,

나무의 상태 역시 사람의 상태이다. 팔대산인의 그림 속 연꽃, 물고기, 새, 나무는 평온하거나 담담하지 않다. 그들의 시선이든 몸짓이든 분노와 무관심으로 가득 차 있으며, 멸시와 고독함도 있다. 분노는 잃어버린 나라에 대한 반감이며, 무관심은 마음이 식어버린 무감각이고, 멸시는 다른 사람들에 대한 열등한 태도이며, 고독함은 모든 희망을 잃고 '천산조비절千山鳥飛絕(온 산에 새는 날지 않고), 만경인종멸萬徑人踪滅(모든 길에는 사람의 발길이 끊어졌다)'의 쓸쓸한 마음 상태로 떨어진 것이다.

팔대산인이 왜 이런 그림을 그렸을까? 집과 나라에 대한 원망 때문이었다. 한편으로는 인생의 근본적인 문제들이 그를 괴롭혔고, 그로부터 벗어날 수가 없었기 때문이다. 팔대산인은 물고기를 그리는 것을 좋아했는데, '어석도魚石圖'에서 돌은 죽은 듯 둔감하고, 물고기는 눈을 뒤집은 채 거의 죽은 물고기 같고, 먹물은 혼탁하고 거의 죽은 먹 같다. 물고기는 선지를 배경으로 허공에서 유영하며, 삶과 죽음에 무관심하다. 물고기 눈을 자세히 보면, 사납고 차갑게 세상을 노려보고 있다. 물고기는 사실상 '나'를 의미한다. 이러한 그림은 팔대산인의 내면 세계를 대표한다. 팔대산인의 그림 속에서는 물고기도 오리도 새도, 종종 사람의 표정을 하고 있다. 외로움과 분노가 서린 백안白眼으로 하늘을 보는 강퍅한 모습이다. 화가는 유아독존으로 남들이 가는 길과 반대로 가며, 모든 필법을 아랑곳하지 않고 서투른 필묵을 종이 위에 그린다. 또는, 고양이가 자는 모습을 상징으로 사용한다. 팔대산인은 말년에 많은 고양이와 돌 그림을 그렸는데, 고양이는 눈을 반쯤 감고 자고 있으며 심지어 높은 산 위에서도 고양이는 잠들어 있다. 풍운이 어떻게 변하든 나와 무관하다, 나는 그냥 잠만 자겠다는 심경의 표출이다.

팔대산인八大山人은 돌을 그리는 것을 좋아했다. 돌은 '무명無明'과

'혼돈'의 전형적인 상태를 대표한다. 팔대산인이 돌을 좋아한 것은 돌의 상태에 대한 동경과 집착 때문이었다. 그는 자신을 마비시키고 현혹시켜서 스스로 돌이 되려 했다. 하지만 사람이 어떻게 돌이 될 수 있겠는가? 그렇게 하려 할수록 오히려 정신은 더 또렷해진다. 때로는 울다가 웃다가 하는 상태가 된다. 팔대산인은 결국 깨달았다. 실제로 울음과 웃음은 본질적으로 구분하기 어렵고, 깊은 내부에서 보면 울음과 웃음은 같은 근원에서 나온 것이며, 사람의 본성에서 비롯된다는 것이었다. 그래서 팔대산인은 자신의 서명인 '팔대' 두 글자를 울음과 웃음처럼 표현했다. 울음이자 웃음이었다. 팔대산인의 마음속에는 이미 욕망과 무명이 사라지고, 오로지 '혼돈'만이 남아있었다. 이렇게 극단적이면서도 조화로운 병존은 중국의 이전 회화 예술에서 보기 힘든 것이었다. 그것은 심지어 과거에도 없었고, 미래에도 없을 것이다.

팔대산인의 매력은 필묵에 있으며, 또한 여백에 있다. 필묵은 '유有'를, 여백은 '무無'를 나타낸다. 팔대산인의 그림은 진정한 '무중생유無中生有'이며, 넓은 여백으로 이루어져 있다. 그림에는 한 송이의 꽃, 한 송이 연꽃, 한 마리의 새, 한 그루의 나무뿐이다. '공백' 속에서 무한한 가능성을 볼 수 있다.

팔대산인八大山人의 그림은 그의 내면을 대변한다. 그림을 통해 표현하는 세계는 넓고 허무하다. 모든 것이 흐릿하게 멀어지며 고독하고 차가워진다. 그의 그림에는 고독함과 저항, 안정감과 위험, 구체적인 형상과 추상, 번뇌와 초월, 소음과 공空의 정신이 있다. 팔대산인의 그림에는 아름다움과 자유가 있으며, 신비롭고 기이하다. 때로는 황당무계하고 무서운 모습으로 표현되는데, 이것도 일종의 '광선狂禪'이라 할 수 있다. 서위徐渭의 '광선'과는 다르다. 서위의 모든 것은 본능적이고

청清, 팔대산인八大山人, 「어석도魚石圖」

무의식적이었던 반면, 팔대산인은 점진적인 수련과 자각이었다. 중국 문화의 맥락에서 볼 때, 팔대산인의 인격은 사실상 유儒, 석釋, 도道의 융합이다. 그의 정신 세계에는 유교의 '부귀불능음富貴不能淫(돈과 권력을 가졌으면서도 음탕하지 않으며), 빈천불능이貧賤不能移(가난하면서도 유혹에 흔들리지 않으며), 위무불능굴威武不能屈(폭력 앞에서도 무릎 꿇지 않는)'의 '대장부' 사상과 도교의 초요이둔逍遙離遁(자유롭고 속박 받지 않는 상태) 추구, 불교의 '공空'과 '무無'의 경지가 있다. 『고시십구수古詩十九首』에서 '인생천지간人生天地間, 홀연원행객忽如遠行客'이라고 했다. 시공의 의미에서 볼 때, 인간은 미세한 먼지, 새나 연꽃, 물고기, 나무와 다를 바 없다. 모든 것이 고독하고 무력하다면, 존엄을 지키며 살지 못할 이유가 무엇이겠는가? 팔대산인은 대단한 지혜를 가진 사람이었고, 깨달음을 얻은 그의 그림은 마치 『금강경金剛經』처럼, 인간 세상의 풍연風煙과 허영을 벗겨내고, 생명의 본질을 직시한다. 인생의 길에서 팔대산인은 결국 먹과 종이로 자신의 작은 배를 만들어서 저편으로의 귀의를 완성하고, 세상의 모순을 조화롭게 통합했다. 생명의 체험과 감각은 이미 '중조고비진衆鳥高飛盡(뭇 새들 높이 날아가 버리고), 고운독거한孤雲獨去閑(외로운 구름만이 한가로이 떠도네)'의 경지에 이르렀다. 그의 그림은 말년에 다가갈수록 더욱더 날아가는 솜털처럼 가볍게, 떨어지는 꽃잎처럼 아름답게 세월의 물결을 따라 흘러간다. 모든 규칙을 초월하여 오가는 흔적도 정해진 모습도 없다. 구름이 일고 걷히는 사이에, 눈부신 광휘와 눈에 띄는 자취만이 남을 뿐이다. 이것은 불교의 관점에서 본 것이다. 도교의 관점에서 보면, 이 작품의 경지는 이미 한담안적寒潭雁跡(차가운 수면 위에 남은 기러기의 종적), 태허편운太虛片雲(광활한 우주에 떠도는 한 조각 구름)의 경지에 이르렀다.

팔대산인의 심오함과 신비함은 이해하기 어렵지만, 오직 선지만이 그의 마음을 깊이 헤아렸다.「하상화도권河上花圖卷」은 선지로 완성된 훌륭한 작품으로, 필치는 자유롭고, 먹빛은 창망하며, 화면의 기세는 웅장하고 기복이 심하다. 멀리서 보면, 전체 작품이 마치 도자기에 그려진 것처럼 투명하고 윤택한 느낌이 있다. 선지의 우수한 윤묵성潤墨性은 화가의 예술적 표현력과 완벽하게 결합하여, 먹의 허, 실, 농, 담을 적절히 처리했다. 가까이서 보면, 점, 염, 순, 찰의 기술적 기법이 능숙하고 유연하게 사용되어, 먹빛이 미묘한 변화를 드러내며 화면이 단순하다는 느낌이 들지 않는다. 지극히 순수한 선지와 지극히 풍부한 필묵이 서로 어우러져 춤추며 천의무봉처럼 완벽하게 합일을 이룬다. 그의 그림은 인간과 선지의 공동 창작이며, 인간은 필묵이고, 선지는 여백이다. 흑과 백, 소와 대, 유와 무의 대비 속에서 인생의 깊이와 고독함을 드러낸다.

팔대산인八大山人의 서예는 그의 회화와 완전히 통합된 하나의 전체이다. '글씨가 그림이 되고, 그림이 글씨가 되어', 둘 사이에는 장벽이 없다. 팔대산인의 작품 중에「추산도秋山圖」가 있는데, 필묵으로 승부를 건 산수화이다. 팔대산인의 서예는 장년에는 정교했고, 말년에는 정교함을 넘어서 자유자재의 경지에 이르렀다. 글씨는 구름과 물처럼 흐르고, 낙화와 물처럼 생명의 꽃이 피고 지는 듯했다.

팔대산인의 사상과 유사한 경험을 가진 인물이 점강漸江이다. 팔대산인처럼, 점강도 고난을 겪었다. 팔대산인의 고난은 벗어날 수 없는 운명이었고, 점강의 고난은 벗어날 수 없는 상황이었다. 팔대산인의 고난은 해방을 위한 것이었고, 점강의 고난은 탈출을 위한 것이었다. 점강은 황산黃山 아래 휘주徽州에서 태어나, 젊은 시절 반청복명反淸復明

을 위해 노력했지만, 결국 황산 아래로 돌아와 불교에 귀의해 강남이라는 선지宣紙 위에서 자신의 삶의 종착지를 찾았다.

점강이 가장 존경한 화가는 원나라의 예찬倪瓚과 황공망黃公望이다. 그들의 자유롭고 담백한 스타일을 점강은 무엇보다 부러워했다. 하지만 사람마다 다른 법이어서, 예찬의 깊고 고요하며 우아한 스타일은 점강이 갖지 못한 것이었다. 그는 필묵은 단지 산수의 실경을 묘사하는 것이며, 산수의 운치를 표현하려면 내면으로 돌아가 고대 대가들의 표현 방식을 깊이 연구해야 한다는 것을 알고 있었다. 석계石溪의 고고하고 깊은 신비, 팔대산인의 고고하고 기이한 스타일, 석도石濤의 열정적이고 풍부한 스타일과는 대조적으로, 점강은 처음부터 끝까지 고독하고 차가우며 단단한 자신의 화풍을 유지했다. 변함없이 자신의 초심을 지켰다. 점강은 굵은 붓과 짙은 먹을 거의 사용하지 않고, 마른 붓과 가는 먹을 사용해 공空의 분위기 속에서 충실함을 드러내고, 고요함 속에서 깊고 광활하며 우아한 분위기를 구성했다. 점강의 그림에는 굵은 먹묵이나 흐르는 선이 없으며, 반복적인 준찰皴擦도 없다. 가는 철선이 휘는 듯한 묘사 속에 무한한 정신의 기운이 담겨 있다. 점강의 모든 산과 돌은 높이 솟아 기하학적인 형태를 띠며, 고집스럽고 날렵하다. 나무가 거의 없는 돌산 때때로 산봉우리에 거꾸로 매달린 외로운 소나무를 그려 넣는다. 기이하게 돌출되어 있는 나무는 마치 벼랑에 쌓인 눈같기도 하고, 슬픈 까마귀 울음소리같기도 하다. 「시신봉도始信峰圖」의 풍경은 이상하기 짝이 없다. 전경 왼쪽에 거대한 바위가 가로놓여 있고, 오른쪽에는 은밀한 오솔길이 있는데 어딘지 생뚱맞다. 산중턱 위쪽에는 텅 빈 정자가 있…… 점강의 산수는 비현실적일 만큼 고독하고 차갑다. 이러한 이미지는 사실 점강의 내면 세계를 반영한 것이다.

점강은 일생 동안 팔대산인처럼 스스로 절을 짓고 참선에 전념하지도 석도처럼 '신승臣僧'을 자처하며 명예를 갈구하지도 않았다. 그는 표주박, 지팡이, 짚신에 의지해 자유로이 떠돌아 다니거나, 고요한 연못 가에 조용히 앉아 있거나 험준한 산봉우리에서 외롭게 소리쳤다…… 인생의 마지막 몇 년 동안, 점강은 다시 흡현歙縣으로 돌아와 태평흥국사太平興國寺에 머물렀고, 그곳에서 세상을 떠났다. 이 기간 동안 친구인 정수程邃가 그에게 속세로 돌아올 것을 권했지만, 그는 단호히 거절했다. 생을 마감하기 전, 점강은 자신의 묘 앞에 매화나무를 많이 심어달라는 유언을 남겼다. '청향만곡淸香萬斛(매화향이 짙게 허드러지는데), 탁백빙호濯魄冰壺(깨끗한 물로 영혼을 씻네), 하필반혼향야何必返魂香也(구태여 향으로 혼을 다시 부를 필요가 있겠는가). 타생이세他生異世(다음 생에는), 서불증지용례미인첨庶不蒸芝涌醴以媚人諂(지란의 향기와 아름다운 술로 빌붙지 않기를 바라리), 기차재其此哉!(오직 그 뿐이라!)'라 말했다. 점강은 매화의 고결함을 동경하며, 자신의 영혼이 매화 향기처럼 퍼지기를 바랐다는 것을 알 수 있다.

형식 면에서 볼 때, 점강漸江의 그림은 광활하고 청아하며, 삭막하고 쇠잔하며, 깊고 외진 특징을 지녔다. 중용적이지도, 온화하지도, 심지어 쓸쓸하지도 않다. 매우 극단적이고 강렬하며 쇠잔한 아름다움이 있다. 점강은 자신의 모든 생을 그림에 투영했다. 경지에서 볼 때, 점강의 그림은 선종禪宗이 말하는 '산을 보면 산이고, 물을 보면 물인' 제3의 경지라기 보다는 종종 고집스럽게 제2의 경지에 머무는 쪽에 가깝다. 예찬倪瓚과 비교해보면, 점강의 그림은 더 고고하고 차가우나, 예찬의 깊고 고요하며 우아한 특징은 없다. 이는 점강이 나라와 가문에 대한 원한으로 자신의 슬픔과 분노에서 벗어나지 못했기 때문이다.

점강의 그림은 거의 모두 선지宣紙 위에 그려졌다. 종이 위의 세계는 그의 마음의 세계이다. 그의 분노와 강직함은 부드럽고 우아한 선지와 비교해 보면 분명 음과 양의 대조를 이룬다. 매개체인 선지는 이 모든 것을 묵묵히 감내하며 필묵과 함께 완벽하게 표현을 완성했다.

선지와 긴밀한 관계를 가진 또 다른 인물은 석도石濤다. 주제의 다양성, 명성 그리고 전체적인 성취도로 볼 때, '사승四僧' 중에서 석도가 가장 두드러진다. 석도의 본명은 주약극朱若極으로, 명나라 태조 주원장朱元璋의 후손이다. 숭정崇禎(명나라 숭정제의 연호)이 죽은 후, 석도의 아버지는 남명南明 조정의 암투에 휘말려 죽었고, 갓난아기였던 석도는 내시에 의해 구출되어 절에 숨겨졌다. 10세 때, 석도는 무창武昌의 어느 절에 머물며 서책 읽기와 그림을 시작했고, 23세에 무창의 동쪽 노산廬山을 여행하고 강소와 절강 일대를 주유했다. 강희康熙 5년(1666년), 25세의 석도石濤가 선성宣城에 도착해 광교산廣教山의 광교사廣教寺, 금로사金露寺, 한운암閑雲庵 등에 머물면서 유명 화가였던 매청梅清과 깊은 교류를 나누며 스승이자 친구가 되었다. 석도는 선성에서 15년을 보내는 동안 천지 자연과, 황산黃山을 벗삼고 지냈다. 자주 휘주徽州와 선성 일대를 돌아다니며 많은 부호들의 소장품을 감상했다. 환남皖南은 휘상徽商과 선상宣商의 고향으로, 많은 부호들이 귀중한 서화를 소장하고 있었다. 민간에 숨겨진 보물들을 널리 본 덕분에, 석도의 심성이 한껏 고양될 수 있었다.

선성에 온 지 2년째 되던 해, 석도는 황산을 처음 방문했고, 이로써 황산과의 인연이 시작되었다. 석도는 선지 위에 『황산도黃山圖』를 그리고, 제발題跋(서화작품에 덧붙인 글-역자주)에서 마음껏 감정을 표현했다.

"황산이 나의 스승이요, 나는 황산의 벗이로다. 마음이 지향하는 것들 중에 황봉黃峰은 벗이 아닌 것이 없구나……" 이후 석도는 황산을 연이어 세 차례 더 올랐다. 매청도 이에 영향을 받아 황산을 두 차례 올라 『황산십구경도책黃山十九景圖册』 등의 작품을 그렸다. 강희 17년(1678년) 여름, 37세가 된 석도는 종산서천도원鍾山西天道院의 초청으로 남경南京에 갔다. 이때의 석도는 회화 예술에서 이미 성숙한 경지에 이르렀고, 그의 작품 하나하나가 전체 강남江南 회화계의 이목을 집중시켰다.

다른 삼승三僧과 다른 점은, 석도石濤는 출가자였지만 불교는 그의 배경 중 하나에 불과했다는 사실이다. 그의 행동과 사상은 '천행건天行健(하늘의 움직임은 굳건하니), 군자이자강불식君子以自強不息(군자는 이것을 따라 스스로 노력하기를 쉬지 않는다)'의 유자儒者에 더 가까웠다. 그의 그림에는 생명에 대한 열정, 창조적인 활력이 넘쳤고, 심지어 '광선狂禪의 바람'이 가득했다. 석도의 그림은 각 시기마다 다른 스타일을 보였지만, 전체적으로 보면 원사가元四家에서 이어진 우아한 깊이와 고요, 세밀함이 없었으며, 종종 거칠고 불안정해 보였다. 자주 '만점악묵萬点惡墨'(점태법으로 산이나 돌, 식생을 표현하는 기법으로 먹색의 층이 풍부하여 언뜻 거칠어보이지만 자연스럽고 생동감 있는 이미지를 표현하는 효과가 있음-역자주)의 대담함과 거친 혼돈을 드러냈다. 이것은 기술의 문제가 아니라 석도가 의도적으로 한 것이다. 역사의 본질이 끊임없이 순환한다면, 예술이나 회화도 마찬가지로 동정전화(동動과 정靜의 순환)한다. 정靜의 시간이 길어지면 동動의 힘이 나타나고, 동動의 시간이 길어지면 정靜의 주장이 뒤집힌다. 우아함이 극에 달하면, 거친 힘이 반드시 나타난다. 그 후, 다시 새로운 고요함과 평화로 돌아간다. 이것은 이전의 당화唐畵와 송화宋畵처럼, 당화의 화려함, 열정, 자유로움으로 인해 송화는 소박함,

신비함, 내성적인 방향으로 나아갔다. 이 또한 물극필반物極必反일까? 전환으로 볼 수 있으며, '나선식 상승'의 철학적 원리와 일치한다. 석도의 그림은 이렇게 '고풍'에 대한 '혁명적' 창조의 의미를 가지고 있다. 송원宋元 이래 산수화의 고결함을 추구하기 보다는 화가 자신의 생명 에너지를 마음껏 표현하고 발산했다. 기술적으로 보면, 석도의 그림은 송원 이래의 세밀함이나 고요함에 미치지 못한다. 선은 굵고 먹 자국은 크며, 화면도 다소 혼란스럽다. 하지만 그의 그림에서는 충만하고 자유분방한 감성, 진실한 인간성, 원시적인 활력을 볼 수 있다. 석도는 황산, 연화봉을 그릴 때 이전의 화가들이 그렸던 웅장하면서도 교요한 산수가 아닌, 연꽃처럼 흐드러진 구름 바다 속에 떠 있는 산 하나를 그렸다. 이 형상은 그의 마음속 연화봉이자, 그의 눈에 비친 연화봉이다. 석도의 시적인 감흥속에는 천지에 정지된 곳이 없이 어디서나 구름이 일고 산이 흔들린다.

석도의 예술적 스타일은 그의 개성, 젊은 시절의 명성, 적막감을 견디지 못하는 그의 기질과 관련이 있다. 청 '사승' 중에서 석도는 가장 젊고 기운이 넘쳤다. 문인화는 원대부터 예찬, 황공망의 고요에 잠긴 원경遠景 산수화가 후세의 모범이 되어 큰 영향을 끼쳤다. 이후 오문吳門 후학들은 고요만을 추구하면서 그림이 유약하고 무력해졌다. 어린 시절 명성을 얻은 석도에게 문인화는 너무 고리타분하고, 너무 조용하며, 너무 허망했다. 그는 젊은이 답게 새로운 길을 개척하고 독특한 자리를 만들고자 했다. 석도는 마치 환남皖南에 바람이 일면 포효하는 송도松濤처럼, 황산에 비가 내리기 전 차오르는 운해雲海처럼 무한한 포부와 활력에 차 있었다.

혼돈이 시작되면 종종 큰 기쁨과 놀라움에 맞닥뜨리지만, '지천명

知天命' 이후에는 깨달음과 무력감이 생겨 점차 덜 놀라고 덜 기뻐하게 되는 법이다. 예술의 바다가 다양한 물고기를 키우는 것처럼 포괄하고 포용한다. 젊은 예술에는 젊은 추종자가 있고, 깨달은 예술에는 깨달은 추종자가 있으며, 신이 있는 예술에는 신을 깨달은 추종자가 있고, 신이 없는 예술에는 신이 없는 추종자가 있다. 각각의 카테고리가 누가 높고 누가 낮은지 구별하기 어렵다. 다양한 세계에서 중요한 것은 예술과 인간의 대응이 사람들의 기쁨과 깨달음의 마음을 일으키면 모두 좋은 예술이라고 할 수 있지 않을까?

반면 조용하고 우아한 선지宣紙는 매우 관대했다. 석도의 격렬한 동요에 대해 대담하게 지원하고 표현했다. 선지와 석도의 조화로운 협업은 필묵의 활력과 시적인 면모를 극대화했다. 선지 위에서 석도의 생각을 명확히 볼 수 있다. 그가 선지의 특성과 선지의 시적인 면모를 다양하게 활용하는 것을 볼 수 있다. 이는 당연한 일이었다. 석도가 선성에서 오랜 시간을 보내는 동안 선지, 선필宣筆, 휘묵徽墨, 흡연歙硯의 특성에 대해 높은 인식과 이해를 가졌기 때문이다. 물론 경제적인 이유 때문에 석도의 모든 작품이 선지에 그려진 것은 아니며, 종종 상대적으로 저렴한 일반 서화지를 사용했다. 그러나 선지에 그린 작품과 일반에 그린 작품은 분명 큰 차이가 있다. 선지 위의 작품은 일반적으로 은은한 기운이 배어있고 산과 골짜기에는 생명의 영성이 깃들어 있다. 그의 좋은 친구이자 선성 출신 화가인 매청은 시를 써서 석도의 그림을 묘사했다:

황산 천도봉의 기이함은 말로 형용하기 어려우며
우리 스승님은 이를 손에 담았네.

환상의 붓을 던져 인간 세상에 내려놓으니,

헌원軒轅(전설상의 임금인 황제黃帝의 이름)이 영원 불멸이 되네.

내가 태산의 운무를 그리니, 구름이 석도를 향해 날아가네.

스승님이 황산의 구름을 그리니,

구름이 구형瞿硎(동진 시대에 은둔생활을 했던 문인)의 옷을 물들이네.

흰 구름은 끝없이 눈에 가득 차고,

구름의 뿌리는 뭉게뭉게 영경靈境으로 돌아가네.

　석도가 양주揚州, 소주蘇州 일대로 옮겨 간 것은 마치 큰 물고기가 대해로 헤엄쳐 들어간 것 같았다.

　선지宣紙는 유儒와 도道, 불佛처럼 대지, 하늘, 우주였다. 젊은 종이이자 늙은 종이이며, 세속적인 종이이자 초탈한 종이이며, 단순한 종이이자 복잡한 종이였다. 예찬倪瓚처럼 고요할 수도 있고, 석도처럼 젊을 수도 있으며, 조맹부趙孟頫처럼 세속에 능통하고, 서위徐渭처럼 세속을 등질 수도 있었다.

　'사승四僧' 중에서 석도와 석계石溪를 '이석二石'이라 부른다. 다른 삼승과 비교해 석계는 가장 따뜻하고 순수하다. 그의 작품은 소박한 자연스러움, 의도적인 함축을 더 많이 내포하고 있다.

　석계의 그림은 소박하고 옛스럽고 한적한 것이 가장 큰 특징이다. 석계의 필묵은 세밀하고 구도는 비교적 충실하며, 선은 호방하고, 화면은 밀도 있게 거의 여백을 남기지 않았다. 먹과 색이 하나로 어우러져 전체적으로 원나라 왕몽王蒙의 방식에 더 가깝다. '사승' 중에서 색을 가장 잘 사용했던 그는 중채화重彩畵를 선호했다. 그의 그림은 산과 물이 어우러진 평범함 속에서 기이함을 추구하고, 밀집되어 있지만 안정적이고 변화가 풍부하다. 이를 통해 강남 산천의 풍부하고 소박한 기운을 생동감 있게 전달한다.

　석계가 출가한 것은 정치적 혹은 생활적인 요인이 아니라, 생명의 진리에 대한 자각적인 추구였다. 석계의 성은 유劉씨이며, 그가 태어나기 전 어머니가 꿈에 스님을 보았다고 한다. 석계는 어렸을 때 이 사실을 알고 출가를 고민하다가 결국 출가했다. 이 때문에 다른 삼승에 비해 석계의 서화와 시문은 불교의 좌선과 부들방석(스님이 좌선할 때 앉는 방석)처럼 '구도'의 의미가 더욱 뚜렷하다. 석계에게 그림과 시는 단지 작은 길일 뿐이며, '달'이 아니라 '손가락'이었다. '손가락'은 달을 가리키는 데 사용되지만, '달' 자체는 아니다. 석계의 그림은 언뜻 보기에 거친 옷차림과 어지러운 산과 물같지만, 자세히 살펴보면 고고하고 기이하며 소박하다. 석계의 「추산청람도秋山晴嵐圖」는 산수를 수직축으로 하여 물과 먹을 사용해 높은 산과 흐르는 물의 경치를 그리고, 구도상 고원법과 심원법을 취했다. 전경前景에는 물가의 비탈길과 정자, 마른 버드나무와 잡목이 있으며, 중경中景에는 구불구불한 계곡과 높다랗게 솟은 나무가 있고, 절벽 옆 평지에는 초가집 몇 칸이 있으며, 한 선비가 단풍과 노란 잎, 맑은 물과 흰 바위 사이에 숨어 있다. 원경遠景에는 주봉이 우뚝 솟아 있고 위에는 탑이 위태롭게 서 있으며, 계곡의 구름이 그 허리를 둘러싸고 폭포가 산록을 덮고 있다. 이 그림은 석계가 4년에 걸쳐 완성한 것으로, 전체적으로 깊고 아름다운 계곡의 가을 정취에 서예작품이 곁들여진 그림이다. 붓질이 원만하고 유려하며, 먹빛의 농담이 어우러져 화가의 기량과 스타일을 유감없이 보여준다.

　석계는 시와 서예, 그림에 능했지만, 상대적으로 그의 시는 이해하기 어렵다. 그 이유는 그의 시가 언어와 문자의 한계를 넘어 철학의 깊은 연못에 잠겨 있기 때문이다. 석계는 항상 예술을 넘어서는 영감을 추구하고, 표현하기 어려운 것을 드러내고자 했다. 놀라운 것은, 선지의 특성이 종종 그의 직관보다 더 뛰어나게 예상치 못한 놀라움을 주었다는 것이다. 그가 붓을 대는 곳마다, 선지는 진하고 옅은 먹빛으로 물들며 예측 불가능한 화면을 드러냈다. 서화 예술 자체가 자욱한 운무와도 같은 특성을 가지고 있다. 선지 역시 그렇다. 구름처럼 아름답고, 구름처럼 신비롭다.

양주팔괴揚州八怪는 청淸나라 사승四僧 이후 남방에서 가장 영향력 있는 화가군群이었다. 양주팔괴에 대해 여러 가지 설이 있지만, 일반적으로 인정되는 인물은 김농金農, 정섭鄭燮, 황신黃慎, 이선李鱓, 이방응李方膺, 왕사신汪士慎, 나빙羅聘, 고상高翔이다. 이외에 완원阮元, 화암華巖, 민정閔貞, 고봉한高鳳翰 같은 화가들도 언급된다. 팔괴 중 정판교鄭板橋가 후세에 가장 유명해졌는데, 그의 작품이 더 대중적이고 이해하기 쉬워서 일반 백성들에게 널리 받아들여졌기 때문이다. 학자였던 정판교는 공명에 집착해 인생의 전반을 보냈으나, 칠품관에 이르렀을 때 문득 고개를 들어 하늘에 흘러가는 구름을 보며 자신의 삶을 바꿔야 할 때라는 것을 깨달았다. '명경고현明鏡高懸(엄격하고 공정한 관리의 자세를 일컫는 말로 고대에는 편액에 써서 관부의 정문에 걸어 놓았다-역자주)'이 걸려 있는 넓은 관부에서 정판교는 선지宣紙에 '난득호도難得糊塗(바보가 되기란 참 어렵다는 의미-역자주)' 네 글자를 쓰고 인장을 찍은 후 떠났다. 양주로 돌아온 그는 그림을 팔며 생계를 이어갔고, 남송 화가 정사소鄭思肖의 영향을 받아 주로 매梅, 난蘭, 죽竹, 국菊, 송松, 석石을 그렸으며, 특히 난과 죽을 많이 그렸다. 이는 전통 선비들이 추구하는 군자의 인격을 반영한 것이다. 정판교는 이렇게 말했다. '사계절에 시들지 않는

난, 백설에도 늘 푸른 죽, 만고에 변하지 않는 석, 천추에 변치 않는 사람, 이 세 가지와 대군자를 함께 '사미四美'라 칭한다.' 정판교의 서예와 회화는 모두 특유의 광초狂草 정신이 담겨 있으며, 진眞, 초草, 예隸, 전篆 등 다양한 서체와 매, 난, 죽, 국의 필획을 혼합해 자유롭고, 장법이 독특하여 '판교체板橋體'라 불렸다.

군자의 절개를 추구하는 그림에 무엇보다 깨끗하고 결백한 선지만 한 것이 있을까? 정판교가 선지에 그린 「난죽도蘭竹圖」는 화려한 작품임에 틀림없다. 그림의 반쪽은 거대한 경사진 절벽이 하늘을 찌를 듯이 서 있다. 절벽 위에는 몇 줄기의 난과 화살죽이 동일한 뿌리에서 자라나와 푸른 하늘을 향해 흔들린다. 「난죽도」의 구성은 난, 죽, 석이 엄격하면서도 조화롭게 배치되어 있다. 돌들이 흩어진 난과 죽을 자연스럽게 연결하고 있다. 진한 먹으로 난을 쪼개고 죽을 쳐내듯 그려, 곧추선 잎들이 서로 어우러지며 기품이 있다. 특히 주목할 만한 점은 정판교가 서예와 회화를 혼합해 초서의 긴 획을 사용하는 필법을 운용했는데, 그로 인해 그림 전체가 수려하고 강인하면서도 청초한 풍모를 지녔다는 점이다.

정판교는 죽竹을 사랑했는데, 고요하고 적막하면서도 청렴한 기풍을 가졌기 때문이다. 그의 붓끝에서 형체를 드러낸 봄죽은 깊고, 여름죽은 짙고, 가을죽은 옅고, 겨울죽은 밝다. 오염된 세상에서 죽은 군자와 닮아 벗할 만한 가치가 있다. 정판교는 한가할 때면 대밭에 가서 바람을 듣고 비를 듣고 눈을 들으며 대나무의 향기를 마시곤 했다. 그는 그림에 이렇게 적었다. '초가 한 채, 대나무 몇 갈래, 하얀 종이 창, 녹색이 살짝 물들다. 이때 혼자 앉아 있으면, 비 오기 전 차 한 잔, 깨끗한 돌 벼루 한 조각, 선주宣州 종이 한 장, 꽃 몇 송이를 그린다. 친구가 오면, 바람 소리와 대나무 소리, 더 시끄러울수록 더 조용해진다. 어린 종이 비질을 하고 하녀가 대나무 그늘을 오가며 향을 피우는데, 시원한 바람이 그림에 비치니 더없이 애정 어린 모습이다.' 그는 누구의 가르침이 없이 창문과 벽 아래에서 해와 달빛 속에서 스스로 죽竹을 그리는 법을 깨달았다. 한 편의 시에서 그는 이렇게 썼다.

이십 년 전 이곳에서 술병을 손에 들고, 봄바람과 대숲에 취했었네.
지금 다시 양주에서 대나무를 심으니, 여전히 회남淮南의 하늘은 푸르구나.

양주팔괴揚州八怪 중 가장 독특한 스타일과 큰 성취를 이룬 화가는 금농金農이다. 금농의 그림은 지혜, 선의, 깨달음의 맛이 일품이다. 기술적으로 볼 때, 금농의 산수화는 석도石濤에 미치지 못하고, 인물화는 노련老蓮에 비할 바 아니며, 매화 그림은 친구 왕사신汪士慎에 뒤진다. 하지만 그는 독창적인 방식으로 서예를 화폭에 담았는데, 짙은 고대적 향기, 흥미로운 생동감을 뿜어낸다. 금농은 민간에 전해지는 노래를 그림에 적어 제화시題畵詩로 삼는 것을 좋아하기도 했다.

강희康熙, 건륭乾隆 시기 서예계에서는 '첩학帖學'이 대세였다. 금농과 정섭鄭燮 등은 이런 조류와 달리, 반항적인 정신과 독특한 개성을 추구했다. 금농의 서예는 전반적으로 흔한 필치나 모사를 거부하며, 두터운 필체로 소박함을 보여주었다. 그의 작품은 시종일관 '첩학'에 대한 반발과 한나라, 위진 시대에 대한 집착을 표현했다. 그의 글씨는 마치 칼로 새긴 듯 진한 금석체의 느낌이 난다. 특히 50세 이후 한의 예서와 위의 해서를 결합한 '칠서漆書'를 창안했는데, 가로는 두껍고 세로는 가는 기이한 글자체였다. 서예 계보에서 볼 때, 금농의 글씨는 예서와 해서의 특징을 모두 가지고 있다. 필획은 강하고 유연하며, 글자 모양은 길고 납작하다. 72세에 금농은 선지에 자화상自畵像을 그렸다. 소박한 옷차림에 지팡이를 든 채 옆으로 서 있는 모습인데, 태도가 확고하고 표정은 초연하다. 머리 부분은 사실적으로 묘사되어, 무성한 수염, 가느다란 머리띠, 또렷한 눈빛 등으로 자신의 기괴하고 오만한 특징을 생생하게 표현했다.

자화상은 시詩, 서書, 화畵, 인印이 '사위일체四位一體'로 문인화의 의미와 매력을 한껏 드러낸다. 당시의 문인화는 내면적 정신과 화면의 재미를 중시했다. 이런 재미는 불교의 관점에서 볼 때, 깨달음의 기쁨과 같다. 깨달음은 질적 변화로, 가슴에 기쁨을 품고 그린 그림은 따뜻한 생기와 신비로움이 넘친다. 그래서 금농은 '불화佛畵'를 그렸다고 할 수 있다. 그의 붓끝에서 사물, 꽃, 인물, 역사 모든 것이 그의 마음속 세계이자 관조의 결과였다. 이는 문인화의 시적 추구가 새로운 경지에 도달했음을 의미한다. 대방무우大方無隅(큰 네모는 모서리가 없고), 대상무형大象無形(큰 그릇은 늦게 이루어지고), 대도지간大道至簡(큰 음악은 소리가 없고), 대음희성大音希聲(큰 형상은 형태가 없다), 대교약졸大巧若拙(매우 공교한 솜씨는 서투른 것같이 보인다). 금농의 그림은 문인화가 단순히 필체, 선, 색의 결합이 아니라 생명의 지혜를 드러낸다는 것을 확실히 보여준다. 종이에 나타난 그림은 대부분 표면적인 것에 불과하며, 가장 중요한 것은 시적 감각, 지혜의 표현, 사람들의 기쁨이다.

금농金農이 그린 그림들 중에 '일품'으로 평가받을 만한 그림이 있다. 연못에는 연잎이 가득하고, 그 중에 초가 정자가 있으며, 정자에는 침상이 하나 있고, 한 사람이 그 위에 누워 깊은 잠에 빠져 있는 그림이다. 「풍래사면와당중風來四面臥當中」이라는 그림이다. 이 그림은 금농의 시 '세모복우오흥요대연화장歲暮復寓吳興姚大蓮花莊'에서 따온 것이다. '구파정 외에 물이 흐리니, 가을에 낚시통을 들고 간 것을 기억한다. 백련화 세계를 즐기며, 바람이 불면 네 방향으로 누워있다.' 이 그림 속에는 충만한 기쁨의 마음이 담겨 있다. 불교에서 불은 비오심悲憫心이자 환희심歡喜心이다. 환희심과 비오심은 실제로 같은 것으로, '불심佛心'의 앞면과 뒷면이다.

가슴에 이런 환희심이 있기 때문에 '양주팔괴揚州八怪'의 붓놀림이 그토록 자유분방할 수밖에 없었다. 세상의 모든 것은 '불심'으로 바라보면 그림이 될 수 있다. 그래서 '양주팔괴'는 매화, 난초, 대나무, 국화뿐만 아니라 울타리, 채소, 과일 등을 그리고, 특이하고 재미있는 것들도 그렸다. 예를 들어, 나빙羅聘은 〈봉와도蜂窩圖〉를 그렸다. 나무 가지에 말벌집이 매달려 있고, 그 위에서 말벌이 날고 있다. 현실에서는 거부감이 드는 말벌집이 그림 속에 나타나면 흥미롭게 보인다. '양주팔괴'의 눈에는 무엇을 그려야 하는가가 중요한 것이 아니라, 어떻게 바라보는가가 중요했다. 세상을 재미있는 눈으로 바라볼 때, 모든 것이 재미있게 보인다. '양주팔괴'의 그림은 이처럼 재미있고 대중적이어서 곧바로 소금상인들과 일반 대중의 환영을 받았고, 관료 계층에게도 배척받지 않았다. 이러한 포용성은 중국 서화사에서 일종의 혁신이었다.

'양주팔괴'와 비교할 때, 동시대의 '금릉팔가金陵八家'는 전통주의를 고수했다고 할 수 있다. '금릉팔가' 중에서는 공현龔賢이 가장 두드러졌다. 어떤 면에서 보면, 공현은 청초淸初의 예찬倪瓚과 같았다. 하지만 예찬에 비해 공현은 형이상학적 의미가 더 강하고, 철학적 사유와 신비한 상상이 더 많았다. 문학은 인간을 낭만적으로 만들고, 예술은 인간을 탁월하게 만들며, 철학은 인간을 지혜롭게 만들고, 종교는 인간을 강하게 만든다. 공현은 심성이 강하고 자부심을 가진 사람이었다. 그는 대부분 금릉金陵 외곽의 초가집에서 혼자 살면서 자신의 '반묘半畝원'을 가꾸었다. 공현은 자신을 반천半千이라 칭했는데, 이로 인해 많은 논란이 일었다. 어떤 이들은 공현이 '반천'이라는 호를 쓴 것은 스스로를 500년 만에 등장한 뛰어난 화가로 여겼기 때문이라고 생각했다. 공현의 그림은 실로 광대하고 기운이 넘친다. 물욕에 슬퍼하지도 기뻐하지도 않으며, 시대에 순응하지 않는 내적 정신을 보여준다. 그의 그림을 보면, 하늘과 땅 사이의 광활한 들판에 있는 것 같은 느낌을 받는다. '동정호반에서 발을 씻고 사방을 멀리 내다보노니, 고대에 얽매이지도 현재에 국한되지도 않는다. 마음은 자유롭고 세속에 얽매이지 않으니, 눈에 보이는 모든 것이 무인지경의 야생과 황량함 뿐'이라는 문인화의 철학이 담겨 있다.

공현龔賢의 초기 산수화는 건필枯筆 방식으로 '백곤白龔'으로 불리며, 원나라의 예찬倪瓚과 명나라의 동기창董其昌에 이어 강남의 대표적 형식으로 꼽혔다. 이는 '각성적 산수', 즉 선종禪宗의 세 번째 단계인 '산을 보면 다시 산이고, 물을 보면 다시 물이다'를 목표로, 삶의 내면적 본질을 통해 개인의 깨달음을 이루려는 것이다. 이는 작품 속에서 현실적인 산수가 아닌 황량하고 쓸쓸한 방식으로 표현되며, 본질에 대한 깨달음을 추구하는 문인의 '실락원'을 상징한다.

중년 이후 공현龔賢은 창작의 진정한 원천이 자연에 있다고 생각했다. 자연 속에서 선인의 회화론을 깨닫고 오직 고대의 전통을 '증거'로 삼아야 한다고 주장했다. 공현은 대담하게 동원董源, 미불米芾, 오진吳鎭 등을 배우고 순박함 속에서 수려함이 드러나는 적묵법積墨法을 창안했다. 그의 붓끝에서 산과 돌, 나무들은 여러 번의 준찰皴擦과 채색을 거처 먹색이 진하면서도 풍부해졌고, 세밀한 명암의 변화, 층층이 쌓인 먹으로 산수의 투박함과 성숙함을 전달했는데, 사람들은 이를 '흑공黑龔'이라 불렀다.

중국 산수화 역사상 흑백 대비가 가장 컸던 인물은 공현이었다. 공현은 자신을 전무후무한 인물로 여겼으며, '먹이 없으면 그 흰색을 드러낼 수 없고, 흰색이 없으면 그 검은색을 판단할 수 없다'고 하였다. 그가 선지에 희미한 공백을 남겨 놓고 한 점도 칠하지 않아도 사람들은 옅은 안개가 퍼지는 느낌이나 맑고 투명한 호수와 강을 느낄 수 있었다. 짙은 연무가 산등성이를 따라 흘러가고, 마을도 인적도 없는 우울하고 고독한 풍경은 송대 화가들이 말하는 '가볼 만한 산수, 살아볼 만한 산수'와는 거리가 멀었다. 그에게 가장 큰 지지를 보낸 것은 사실 선지였으며, 선지는 검은색을 더 검게, 흰색을 더 희게 만들었다. 흑백의 대비 속에서 모든 것은 무無이며 유有였고, 유가 무를 낳고 무가 유를 낳았다.

공현은 자신의 초상화를 그렸고, 승복을 입고 빗자루로 솔잎을 쓸었으며, 낙엽을 묶어 누각에 걸어두었다. 후세 사람들은 그가 살았던 남경 서쪽 청량산淸涼山의 옛집을 '소엽루掃葉樓'라 불렀다. 여기서 공현은 '백공白龔'에서 '흑공'으로 변모하였고, 선지에 촉촉히 젖은 덕분에 내면의 청량한 세계를 찾았다.

건륭乾隆 이후, 선지 생산량이 점점 늘어나고 그 범위도 점점 넓어졌다. 궁궐이나 지배계층 민간에 이르기까지 선지를 사용하였다. 궁정의 많은 작품들도 선지가 비단을 대체했는데, 가장 유명한 작품이 서양 화가 주세페 카스틸리오네 등이 그린 「평정준부회부득승도平定準部回部得勝圖」이다. 대규모 전투 장면을 그린 이 그림은 건륭이 신장에서 일어난 반란을 평정한 과정을 묘사한 대작으로, 선지사宣紙史에서 경이로운 작품으로 꼽힌다. 중국에 처음 온 이탈리아 화가 카스틸리오네는 서양 유화의 많은 기술을 선지로 표현하여 뜻밖의 효과를 거두었다. 그의 서양화 기술과 선지에 대한 탐색은 후에 인백년任伯年 등에게 영향을 주었다. 따라서 일부에서는 만청민국 초기 해상화파海上畫派의 선구자를 이 이탈리아 출신의 궁정 화가로 보기도 한다.

좋은 선지는 훌륭한 문인 화가와 마찬가지로 창의력과 선기仙氣가 자연스럽게 배어있다. 선지 덕분에 문인들은 의기양양한 기상, 강인함, 신선한 정취로 충만할 수 있었다. 선지가 있었기에 상대적으로 침체했던 청나라의 예술이 여전히 발전적인 추세를 보여줄 수 있었다. 궁정에서부터 민간에 이르기까지, 사람들은 선지 위에 붓을 휘두르고 먹을 뿌리는 것을 좋아했다. 건륭 시대부터, 선지는 서화계를 '평정'하기 시작했다.

23. 선지宣紙에 담긴 만청민국晩淸民國

청나라의 통치자들은 고상하고 초월적인 정신, 함축적인 의미, 깊은 내면의 아름다움과 다소 거리가 있었다. 그들은 '천창창天蒼蒼(하늘은 푸르디 푸르고), 야망망野茫茫(초원은 넓고도 넓어라), 풍초초저건우양風吹草低見牛羊(바람 불어와 풀이 누우니 소와 양 떼가 나타나네)'만을 좋아하고 '월명성희月明星稀(달은 밝고 별은 성긴데), 오작남비烏鵲南飛(까마까치는 남으로 날아가네)'의 아름다움을 몰랐다. 경직된 청의 사회 분위기 속에서 창의성이 크게 약화되었으며, 예술계의 상황도 짐작할 수 있다. 회화에서 '사왕四王', 서예에서 등석여鄧石如, 류용劉墉 등 몇몇 사람을 제외하고, 서화는 대체로 평범하고 진부하며 형식에 치우쳤다. 심미적으로도 저속하고 통속적이었다. 청대 화단에는 모란, 매화 등 통속적인 화제가 넘쳐났고, 난초 같은 가식적인 '소품'이 유행했다. 자희慈禧(서태후)가 만든 『옥당금분만천향玉堂金粉滿天香』도 예외는 아니었다. 최고 통치자가 이런 취향이라면, 사회적 심미안은 가히 짐작할 수 있다. 북방 사람들은 대부분 뚱뚱한 어린아이가 금붕어를 안고 있는 '양류청楊柳青'을 많이 붙였고, 남방 사람들은 따뜻한 봄 같은 '도화오桃花塢'를 걸었다.

청나라 말기에 서양의 충격으로 숨막히는 사회적 분위기에 틈이 생겼고, 세속과 상업의 기운이 서서히 일어났다. 해안 도시들이 먼저 개방되어 상업이 번창하고 시민 계층이 형성되었다. 이러한 상황에서 양주화파揚州畫派에 이어 시장에 의존하는 해상화파海上畫派가 탄생했다. 이후 제백석齊白石, 장대천張大千, 임풍면林風眠, 황빈홍黃賓虹 등 화가들이 청신하고 탈속적인 시민의 시각과 정신으로 침묵하고 부패하며 경직된 전통 회화에 새로운 바람을 불어넣었다.

해상화파는 19세기 말에 탄생하여 20세기 초에 번성했는데, 상해의 경제 발전과 밀접한 관련이 있다. 상해가 빠르게 발전하고 신흥 귀족이 부상하면서 예술 시장이 형성된 것이다. 이에 많은 화가들이 이곳으로 몰려들었다. 19세기 말, 조지겸趙之謙, 장자상張子祥, 임웅任熊, 임훈任薰, 임백년任伯年, 호공수胡公壽, 오창석吳昌碩, 허곡虛谷, 포화蒲華 등 많은 화가들이 상해로 와서 그림 판매를 직업으로 삼았다. 이들은 매우 윤택한 삶을 살면서 많은 훌륭한 작품들을 남겼다. 20세기가 되자, 해파海派 화가들이 활발하게 활동하며 전혜안錢慧安, 황산수黃山壽, 황빈홍, 오호범吳湖帆, 장대천, 임풍면, 유해속劉海粟, 풍자개豐子愷, 육엄소陸

儀少, 조자운趙子雲, 주기첨朱屺瞻, 사치류謝稚柳 등 많은 화가들이 등장했다. 해상화파는 청 초의 '양주팔괴揚州八怪'와 비슷한 점이 있는데, 그것은 더욱 개방적이고, 미속미속媚俗(세상의 흐름을 좇는다는 의미)'적으로 시장의 수요, 새롭게 부상하는 자본과 권력자들의 심미적 취향에 부응했다는 점이다. 이는 이전의 고상함이나 우아함이 아닌 정취와 생기를 중시했다는 것을 의미한다.

청나라 말기 해상화파海上畵派에서 가장 대표적인 인물은 조지겸趙之謙, 오창석吳昌碩, 임백년任伯年이었다. 조지겸은 회화, 시문, 서예, 인장印章에 모두 능해 '사절四絶'로 불렸으며, 특히 서예에서 '북비北碑'를 계승하여 독특한 금석체金石體를 창조했다. 오창석은 호방한 기세, 생동감과 야생미가 넘치는 그림으로 호평을 받았다. 20세기 중국 회화사를 대표하는 화가 반천수潘天壽는 오창석에 대해 '대담하게 화려한 색채를 사용하여 고인古人들에게서 볼 수 없는 다양한 변화를 이끌어 냈으며, 화초 그림에서 색을 사용하는 데 가장 능한 사람이라 할 수 있다'고 했다. 문인화는 송대부터 '옥골빙심玉骨冰心(높은 품격과 강인한 기질을 형용하는 말-역자주)'을 기조로 점차 깊이를 더해 갔다. 문인화가 심원하고 그윽한 정취가 더해질수록, 세속적이고 다채로운 색이 가져다 주는 기쁨이 필요했다. 오창석이 그린 세상이 바로 이렇듯 소란하고 복잡한 청나라 말기에 뚜렷해진 민간의 힘이 만들어낸 세상이다. 오창석은 회화의 주제를 확장하여 매화, 난초, 대나무, 국화, 복숭아, 배, 오이, 살구 외에도 수선화, 양귀비, 갈대꽃, 자등, 창포, 치자화, 안래홍 등을 그렸다. 특히 덩굴, 창포, 박과 같은 야생의 기운을 가진 식물들이 거침없이 무성하게 뻗어나가는 듯이 그리는 것을 좋아했다. 이것은 민간의 힘을 비유한 것일까? 오창석 자신이 바로 들에서 자란 귀한 꽃이었다.

덩굴은 생기발랄함을, 창포는 왕성한 기운을, 조롱박은 어리석음을 의미했다. 그림 속에 이렇게 많은 '농담'이 숨어있으니 그가 민간에서 인기가 있었던 것도 놀라운 일이 아니다.

색채 면에서 오창석은 전통 서화에 얽매이지 않고, 붉은 색을 독창적으로 사용하는 것을 좋아했으며, 다양한 색을 사용해 꽃과 새의 세계를 표현했다. 반천수에 따르면, 오창석은 양홍洋紅(새빨간 물감)을 사용한 첫 번째 화가였다. 양홍의 밝고 요염한 색감은 오창석의 화조도에 세속성을 더해 주었고, 이는 그의 그림이 더욱 큰 인기를 끈 요인이 되었다. 이 점은 제백석齊白石 등 곧이어 등장한 화가들에게 큰 영향을 주었다. 한 학자는 '오창석은 종종 색을 혼합하는 기법을 사용하여 붉은 색은 더욱 붉게, 녹색은 더욱 선명한 녹색을 띠도록 만들었다. 미묘한 색채 변화를 통해 선명하고 중후하면서도 혼합색의 고풍스러운 운치를 표현했다. 그는 특히 말년에 양홍을 좋아했는데, 근대에 서양에서 들어온 이 색은 진하고 묵직하여 붉은 색감이 부족한 연지의 단점을 보완했다. 이는 그의 고전적이고 소박한 그림 스타일과 잘 맞았다. 화려하고 강렬한 색상은 오창석의 소박하고 고전적인 그림에 무한한 생명력을 더했다'고 평가했다.

필묵과 사물에 화가의 관점이 투영된 그의 그림은 서예와 전각(나무, 돌, 금옥 따위에 인장印章을 새김. 또는 그런 글자-역자주)의 운필과 운도運刀의 요소, 즉 금석의 기운을 지니고 있다. 또한 묵색의 농담과 건습의 변화, 대담한 붓놀림을 보여준다. 전체적인 구도는 글자와 글자의 간격, 행간 거리, 허실의 대비 등 공간처리기법과 '지之'자와 '여女'자의 형태를 즐겨 사용했다. 그가 자주 사용하는 구도 형식은 오른쪽이 높고 왼쪽이 낮은 대각선 형태였으며, 왼쪽 상단과 오른쪽 하단에 각각 제목과 인장을 배치했다. 오창석이 그린 난초는 진하거나 옅은 먹색과 전서篆書 필법을 사용해 강하면서도 유연하며, 하늘거리면서도 강하다. 대나무를 그릴 때는 옅은 먹으로 가볍게 칠하고 진한 먹으로 촘촘하게 또는 듬성하게 점을 찍어 무궁무진한 변화를 주었다. 모란을 그릴 때는 선명한 연지 붉은색을 주로 사용하여 촉촉하게 머금은 물기와 잎이 무성하여 야생의 기운이 넘쳤다. 국화를 그릴 때는 바위와 예스러운 화병을 곁들이고 노란 국화, 먹색 국화, 심지어 붉은 국화를 그렸다. 그의 그림은 발묵潑墨과 초묵焦墨, 건묵과 습묵, 색의 농담, 우아함과 소박함이 공존한다.

오창석吳昌碩은 일생 동안 매화를 사랑했다. 매화를 그릴 때는 자연을 스승으로 삼고 자연과의 합일을 추구했다. 매화의 가지와 줄기는 붓을 멈추지 않고 일사천리로 움직여서 그렸고 때로 흰 여백을 두기도 했는데 이를 '소매掃梅'라 불렀다. 78세 때 그린 「한매토염도寒梅吐艶圖」는 더욱 대담해졌다. 홍, 황, 청, 녹을 대담하게 '혼합'하여 검은 매화, 붉은 매화, 녹색 매화도 그렸다. 거침 없으면서도 조화로운 붓놀림이 새로운 경지에 이르렀다고 평가받는 것은 당연하다.

전각에 능했던 오창석은 서령인사西泠印社(1904년에 창립된 중국 최초의 문인사단-역자주) 초대 회장이었다. 그의 전각은 절파浙派에서 출발하여 한인漢印(진한시대의 인장)에 대해 연구했다. 그는 등석여鄧石如, 오양지吳讓之, 조지겸趙之謙 등으로부터 영향을 받아 공백을 활용하는데 능했고, 선과 형태의 비스듬한 교차를 통해 화면의 역동성을 높이는 기법 그리고 웅장하고 입체감이 강한 구도에 뛰어난 실력을 발휘했다. 칼과 붓이 만들어낸 전각은 웅장하면서도 아름답고, 서툰 듯하면서도 소박하며, 거친 듯하면서도 아름다웠다. 여러 기법에 능했던 그는 도달하기 어려운 난이도와 스타일을 창조했다.

오창석이 화조화에 능했다면, 동시대의 임백년任伯年은 화조, 동물, 인물, 산수 등 모든 분야에서 높은 업적과 혁신을 이룬 다재다능한 인물이었다. 임백년은 초기에 공필에서 뛰어났고, 북송 시대의 화가들을 모방했는데 특히 진홍수陳洪綬에 가까웠다. 후에 서위徐渭, 팔대산인八大山人의 서법에 영향을 받아, 간결하고 자유로운 필묵과 밝고 단아한 채색으로 공필과 취필을 겸비한 밝고 따뜻한 분위기를 만들어냈다. 임백년의 특징은 선명하고 자유분방한 선, 몇 번의 붓질로 인물의 기상과 성격을 그려내며, 적은 필묵으로 깊은 의미를 표현하는데 뛰어났다는 것이다. 임백년은 종규鍾馗(역귀를 쫓아낸다고 여겨졌던 신)를 그리기를 좋아했는데, 그의 붓끝에서 태어난 종규는 당당하고 대범한 이미지를 드러냈다. 귀신도 악귀도 무서울 것이 없는 전형적인 '독불장군' 이미지다. 그의 화조화는 시적이고 화려하며, 항상 꽃을 배경으로 새를 돋보이게 하는 구도로 화면에 생동감을 더했다.

임백년은 보기 드문 다재다능한 인재였다. 전통 중국화에 능통했을 뿐만 아니라 서양화에도 해박했으며, 유화, 소묘, 스케치에 대한 이해도가 높았다. 그는 그림을 그릴 때 서양화의 몇몇 기법을 자신의 창작에 적용했다. 임백년은 전통 선비들의 취향을 이해했을 뿐만 아니라 평민과 상인들의 관심사도 알고 있었다. 당시 상해 시민들은 전통 산수화보다는 전설, 이야기, 인물화에 더 관심을 가졌다. 임백년은 대중과 선비들의 심미안 사이에서 균형을 유지하려 노력했다. 인물화의 고고한 전통을 유지하는 동시에 인물화를 해학적으로 그림으로써 시장의 요구에 호응했다. 고대 문인화에서는 복숭아꽃을 그리는 경우가 드물었다. 복숭아꽃이 화려하기는 하나 매란국죽의 고아함을 갖지 못했기에 자칫 통속으로 흐를 수 있기 때문이었다. 하지만 임백년은 시장에서 요구하면 기꺼이 그렸다. 그가 종이에 그린 「도화비연도桃花飛燕圖」나 「도화쌍계도桃花雙雞圖」가 모두 소시민의 활기와 기쁨, 시골 여인의 순수함과 맑음을 잘 표현하여 친근한 매력을 발산하는 작품이다.

임백년任伯年의 그림은 전반적으로 고상함과 세속성, 상업성과 예술성, 전통과 현대성 사이의 융합을 모색했다. 그는 신선, 도사, 승려 같은 고전과 전설 속 인물은 물론, 마부, 나무꾼, 어부, 아이들 같은 평범한 인물들을 그렸고 채소, 과일, 생선도 그렸다. 임백년은 전통 문인화의 흑백 중심 경향을 탈피하여 색채를 즐겨 사용했으며 특히 분홍색을 많이 사용했다. 그의 붓끝에서는 세상이 다채로운 색채와 화목한 분위기로 가득했다. 농부와 아이들, 오이밭과 시원한 나무그늘 아래서 쉬는 노인부터 양, 개, 닭, 오리에 이르기까지 모든 것이 생활의 즐거움을 드러냈다. 이처럼 친근한 그림들은 당연히 신흥 상인과 시민 계층의 사랑을 받았다.

오창석吳昌碩과 임백년은 모두 필묵과 선지의 비밀을 깊이 이해했기에 자신의 필묵 기술과 선지의 특성을 완벽하게 조화시켰다. 그들의 그림은 그들의 창조물이자 선지가 품은 생명, 선지 위에 자라난 나무, 선지 위에 피어난 꽃, 선지 위를 흐르는 물, 선지 위에 타오르는 불이었다.

임백년의 경험이나 예술적 주장과 비견할 만한 필묵의 최고 경지에 이른 화가로 제백석齊白石이 있었다. 제백석은 오창석, 임백년처럼 상해로 가지 않고 경성京城(수도인 북경을 말함-역자주)을 선택했다. 이전까지 그는 호남의 한 시골에서 목수로 살며 세상일에 무심했다. 그는 순수하게 미적 추구와 필묵 창작에 몰두했다. 청나라 시대에 회화를 비롯한 여러 문화 예술 분야가 대부분 참신성을 상실한 채 진부한 경향이 짙었다. 제백석만이 독특하게도 단순하고 본질적인 천성으로 그림을 그렸다. 그의 눈에는 세속적인 것과 고상한 것의 구분이 없었고, 귀천의 차이도 없었다. 오직 '자연스러움'의 유무만이 있었다. 좋은 그림은 자연스러운 기운이 드러났고 나쁜 그림은 경직된 기운을 풍겼다. 제백석은 '그림은 닮은 듯하면서도 닮지 않은 사이에 묘미가 있다'고 주장하며, 일생 동안 서위徐渭, 팔대산인八大山人, 오창석을 숭배했다. 그는 자신이 쓴 시에서 '청등靑藤(서위)과 설개雪個(팔대산인)는 범속을 벗어났고, 부로缶老(오창석)는 노년에 다른 재능을 보였다. 나는 구원九原에서 개처럼 뛰어다니며 세 사람의 문하를 찾아다녔다'고 말했다. 제백석의 그림에서 가장 두드러진 특징은 그림의 주제를 확장했다는 것이다. 메뚜기, 쥐, 게, 올챙이, 배추, 옥수수, 고량, 벼, 나팔꽃, 과일, 촛불, 빗자루, 거름가래 등 이전의 화가들이 그리지 않거나 경시했던 것들을 자신의 그림에 끌어들였다. 중국 전통 회화의 '고상한 선비'를 인간 세상으로 끌어내림으로써 중국 문인화가 세속적인 생기에 넘쳤다. 오창석과 비교하면, 제백석의 그림은 우울하지도 야성적이지도 않았다. 대신 순수함과 청정함, 타고난 맑음과 순진함이 있었다. 그의 그림은 '진정한 승려는 일상의 언어를 말한다'고 주장하는 것 같다. 그의 붓끝은 영기, 기기, 화기, 야기, 신기, 선기뿐만 아니라 이기異氣, 생기生氣, 의기義氣, 속기俗氣도 지녔다. 제백석의 그림속에서 물고기와 새우가 순식간에 살아났으며, 밥 짓는 연기가 모락모락 피어오르는 것처럼 저녁 무렵이 꽃향기로 가득 찼다.

제백석齊白石의 새우 그림을 예로 들자면, 그의 필치 아래 새우는 명암이 조화롭게 어우러져 흰색 속에 검은색, 검은색 속에 흰색이 있으며, 허상 속에 실체, 실체 속에 허상이 있다. 이러한 필묵 기법은 선지와 필묵의 특성을 충분히 활용할 줄 알아야만 나올 수 있는 경지이다. 제백석이 그린 새우는 오직 다섯 마디로, 현실의 새우와는 다르다. 그러나 그는 미학적 관점에서 볼 때 다섯 마디 새우가 여섯 마디 새우보다 더 아름답고 생동감이 있다고 고집했다. 제백석의 그림에는 또 하나의 특징이 있는데, 그는 오로지 선지만을 고집했으며, 특히 면료선지(사전 볏짚이 비교적 많이 섞인 선지)를 선호했다. 이는 면료가 비교적 저렴해서가 아니라, 이러한 종류의 종이가 화조화에 더 적합하고 자연스러움을 돋보이게 한다고 생각했기 때문이다. 제백석의 그림은 생명의 기쁨으로 가득 차 있다. 그의 그림에서 나타나는 생명의 기쁨이 전통예술이 줄곧 추구해온 '선경禪境'이다.

불교 수행 과정에 비유하자면, 제백석의 그림은 참배자가 온갖 고난을 겪으며 마침내 높은 산 정상의 작은 절에 도달한 것 같다. 절은 허름하고 불상은 무너졌으나, 단상 위의 촛불은 밝게 타오르고 있다. 절을 향해 무릎을 꿇는 순간, 불현듯 깨달음을 얻고 마음이 밝고 청정해진다.

노년의 제백석은 중국 문화의 뿌리를 깊이 흡수한 고목과도 같았다. 필력이 더욱 절정에 이르러 그림 속 선들이 봄바람에 춤추는 버들가지처럼 아름다웠다. 제백석의 그림은 중국 문인화가 오랫동안 추구해온 최고의 경지로, 나무, 돌, 꽃, 잎, 가지, 물건 하나하나가 생명의 숨결로 가득 차 있고, 하늘의 빛을 반영하며 기쁨에 충만해 있다. 진晉·당唐 시대의 회화가 열정적이고 활기찬 청년기라면, 송宋·원元 시대의 회화는 안정적이고 성숙한 성년기 같다. 그렇다면 명明·청清 이후의 중국 회화는 추억과 회고의 노년기로 접어들었다고 할 수 있다. 제백석은 마치 죽은 나무에서 새싹이 돋아나듯, 고목에서 찬란한 새싹이 돋아나듯, 청춘기로 돌아간 봉황의 기운을 발산했다.

또 한 명의 화가 소만수蘇曼殊에 대해서도 언급하지 않을 수 없다. 그는 선지에 이런 시를 썼다. '그대를 청해 감로를 함께 마시며 취하고, 그 아름다운 모란을 보니 연지로 정성껏 그린 그림 같구나. 지금 떨어진 꽃이 땅에 쌓여 족히 한 자는 되니, 만약 그대가 온다면 포단을 가지고 올 필요 없이 이 떨어진 꽃 위에 앉으면 되리.' 이 시에서 그의 최고 경지를 엿볼 수 있다. 소만수는 그림을 그릴 때도, 출가하여 스님이 되었을 때도 생기와 활력이 넘치도록 만드는 능력이 있었다. 그는 예술로써 생명을 품었고, 생명으로써 예술을 품었다.

근대사에서 선지宣紙와 인연이 깊었던 인물로는 노신魯迅이 있다. 전통적인 문인에 비해 노신은 현대 지식인의 비판적 태도와 독립적인 정신을 강하게 지녔다. 그는 '금불환金不換'이라는 붓을 먹물에 적셔 선지에 글을 썼다. 노신은 선지를 귀중한 물건으로 여겼으며, 존경하는 친구들에게 책을 선물할 때에 반드시 선지에 글을 썼다. 욱달부郁達夫, 구추백瞿秋白, 고량高良 등에게 선물한 서예 작품들이 모두 선지에 쓴 것이다. 1933년 양행불楊杏佛이 암살당한 후, 노신은 분노하여 「도양전悼楊銓」을 써서 허광평許廣平에게 선물했다. 전문은 다음과 같다.

어찌 예전과 같은 거대한 포부가 남아 있으랴,
꽃이 피고 지는 일은 모두 뜻에 맡기리라.
그런데 어찌 비 오는 강남에서 눈물을 흘리게 되었는가,
다시금 이 백성을 위해 영웅을 애도하네.

허수상許壽裳의 「망우노신인상기亡友魯迅印象記」에 따르면, '그날 큰 비가 왔고, 노신은 장례식에서 돌아와 시 한 수를 지었다. (생략) 이 시는 재기와 신선함이 충만해 공자진龔自珍(청말의 문인이자 사상가)과 다르지 않았다.' 이 글은 허광평이 계속 소장하고 있다가 1956년에 국가에 기증했다. 조사 결과 이것은 4척 넓이의 정피단선지(단피가 60%~85가량 섞인 단선지)였다.

노신은 선지에 대해 매우 전문적인 견해를 가지고 있었다. 정진탁鄭振鐸에게 보낸 편지에서 그는 다음과 같이 썼다. "……용지에 대해, 나는 선지를 사용하는 것이 더 좋다고 생각하네…… 선지는 더 오래가고 부드러우며, 두꺼운 책을 만들기에 적합하지." 노신은 또한 소련 목판 화가에게 선지를 선물했는데, 그는 "인쇄화에는 중국 선지에 비할 만한 것이 없다고 생각합니다. 선지는 촉촉하고 부드러우며 두터워서 먹물을 잘 흡수하며, 광택이 있으나 미끄럽지 않고 단단하지만 딱딱하지 않아서 손으로 목판을 찍을 때 이상적인 종이입니다"라고 말했다.

근대 서화가 중에서 문방사보인 필묵지연筆墨紙硯에 대한 이해도가 높았던 인물로는 흡현歙縣 출신의 황빈홍黃賓虹이 첫 손가락에 꼽힌다. 황빈홍은 어릴 때 아버지를 따라 절강성 금화에서 고향인 흡현으로 돌아왔다. 그의 부친은 한때 휘묵徽墨 공장을 운영하면서 이정규李廷珪 묵의 제조법을 탐구했다. 이런 환경 속에서 황빈홍은 묵의 특성을 잘 알 수 있게 되었다. 황빈홍의 필치에서 묵은 다섯 가지 색이 아니라 마치 '칠색'처럼 다채롭다. 흡현에서 황빈홍은 여러 명사들에게 사사를 받아 휘주의 산수와 초목을 잘 알고 있었다. 이러한 경험은 나중에 황빈홍의 창의적인 필묵에 든든한 기반이 되어 주었다. 황빈홍의 산수화는 안정적이고 힘이 넘치며, 웅장하고 욕심 없는 강인함을 지녔다. 가벼운 요동이나 쓸쓸하고 차가운 바람도 없다. 오직 농담의 조화, 피마준披麻皴(중국 산수화에서 산석山石 등의 주름을 그리는 방법-역자주)으로 자연 그대로의 모습을 보여준다. 오직 조용한 사람만이 지혜롭고, 조용한 마음만이 촉촉하며, 지혜롭고 조용한 사람만이 산수의 노래를 들을 수 있다. 그림을 통해 세상이 환해지며 천지와 하나가 될 수 있다.

한 사람의 가슴 속에 보이지 않는 산과 계곡이 있다면, 그의 필치에서는 자연스레 광활하고 묵직한 기운이 흐르고 움직이지 않아도 이미 천산만수千山萬水가 담겨 있다.

어떤 이는 황빈홍黃賓虹의 그림을 이렇게 평가했다. '황빈홍의 그림은 먹을 진하게 사용하지만, 그림 속에서 보이지 않는 밝은 빛을 볼 수 있다.' 이는 석도石濤가 자신의 화론서『화어록畵語錄』에서 '혼돈 속에서 빛을 발한다'라고 했던 말과 같은 의미이다. 이 빛은 황빈홍의 필묵 능력, 다시 말해 내면의 빛을 조절하여 필묵으로 선지 위의 세계를 밝히는 능력이다. 황빈홍은 '칠묵론七墨論'을 주장했는데, 먹은 단순히 다섯 가지 색이 아니라 농묵濃墨, 담묵淡墨, 포묵破墨, 적묵積墨, 발묵潑墨, 초묵焦墨, 숙묵宿墨 일곱 가지 색이 되어야 한다고 보았다. 일곱 가지 색이 모두 드러나야 먹색 변화의 다양한 계층을 더 잘 표현할 수 있다고 본 것이다. 황빈홍이 노년기에 접어들어 그린 그림은 더욱 대담해져, 큰 선지에 열 겹이 넘게 층층이 먹을 쌓아올려 풍부한 양감과 투명감을 표현했다. 언뜻 보기에 검푸른 것 같지만, 자세히 보면 산수가 통체적으로 투명하고 밝으며, 영롱한 양감이 있다.

이가염李可染이 언젠가 황빈홍에게 물었다. 당시에 이가염은 먹을 덧칠하는 방법으로 산수화를 그리고 있었는데, 선지 위에 쌓인 먹이 두껍고 투명하지 않았다. 이가염이 황빈홍에게 어떻게 해야 하느냐고 물었다. 황빈홍이 "내 눈을 보게"라고 대답했다. 이가염은 곧바로 이해했다. 적묵이 투명할 수 있는 것은 그 안에 빛이 숨겨져 있기 때문이었다. 그 후, 이가염의 그림은 아무리 검게 그려도 항상 보이지 않는 빛이 숨어 있어 전체적으로 생동감을 품을 수 있었다. 이가염의 그림은 서양화의 빛과 그림자 처리기법을 참고했지만, 황빈홍의 그림은 전통적인 기운氣韻(황빈홍은 내면의 아름다움이 필묵을 통해 드러날 수 있다고 보았다-역자주)을 통해 표현했다. 황빈홍의 그림을 확대경으로 연구한 사람들은 황빈홍의 '점' 속에는 늘 공백이 있고 점과 점이 선을 이루고 있다는 사실을 발견했다. 이런 투기술透氣術이야말로 황빈홍의 그림이 '먹 속의 빛'을 표현할 수 있었던 비밀이다.

어떤 이는 황빈홍의 필묵을 '근대 제일'이라 평하며 그가 서예의 필법으로 그림을 그렸다고 말한다. 여기서 '필묵'은 기술을 의미한다. 이는 한편으로 황빈홍의 높은 기량 때문이고, 다른 한편으로는 그가 '문방사보'에 익숙했기 때문이다. '문방사보'에 익숙하지 않다면 어떻게 필묵에 대해 논할 수 있겠는가? 전쟁에서 적을 알고 나를 알지 못한다면 어떻게 신묘한 병법을 쓸 수 있겠는가? 필묵과 종이를 완벽히 이해했기 때문에 황빈홍의 그림은 산과 물 사이에 기복이 있는 호흡, 운율, 심장박동이 있는 절정에 도달할 수 있었다. 이는 다른 이들이 가지지 못한 것이다. 황빈홍의 이러한 행보는 사실상 필묵지연의 경락을 뚫고 그림에 혼연일체의 생명력을 부여한 것이다.

제백석齊白石, 황빈홍黃賓虹, 장대천張大千 그리고 임풍면林風眠은 모두 중국 현대 회화사에서 중추적인 인물이다. 황빈홍과 마찬가지로 장대천도 환남皖南과 연관이 깊었다. 항일 전쟁 기간에 장대천은 선성宣城에 와서 경현涇縣에서 멀지 않은 낭계현郎溪縣 시골에서 잠시 살았다.

제백석과 황빈홍에 비해 장대천은 총명함과 뛰어난 외모 그리고 학자의 면모를 가지고 있었다. 하지만 그는 실력 면에서 황빈홍과 비교할 수 없었고, 기술 면에서는 제백석과 비교할 수 없었다. 하지만 의고擬古(옛 것을 본뜨다는 의미-역자주), 작품 감상 그리고 박식함은 중국 현대 회화사에서 그를 따를 사람이 없었다. 장대천은 필묵지연筆墨紙硯과 색료에 대해 매우 세심했으며 다양한 회화 기법을 잘 구사했다. 또한 종이의 특성을 중요시하여 먹색과 색채의 확산 변화 효과를 실험했다. 붓으로 먹빛과 안료를 선지의 표면에 가볍게 스쳐 연한 먹과 색채가 서서히 번지며, 마치 홍몽鴻蒙(천지개벽 이전의 혼돈 상태)에 빠져드는 것 같은 아련한 효과를 드러내는 그의 발채潑彩 필법은 독보적이었다. 이는 매우 정교하고도 대담한 방식이었다. 장대천의 친구 유능창劉凌滄은 이렇게 평했다. "묵법의 관점에서 먹물은 접착력을 이용하여 선지에서 앞으로 스며든다. 첩착력이 작으면 묵색이 마르고 뜨며, 크면 묵색이 기운을 잃는다. 선지와 교질 성분의 먹물이 서로 어우러져 핵심적인 역할을 한다." 장대천은 이에 대해 이렇게 말했다. "종이와 먹은 그림에 너무나 중요하다. 사용하는 먹이 좋지 않고, 사용하는 종이의 성질을 모른다면, 아무리 큰 재능이 있어도 마음대로 할 수 없다." 석도石濤도 '선지의 흡수성으로 인해 먹물의 번짐을 제어할 수 없게 될 수 있으며, 이는 화가에게 하나의 장애다. 석도처럼 하늘이 낳은 천재도 이런 탄식을 할 정도였으니 종이와 먹의 관계가 얼마나 중요한지 알 수 있다. 장대천의 필묵법은 선지에 날개를 달아주었다.

중국화와 선지에 대한 대담한 탐구를 한 이 중에는 임풍면林風眠도 있다. 임풍면은 젊은 시절 해외 유학을 하고 귀국한 후, 중국 회화에 서양 현대 추상화의 스타일을 도입했다. 마티스Matisse, 피카소Picasso

를 좋아했던 이 중국 화가는 당시로서는 이질적인 존재였다. 매끄럽고 강인한 그림의 선이 마티스의 영향을 받은 것인지에 대해 이야기할 때, 임풍면은 이렇게 말했다. "나는 중국의 선을 더 좋아한다. 후에 나는 연필처럼 붓으로 선을 그리는 방법을 항상 생각했다. 연필로 그린 선은 매우 섬세하고, 붓으로 그리면 다르다. 그래서 이것을 오랫동안 연습해야 한다. 이런 선은 당대의 철선묘鐵線描나 유사묘游絲描와 다소 유사하고, 한 줄로 죽 내려가면 서양화 원고나 스케치 같은 느낌이 든다. 그러나 나는 붓으로 그렸다." 임풍면은 동서양의 관념과 기법에서 균형점을 찾으려고 끊임없이 시도했다. 그는 사의寫意(화가의 생각이나 의중을 그림에 표현하는 화법)를 중국 회화와 현대 서양 회화 사이의 가능한 연결로 보았다. 1930년대에 이미 임풍면은 중국의 서화와 서양의 화풍을 조화하려는 탐구를 시작했다. 그가 그린 것은 채묵화彩墨畵였고, 유화가 아니었다. 그는 다양한 주제, 구성, 재료를 시도했으며, 중국의 붓과 선지를 사용해 비중국적 스타일의 그림을 그려 '기하학적 도형과 선의 이중창'이라는 평가를 받았다. 서양화의 색채 구성을 도입하여 전통 중국화의 주제를 풍부하게 했고, 중국화의 정서로 인상파와 야수파 화가들, 특히 세잔Cézanne과 마티스의 작품을 재해석했다.

임풍면의 초기 채묵화彩墨畵는 생동감 넘치고 풍부한 특징을 지녔으나, 후기로 가면서 점차 고요하고 쓸쓸한 분위기로 바뀌었다. 화려하고 짙은 가을 색이나 따뜻하고 밝은 봄빛도, 보는 이로 하여금 침울함, 슬픔, 외로움을 느끼게 했다. 그의 그림 속 여성들은 대개 알몸이지만 음란함의 의도가 없었으며, 외모나 기품에서 중국 고대의 여인 그림이나 근대의 '월분패月份牌(옛날 달력)'와 전혀 달랐다. 그의 여인들은 청초하고 평온하며 욕망이 사라진 듯 보이지만 어딘지 우울함과 불분명한 슬픔이 느껴진다. 외부 세계의 소음은 그녀들에게 도달할 수 없었고, 사랑도 그녀들의 슬픔을 줄일 수 없었다. 강한 자기성찰과 은은한 종교적 정서를 드러내는 화풍이다. 수수께끼처럼 그림 속에 신비감이 짙게 배어 있지만 답을 서둘러 찾지 않는다. 선, 색, 구성을 통해 그림 밖의 의미를 전달한다. 임풍면은 예술이 인생에 미치는 힘은 분명한 답을 제공하는 것이 아니라 답을 찾을 수 있는 여러 가지 단서를 제시하는 데 있다고 생각했다. 임풍면은 마치 외로운 자규子規처럼 외롭게 날아다니며, 슬픔으로 목소리를 잃어버린 채 혼자 침묵 속에서 슬퍼했다. 내면의 극심한 비통함으로 인해 노년의 임풍면은 줄곧 세상과의 이별을 원했다. 무정이 극에 달하면 다정해지고, 다정이 극에 달하면 무정해지는 것일까.

    기법으로 볼 때, 임풍면은 동서양의 신력神力을 갖추고 있었다. 종이 위에 그려진 것이 아니라 종이 위에서 조용히 춤을 추며 날아다니는 것처럼 보였다. 그의 풍경화는 마치 바이올린, 피아노, 징, 북, 요, 심벌즈가 한 무대에서 서로 다른 특색을 발휘하며 조화롭게 연주하는 것 같다. 중국과 서양의 화풍이 융합되어 웅장하고 변화무쌍한 분위기를 연출했다. 이런 느낌은 오늘날 담순譚盾의 실험적인 교향곡과 비교할 수 있다. 전통 회화의 질감으로는 임풍면 회화의 유래를 찾을 수 없지만, 그의 작품을 자세히 감상하다 보면, 그의 예술에 대한 지극한 헌신과 예술을 통해 중국인의 섬세하고 미묘한 감정을 표현하고자 했던 의지를 발견할 수 있다. 임풍면은 겉으로는 서양 문화의 화려한 옷을 입었지만, 내면은 여전히 전통적인 문인이었으며 중국 전통 문화에 젖은 소박하고 진실한 영혼과 고결한 '군자의 마음'을 지닌 화가였다.

    임풍면은 그림을 그릴 때도 선지를 좋아했다. 그는 이렇게 말했다.

"나는 중국인이며, 중국의 기반과 혈통을 가지고 있어 자연스럽게 자신의 것을 표현하고 싶다. 예전에는 유화를 그렸지만, 항전 기간에는 매우 불편했고, 그래서 선지에 그림을 그리기 시작했다. 선지로 그리니 맛이 났다. 유화는 접어두었다……"

좋은 예술가는 모두 어떤 의미에서는 어린 아이다. 제백석, 황빈홍, 임풍면 모두가 순진하고 투명한 어린아이와 같은 마음을 가지고 있었다. 내면 깊은 곳에서 순수한 기쁨의 마음이 발아하지 않았다면 위대한 예술가로 성장하지 못했을 것이다.

서양화에서 중국화로 전향하여 선지에서 탐구를 진행한 이 중에는 서비홍徐悲鴻도 있다. 임풍면과는 달리, 서비홍은 오랜 시간 동안 서양 회화의 사실주의에 몰두했으며, '사실적 묘사'만 있으면 만물을 투명하게 관찰하고 진리를 꿰뚫을 수 있다고 여겼다. 그러나 후기에 이르러 동양 회화가 지닌 사의寫意의 신비로움을 깨닫고, '문방사보'를 사용하여 문인화에 도전했다. 그는 선지에 『타고르상』과 『구방고九方皋』를 그렸다. 이어지는 그림 속 구방고는 형형한 눈빛으로 말을 관찰하고 있는 모습이다. 그의 시선을 따라가면 말의 털이나 다리를 보고 있는 것이 아니라 말의 심리와 기질을 조용히 꿰뚫고 있는 듯이 보인다. 검은색 수말은 마치 동지를 만난 듯 흥분하여 발굽을 치켜들고 뛰어오른다. 서비홍의 그림 속 말은 영리하고 인간적인 성향을 지닌, 자유롭고 구속받지 않는 말이다. 하지만 『구방고』속 검은 말만은 예외적으로 고삐를 매고 있다. 서비홍은 이에 대해 '말도 사람과 같다. 아는 이에게 쓰이길 원하며, 무지한 이에게 속박 받는 것을 원치 않는다'고 설명했다. 서비홍은 또한 전지에 「신곡도晨曲圖」를 그려 중국화의 정신을 잘 나타냈다. 한무리의 참새가 봄날 가지에 앉아 지저귀고 있는 모습이 마치 오선지 위의 음표같다. 구성이 복잡하고, 옆으로 비스듬히 벗어나 있으나, 참새마다 표정과 동작이 다르고 그림은 생기가 넘친다.

서비홍은 또한 선지에 대나무를 그리는 것을 좋아했는데, 전통 방식대로 붓으로 한 줄기씩 그리는 것이 아니라, 종이를 화판 위에 펼쳐 놓고 큰 붓 양쪽에 먹을 찍어 한 번에 그렸다. 수묵이 자연스럽게 마르고 농담이 변하면서, 대나무 줄기의 둥글고 단단한 질감이 뚜렷이 드러났다. 이는 서비홍의 중국 전통 문화에 대한 혁신과 탐구로 볼 수 있다. 그가 전통 문화에 대해 사실 충분히 이해했다고 할 수는 없지만, 짧은 시간 내에 문인화의 골격에 빠르게 접근했다. 검은 눈동자와 황색 피부를 가진 사람은, 피 속에 중국 문화의 유전자와 암호를 가지고 있다.

맺음말

영원한 선지 宣紙

2008년 베이징 올림픽에서, 거문고 소리에 맞춰 천천히 펼쳐진 '종이'는 개막식에서 가장 독창적인 구상으로 떠올랐다. 무용수들은 붓과 먹처럼 유연하게 움직이며 영롱하게 사의寫意산수화를 그려냈다. 두루마리 그림 속에는 산 그림자, 물 그림자 그리고 사람의 그림자가 있고 온 산을 뒤덮고 있는 요피獠皮와 요초獠草의 이미지도 있었다. 여기에 더해 몽타주 기법으로 선지 이야기와 전설이 교차했다. 여기서 선지는 중국 문화의 중요한 상징이며, 이는 중국의 유구한 역사를 종이 위에 압축하여 세계에 보여주려는 독창적 의도였다.

종이는 단순히 종이가 아니라 기억이다. 문화는 종이 없이는 존재할 수 없으며, 특히 중국 문화는 선지 없이는 불가능하다. 곽말약郭沫若은 이렇게 말했다. "중국 서예와 회화는 선지 없이는 그 예술적 묘미를 표현할 수 없다." 사실 서예와 회화뿐만 아니라, 중국 문화와 역사가 선지 없이는 마치 황혼녘 하늘 끝에 노을이 없고, 산봉우리 위에 흰 구름이 없는 것과 같다.

근대 이후, 제백석齊白石, 장대천張大千, 황빈홍黃賓虹처럼 외길을 걸어온 이들로는 왕채백汪採白, 반천수潘天壽, 이가염李可染, 부포석傅抱石, 유해속劉海粟, 오관중吳冠中, 뢰소기賴少其 등이 있었다. 이들은 마치 끊임없이 이어진 산맥처럼 긴 대오를 이루었다. 이들의 예술 스타일은 제각각이지만, '문방사보'에 대한 의존, 특히 선지에 대한 의존이라는 공통점이 있다. 대개의 경우 이들은 선지를 친구로, 스승으로, 가족으로 여기며 선지와 함께 자신의 예술적 생애를 완성했다.

1988년 7월, 92세의 유해속은 열 번째로 황산을 방문했다. 황산에서의 그 며칠 동안, 노 화가는 매일 큰 선지를 펼쳐 놓고 그림을 그렸다. 그 과정은 황산의 정기를 모으고, 자연과 나누는 고요한 대화였다.

유해속은 선지에 발묵潑墨을 하거나 발채潑彩를 하는 것을 좋아했는데, 이는 청초의 대화가 석도石濤로부터 영감을 받은 것이다. 유해속의 회화적 주장이나 실천이 모두 대척자大滌子(석도의 별명)에 대한 모방이었고, 황산을 스승이자 친구로 삼은 것이었다. 열 번에 걸쳐 황산을 찾은 소회를 말하며, 유해속은 이렇게 말했다. "여관에서 그림을 그리며, 수묵과 채색을 모두 사용했다. 하지만 황산의 위세를 빌려, 나의 가슴 깊은 곳의 생각을 표현하기 위해, 발묵하고 발채하며 마음이 가는대로 붓을 움직였다. 나의 황산 방문에서 가장 만족스러웠던 점은 황산의 기奇는 구름 속 절벽에서, 황산의 험險은 소나무 사이에서, 황산의 묘妙는 유무의 경계에서, 황산의 취趣는 이슬비 속에서, 황산의 폭瀑은 물보라가 튀는 곳에서 찾았다는 사실이다." 이 말은 유해속이 황산의 기奇, 험險, 묘妙, 취趣를 이해했음을 보여준다. 유해속은 말년에 특히 정신과 기운의 표현에 중점을 두었다. 붓과 먹, 색을 사용하여 '골법 운필'의 중봉 선으로 구조를 만들고, 기운을 더하기 위해 먹이나 색을 번지게 하여 신필神筆의 묘취妙趣를 이루었다.

선지를 누구보다 사랑했던 유해속은 청대에 생산된 백록선지白鹿宣紙를 사용해 본 후, '구름처럼 하얗고, 비단처럼 부드럽다'며 손에서 놓지 않았다.

유해속劉海粟의 안정되고 웅장한 화풍과 달리, 반천수潘天壽의 화풍은 마치 변칙적인 검법처럼 독특한 길을 개척했다. 그는 '패한霸悍(강인하고 사납다는 의미-역자주)' 두 글자를 자신의 예술 창작 스타일로 삼았다. 오창석吳昌碩은 반천수의 그림에 대해 "천지를 놀라게 할 만한 필치"라고 찬탄했다. 사실이 그랬다. 반천수의 그림은 웅장하고 패기가 넘치며, 팔대산인八大山人의 기운을 가지고 있다. 반천수는 언젠가 선지에 물총새 한 마리를 그린 적이 있는데, 새는 고집스럽게 나뭇가지 위에 서서 눈을 동그랗게 뜨고 있다. 쓸쓸한 필묵의 이 그림은 자화상의 요소가 뚜렷하다. 선지에 대한 애정이 깊었던 반천수는 "평생 그림을 그리며 범지를 사용한 적이 없었는데, 어느 땐가 그림 한두 점을 그리고 싶은 욕구가 솟구칠 때 책상 위에 다른 종이는 없고, 흥을 주체할 수가 없어서 범지礬紙에 그림을 그렸다. 그랬는데 그 기운과 매력이 마치 생지에서 그린 것과 같았다"고 말했다. 또한 "종이와 비단은 필화와 같다. 숙지熟紙, 숙륜熟綸과 생선피지生宣皮紙 모두 사용할 수 있겠지만, 생선피지를 주로 사용한다. 숙지, 숙륜, 생선피지 모두 묵은 것이 좋다"고 지적했다. 그는 '생선지는 섬유 구조가 느슨하고 수묵의 흡수력이 강하다. 특히 새 선지는 점성이 남아 있고, 종이가 부드럽지 않아 손가락으로 물과 먹을 떨어뜨리면 갑자기 무게감이 생겨 다루기 어렵다'고 생각했다. 생선지를 사용하여 글씨를 쓰고 그림을 그리는 방법에 대해 반천수는 자신만의 노하우를 가지고 있었다. '생선지는 흡수력이 강하나, 대초묵법大焦墨法, 대고묵법大枯墨法, 대발묵법大潑墨法을 적용하면, 특별한 변화가 생겨 수묵이 맑고 생기가 넘치며, 풍경이 다채롭게 표현된다.'

반천수는 선지에 손가락으로 그림 그리는 것을 좋아했다. 언젠가 "생지로 큰 그림을 그릴 때에는 먹물을 흩뿌리고, 검지, 중지, 약지, 새끼손가락 네 손가락을 모두 사용하여 빠르게 먹물을 문질러야 한다. 손가락으로 붓을 대신하면 기운이 더 넘치고, 다양한 선을 표현할 수 있어서, 역동적이고 웅장한 표현이 가능하다"고 말한 적이 있다.

반천수는 선지에 상당히 밝았다. 그는 '숙지는 생선지에 명반을 추가하여 만든 것으로 반지라고 한다. 일반적인 특징은 수분을 흡수하지 않고 평평하고 매끄럽다. 대초묵이나 담고묵을 최대한 활용하여 유연하게 표면의 동태감을 살리고 매끄러운 필치로 층위감을 표현할 수 있다. 이렇게 하면 자신만의 특별한 기운과 정신을 얻을 수 있다'고 생각했다. 그는 또한 선지에 첨가하는 명반의 비율이 필묵에 미치는 영향을 알고 있었다. '보통 생선지에 중반重礬을 추가하여 만든 것이 일반 범지로, 질감이 거칠며 손가락 그림에 응용해 볼 수 있다. 보통 생선지에 명반수를 추가하여 만든 것은 반숙 일반 범지로, 이 범지는 여전히 흡수성과 먹색의 변화를 줄 수 있지만, 흡수 정도가 약해 손가락 그림에 좋다'고 보았다. 그는 "끓여 만든 단전鍛箋에 중반을 추가하여 만든 것을 설월전雪月箋과 빙설전冰雪箋이라 하며, 얇은 원길지元吉紙에 중반을 추가하여 만든 것을 연의전蟬衣箋이라 한다. 이들은 모두 물을 흡수하지 않고 매끄럽지만, 일반 생선지로 만든 범지보다는 거칠고 사용하기 쉽다"고 덧붙였다.

부포석傅抱石은 인물화를 그릴 때는 선지宣紙를, 산수화를 그릴 때는 피지皮紙를 선호했다고 알려져 있다. 그러나 1938년 이전에는 인물화나 산수화 모두 선지를 사용했다. 1938년부터 1946년까지, 사천四川으로 피난을 가 있었던 기간 동안 선지를 구하기 어려워 귀주貴州 피지를 사용할 수밖에 없었다. 이 종이는 거친 질감과 황갈색을 띠며 먹색에 대한 반응이 둔했다. 하지만 그는 오랜 시간 사용하면서 종이의 특징에 적응했다. 이 시기 부포석은 주로 노인과 산수를 이 종이에 그렸지만, 여인을 그릴 때는 선의 아름다움과 색채를 위해 소중히 간직한 선지를 사용할 수밖에 없었다. 부포석은 선지를 사용하는 독특한 방법을 가지고 있었다. 당시에 그의 화실을 찾아가면 문방사보文房四寶뿐만 아니라 헤어드라이어, 다리미, 실크 스타킹, 낡은 걸레 등이 어지럽게 흩어져 있는 광경을 볼 수 있었다고 한다. 이 모든 것들이 그의 그림 도구였으며, 화면 효과를 위해 어떤 수단도 가리지 않았다. 부포석은 선지 위에서만 필묵의 공몽채윤空蒙蒼潤, 다시 말해 유연한 자유로움을 극대화할 수 있다고 믿었다.

부포석의 아내 노시혜羅時慧는 남편이 그림을 그리던 모습을 회상하며 이렇게 말했다. "그는 종이를 펼쳐놓고 손으로 종이를 쓰다듬으면서 담배를 피우곤 했다. 종이를 바라보며 마치 종이 위에 무언가를 발견한 듯 손으로 쓰다듬었다. 한참 동안 그렇게 쓰다듬으며 담배를 피우다가 갑자기 담배를 버리고 붓에 먹물을 진하게 묻혀 종이 위에서 휘두르기 시작했다."

부포석은 「당인시의도唐人詩意圖」라는 작품을 그렸는데, 주제는 가도賈島의 시 「심은자불우尋隱者不遇」에서 비롯되었다. '소나무 아래에서 동자에게 물으니, 스승은 약초 캐러 가셨다네. 바로 이 산중에 계시지만, 구름이 깊어 어디 계신지 모른다네.' 이 그림은 담묵으로 산 중의 구름과 안개를 표현했는데, 이것이 화면의 대부분을 차지한다. 소나무 가지가 무성하고 운무가 자욱하며, 장유문답, 굽어보이는 수려한 풍경의 정취, 시와 그림이 빈틈없이 잘 어울린다. 시와 그림이 완벽하게 조화를 이루며 서로를 더욱 돋보이게 한다. 선지의 특성을 이용하여 회화의 시적인 멋을 마음껏 드러냈다.

이가염李可染도 종이에 대한 요구가 매우 높았다. 1980년대 초, 뛰어난 선지를 구하기 위해 그는 여러 차례 경현涇縣 선지 공장 관계자에게 편지를 보냈다. 편지에는 간절한 마음이 글자 하나하나에 베어있었다. '내가 이미 일흔이 넘었고, 좋은 종이를 구하지 못해 오랫동안 고통받았습니다. 이 때문에 많은 에너지를 낭비했습니다. 특별히 제작된 좋은 종이를 얻는 것은 내 후속 창작의 가장 중요한 일이자, 국화國畵 향상의 가장 중요한 일입니다.' 그는 특별 제작된 천 장의 우수한 선지 생산에 대해 여섯 가지 구체적인 요구사항을 제시했다. '1. 최고의 원재료를 사용해야 하며, 피료는 80% 이상 이어야 하며, 화학 표백제를 사용하지 않는다. 2. 적당량의 생숙生熟을 사용한다. 습필은 부풀어 오르거나 흐트러지지 않고, 건필은 딱딱하거나 판같지 않으며, 필묵의 미묘한 변화를 담아내고 보존할 수 있어야 한다. 3. 종이질은 구름 무늬가 조밀하고 고운 백색을 띠어야 한다. 부드러우나 쉽게 부서지지 않으며 흔들었을 때 소리가 나지 않아야 한다. 4. 여러 번 먹을 추가할 수 있어야 한다. 한두 번 덧칠한 후에도 필적이 보여야 하며, 적묵법積墨法을 사용할 수 있어야 한다. 5. 그린 후 종이가 수축하지 않고 평평하게 유지되어야 한다. 6. 두께가 적당해야 하며, 6척尺 종이는 약간 두꺼워도 좋다.' 그는 특별 제작된 선지에 '사우당師牛堂' 수인자水印字를 추가할 것을 요청했다. 어느 해에 선지 생산 공장을 찾은 그는 들어서자마자 제지공들에게 깊이 절을 하며 감사를 표했다. 이가염은 "국화國畵의 다섯 가지 보물 지필묵연색紙筆墨硯色 중에서 종이가 첫 번째이며, 이는 이전에 화가들이 많이 논했던 바다. 나는 종이가 국화의 생명선이며, 좋은 종이가 없으면 좋은 그림이 나올 수 없다고 생각한다. 그림은 질박하고 함축적이어야 하며, 힘차고 부드러우며, 마르면 시들지 않고, 젖어도 미끄럽지 않으며, 층층이 먹물을 입혀도 층이 뚜렷해야 하며, 필묵이 죽지 않고 흐트러지지 않으며, 먹색은 다채로워야 하고 먹색의 미묘한 변화를 보여줄 수 있어야 한다. 이는 화가의 실력에 달려 있지만, 좋은 종이가 없다면 이러한 경지에 도달하기 어렵다. 좋은 종이 하나가 작가의 정신을 현격히 높여주며, 마음껏 독특한 매력을 발산할 수 있게 해준다. 반대로 나쁜 종이로 그리면, 한 붓도 뜻대로 되지 않아 재미를 잃고 중도에 포기하게 된다"고 말했다.

이가염李可染의 선지宣紙에 대한 기대는 그 특성에 대한 이해에서 비롯되었다. 그의 「목우도牧牛圖」는 선지의 수묵 특성을 충분히 보여준다. 두 목동이 두 마리의 소 위에 타고 있는데 한 목동은 새장을 들고 있고, 그림의 윗부분에는 희미한 버들가지가 바람에 흔들리고 있다. 소의 몸은 단아하고 힘찬 먹 덩어리로 그려졌으며, 진한 먹선으로 소의 등, 뿔, 입, 눈 그리고 목동의 옷 무늬를 표현했다. 이 작품은 농濃, 담淡, 초焦, 습溼, 건乾, 란染 필법으로 일사불란하게 표현되어, 인물과 소가 자연스럽고 생동감 넘치며, 습기를 품은 안개가 감도는 듯하다. 이러한 효과는 우선 화가의 숙련된 필법에서, 둘째는 선지의 자연스러운 번짐에서 비롯된 것이다. 수묵이 선지 위에서 잘 사용되면 농담과 습윤이 적절하여 마치 생명이 있는 듯하다.

오작인吳作人의 「웅묘도熊猫圖」, 「금어도金魚圖」, 황주黃冑의 「모려도毛驢圖」 역시 마찬가지로 화가가 필묵과 선지에 능하다는 것을 느낄 수 있다. 필묵이 경관 밖에 있고, 기운이 필묵 밖에 있으며, 그림의 의미는 경관과 필묵을 넘어선다. 이 또한 경현涇縣 출신인 오작인이 고향의 종이에 대해 마치 흉유성죽胸有成竹(가슴 속에 대나무가 그려져 있다는 의미, 결과를 얻기 위해 마음속에 이미 완성된 모습이나 계획을 품고 있다는 뜻이다-역자 주)처럼 잘 알고 있었기 때문이다.

산수화의 거장 육엄소陸儼少는 일생 동안 오직 선지만을 사용했으며, 선지 외에는 그림을 그리지 않았다. 그는 자신의 낭호狼毫(족제비털로 만든 붓)가 선지와 늘 함께하며 생사를 같이하는 동반자가 되었다고 말했다. 다른 종이에서는 중봉과 측봉을 병행하는 육엄소의 역동적이고 생동감 넘치는 필묵의 매력을 드러낼 수 없었다.

화가 오관중吳冠中도 선지에 대한 탐구를 이어갔다. 후기에 오관중은 수묵과 유화의 결합을 지속적으로 탐구했다. 1980년대에 수묵은 그의 창작의 주류가 되었고, 유화는 보조적인 역할을 했다. 1990년대에는 유화와 수묵을 모두 그렸다. 오관중의 그림은 강렬한 장식성과 표현미가 있으며, 맑고 아름다울 뿐만 아니라 지극한 영성을 발산한다. 그의 그림에는 미뉴에트처럼 혹은 달빛 아래 춤을 추는 것처럼 율동감이 느껴진다. 기법이나 의미에서 전통 문인화의 돌파구가 되었다. 오관중은 산문의 필법으로 선지 제작 과정을 묘사했다. '뽑아낸 종이는 하얀 떡처럼 쌓여 있는 것 같기도 하고, 큰 두부 덩어리처럼 보이기도 한다. 물을 짜내면 두부처럼 된다. 두부에서 얇고, 반투명한 젖은 종이를 떼어내 벽에 붙이면, 뜨거운 증기 속에서 깨끗하고 평평한 진짜 모습이 드러난다. 선지가 탄생한다. 습기를 머금은 넓다란 처녀지는 화가와 서예가들을 유혹해 진한 먹을 흩뿌리고 붓을 휘두르게 만들어서 짙고 옅은 우주 속에서 환상적으로 변신한다! 흑백이 서로 싸우고, 농담이 서로 스며들고, 우연성과 필연성이 면질의 차이 속에서 변화한다…… 이 모든 게 그림이며, 선지라는 특별한 재료가 만들어낸 회화의 특징이다. 중국 화가들은 선지를 사랑해왔고, 선지의 기능을 제어하는 기술이 중국 회화의 특징이 되었다. 나는 선지에 연연하지만, 선지에서 개발할 수 있는 깊이, 선지에서 얼마나 멀리 달릴 수 있을지를 늘 고민한다. 체면體面과 색채 효과를 생각하면, 손오공이 찾은 이상적인 무기, 정해신침定海神針을 부러워한다.'

화가 한미림韓美林도 선지宣紙에 밝았다. 초기에 그는 도림지道林紙를 선호했다. 먼저 도림지를 흠뻑 적셨다가 종이가 반쯤 마르면 그림을 그리기 시작했다. 필묵이 번지며 그려진 작은 동물들이 단순하고 투명하며 천연스러운 느낌을 준다. 말년에 한미림은 선지에 여성을 그리기 시작했다. 선으로 자유롭게 인체를 그리고, 붓끝이 선지 위를 마치 작은 새처럼 여유롭게 지나간다. 그러한 의도적이면서도 무심한 자유와 이완은 한 화가가 이미 높은 예술적 경지에 도달했음을 의미한다.

중국 문인화는 송원宋元 시대에 정식으로 탄생한 이래, 언제나 선지와 함께했다. 선지는 문인화의 최적의 매개체이자 최고의 동반자라 할 수 있다. 문인화 계열의 화가들은 모두 선지에 남다른 애정을 가지고 있었다. 어떤 면에서 보면, 선지로 그림을 그리는 것은 화가와 자연의 공동 창조로 볼 수 있다. 선지의 영성과 신비함은 이미 종이의 특성 속에 스며들어 있어서, 필묵이 그 위에 놓이면 신묘막측한 경지에 이른다.

중국화가 신의 솜씨라면, 선지도 신의 솜씨이다. 선지의 가장 큰 기여는 바로 '그릇'이 되어 주었다는 데 있다. 중국인의 미적 추구와 많은 역사적 이미지를 담아 왔을 뿐만 아니라, 중국인의 상상력, 혁신력, 감상력 그리고 은밀한 심리사까지 담고 있다. 선지는 기록의 의미, 서정의 의미뿐만 아니라 깨달음의 의미도 지니고 있어, 중국인의 마음을 투영하여 영적인 경지에 도달하게 한다. 중국의 지식인들은 오랫동안 부드러운 선지 위에서 숨 쉬고 성장하며 지혜와 창조를 남기고, 온화함, 평온함, 낙관주의, 유하함을 흡수했다. 이 모든 것이 아름다움과 희망이었다. 한 장 한 장의 선지는 아름다운 순간을 갈망하고, 필묵의 침투를 기다리며, 전생의 젊음과 화려함을 되살려 왔다. 이후 모든 것은 은은한 광채를 발하며, 무형의 노을 속에서 영혼의 오랜 심의深意를 맛본다.

후기

선지宣紙는
구름 한 조각

어린 시절 황산黃山 아래 정덕현旌德縣에서 살았다. 가끔 차를 타고 무호蕪湖, 합비合肥, 남경南京, 상해上海로 가려면 이웃한 경현涇縣을 지나야 했다. 허약한 시골 아이였던 나는 차를 타고 우리 현의 삼계三溪나 경현의 랑교榔橋를 지날 때마다, 오계烏溪라는 산골짜기에서 매번 구토를 했다. 오계는 높은 산에 둘러싸인 곳으로, 중간에 맑은 작은 강이 흐르고 있다. 흐릿한 창문 밖을 보면, 도로 옆으로 나즈막한 집 몇 채와 검은 전신주가 유령처럼 나타났다가 사라졌다. 산 쪽을 보면, 높은 굴뚝이 연기를 뿜는 공장을 볼 수 있었다. 나는 그곳이 이상하다고 생각했다. 안개가 자욱한 산비탈에는 항상 하얀 더미가 커다랗게 쌓여 있었는데 하얗게 빛나 눈이 부실 정도였다. 버스가 꼬불꼬불한 산길을 험하게 돌 때마다, 몇 번의 급커브를 돌면 나는 현기증을 느끼며 창밖으로 구토를 했다. 그럴 때면 운전사가 차를 세우고는 나가서 구토를 하게 했다. 나는 서둘러 차에서 내려 길가에 주저앉아 격심하게 구토를 했다. 현기증에 시달리며 일어서면 주위 산들이 구름처럼 빙빙 도는 것 같았다. 나는 비틀거리며 버스 쪽으로 걸어가면서 중얼거렸다. 구름이 둘러싼 이 곳은 내겐 '슬픈 장소'야!

언젠가 가족 중의 누군가가 내게 멀미로 구토하던 그곳이 전국적으로 유명한 선지宣紙 생산지라고 말해주었다. 구름에 닿을 듯한 큰 굴뚝이 바로 선지 공장이 있는 곳이고, 산등성이에 걸린 '하얀 구름'은 햇볕에 말리는 선지였다…… 문화관에서 일하시던 아버지 덕분에 어린 시절부터 그림에 관심이 많았던 나는 당연히 선지가 글쓰기와 그림 그리기에 쓰인다는 것을 알고 있었다. 하지만 선지가 햇볕에 말려진다는 사실은 상상도 못 했다! 내 눈에는 크고 하얗게 빛나는 선지가 마치 구름처럼 푸른 하늘에 걸려 있는 것처럼 보였다! 어쩐지 내가 거기서 정신이 없더라니, 구름 위를 달리고 있었던 것이었구나!

몇 년 후, 대학을 졸업하고 선성宣城에서 십여 년간 일을 하며, 선지에 대한 낯설음과 신비함은 서서히 사라졌다. 나는 오계烏溪 중턱에서 말리는 것이 종이가 아니라, 종이 만드는 데 쓰이는 청단피青檀皮와 사전벼짚이라는 것을 알게 되었다. 나는 몇 번이나 경현涇縣의 선지 공장을 취재했지만, 몇 가지 업무적인 보도 외에 선지에 관한 글은 쓰지 않았다. 그 이유는 아마도 얕은 탐구와 심층적이지 못한 접근 때문이었을 것이다. 선지의 깊이와 정교함이 환남皖南에서 아침에 피어오르는 아득한 안개처럼 쉽게 다가서지 못하게 했다. 젊은 시절 나는 옛 시절의 평온을 방해할지도 모른다는 생각에 두려웠고, 그 신비로운 박쥐들이 퍼덕거리며 내게 달려들까봐 두려워했다.

그 후, 나는 휘주徽州 문화에 관한 많은 글을 썼고 회하淮河 문화에 관한 글도 몇 편 썼지만, 선성宣城과 관련된 글도 선지宣紙에 관한 글도 쓰지 않았다. 많은 선성 사람들이 궁금해하며 나에게 물었다. "왜 선성에 관한 글을 쓰지 않느냐?" 혹은 "왜 선지에 관한 글을 거의 쓰지 않느냐?" 나는 멋적은 웃음으로 넘어갈 수밖에 없었다. 무슨 이유인지 모르겠지만, 아마도 기회가 오지 않았기 때문일 것이다. 기회와 인연이 이르지 않았을 때는 억지로 할 수 없는 법이다.

내가 지천명의 나이를 넘어섰을 때 비로소 인연이 닿았다. 안휘安徽 문예 출판사에서 나에게 책을 써 보라는 요청을 해왔다. 선지의 명성이 그토록 크고 역사가 길지만, 아직까지 선지에 대해 잘 쓴 책이 없다고 했다. 나는 오랫동안 망설였지만, 결국 수락했다. 환남皖南은 결국 내 고향이고, 붓끝으로나마 미력한 힘을 보탤 수 있다면 그것도 영광이었다. 내가 고향을 위해 큰 일을 할 수는 없지만, 작은 일은 할 수 있을 것이었다. 무엇보다 선지에 대한 내용은 나에게 친숙하고 관심 있는 분야였다. 내가 걱정했던 것은 이 일을 잘 할 수 있을지였다. 그래서 나는 이전의 습작 계획을 중단하고 이 책에 전념하기 시작했다.

내 예상과 달리, 선지에 대한 자료가 매우 빈약했다. 선지의 정의가 명확하지 않았고, 역사의 흔적을 찾기 어려웠으며, 관련 과학, 기술, 학문, 이론적인 여러 사항들을 나 같은 비전문가가 일일이 찾아야 했다. 희미한 과거를 추적하기 위해 나는 선지사史의 암굴 속으로 들어가 험난한 탐색과 대조를 진행했다. 많은 역사적 사건과 인물들이 그렇듯이 선지는 널리 알려져 있지만 정보가 부족하고 단편적이었다. 역사적인 그림들 중에서 어느 것이 선지 위에 그려진 것이고 어느 것이 아닌지 구분하는 것도 명확하지 않았다. 오랜 세월을 지나온 종이가 선지인지 아닌지를 판별하는 것은 매우 어려운 일이었고, 이는 분명히 저자가 할 수 없는 일이었다. 광대한 선지의 역사 앞에서 나는 갑자기 무력감을 느꼈다. 아마도 선지는 시간과 공간 위에 떠다니는 구름처럼 아득해서 좀처럼 포착하기 어려운 것일지도 몰랐다.

어느 날 나는 문득 깨달았다. 선지宣紙에 관한 글쓰기는 기술과 원재료에 지나치게 집착해서는 안 되며, 중국 서화 예술을 바라보고 중국의 역사, 문화, 철학과 접목해야 한다는 사실이다. 중국 서화의 장구한 역사 속에서 관찰해야만 길을 찾을 수 있을 것이었다. 광대한 사막에서 길을 찾을 수 없을 때, 북극성의 빛을 관찰하고 시원한 바람이 불어오는 방향을 판단해야만 길을 잃지 않는 것과 같았다. 올바른 방향을 찾은 후, 나는 선지에 관한 글쓰기의 논리적 관계를 대략적으로 정리했다. 첫째, 선지의 속성은 강남江南의 것이다. 그것은 선주宣州나 선성宣城에만 속한 것이 아니라, 황산黃山을 상징하는 환남皖南에 속하며, 강남의 영수靈秀를 대표한다. 둘째, 선지는 중국 문화와 철학의 집약체이다. '중국 문화'라는 '이치' 없이는 선지가 탄생하지 못했을 것이다. 셋째, 선지는 필筆, 묵墨, 연硯과 함께 탄생했다. '문방사보文房四寶'는 하나의 체계이며, 필, 묵, 연이 없었다면 선지는 등장하지도 발전하지도 못했을 것이다. 넷째, 선지가 독보적인 위치를 차지한 것은 문인화, 즉 남종화南宗畵의 발전과 큰 관련이 있다. 송宋나라 이후 문인화의 부흥과 발전이 없었다면 선지의 오늘도 없었을 것이다…… 결국, 선지는 자연의 산물이자 문화의 산물이며, 수많은 기회의 결합체이다. 선지에는 지역의 영성이 집약되어 있고, 중국인의 심미적 취향과 중국 문화의 특성과 정신이 담겨 있다.

선지는 또한 상징이다. 그것은 중국 서화의 상징일 뿐만 아니라, 아름답고 우아한 중국, 평온하고 의연한 중국인, 다채롭고 두터운 중국 문화의 상징이다. 선지에는 중국 문화가 중시하는 천도天道 자연의 철학관, 중국인의 아름다운 삶에 대한 열망, 중국인의 고상한 심미적 취향, 중국 사회가 추구하는 '군자의 도道'와 중국 문화의 '극고명極高明, 도중용道中庸(최고위 지혜와 통찰에 도달했으나, 그럼에도 중용의 균형 잡힌 길을 걷는다는 의미-역자주)'의 지혜가 담겨 있다. 선지는 중국인의 도화류수桃花流水와 매란죽국梅蘭竹菊뿐만 아니라, 만수천산萬水千山, 만자천홍萬紫千紅(온 산과 들이 울긋불긋하게 물들었다는 의미)이며, 아름다운 시와 우아한 철학, 풍부하고 두터운 정신사와 심령사이다. 역사가 깊은 이 나라에서 단단하고 견고하며 날카로운 것들, 예를 들어 성벽, 비석, 벽돌, 칼날 등은 역사의 격동 속에서 무력하게 낡아갔지만, 조용하고 부드럽고 섬세한 선지와 그 위에 남겨진 그림과 서예는 여전히 생기를 발하며 오래도록 남아있다.

이러한 초심과 이해로, 나는 선지를 주제로 한 글쓰기를 시작했다.

나는 선지의 영혼을 가볍게 만지며, 그 환상적 변화에 놀라고, 그 무늬에 매료되며, 그 역사에 집착했다…… 비록 그곳에 구름과 미세한 모래, 희미한 별빛이 있지만, 나는 가능한 한 부드럽고 평온하며 조용하게 접근하려 노력했다. 정확하고 이해하기 쉬운 방식으로 표현하려 했다. 이 과정에서, 나는 정의와 개념을 고정시키지 않으려 노력했다. 대신, 어느 정도 유연성을 부여하며 설명을 논리적으로 완성하려고 노력했다. 섬세한 필치로 구름 위에서 나부끼는 실오라기를 그리며, 공백을 채우기 위해 시적인 상상력을 발휘했다…… 희미한 역사 앞에서, 진정성 있는 마음으로 그 어쩔 수 없음을 어느 정도 메울 수 있지 않을까 생각했다. 마치 역사를 손끝으로 만질 수 없지만 예민한 호첨毫尖(황금빛의 부드러운 새싹)으로 표현할 수 있는 것처럼. 대부분의 경우, 나는 글을 쓰기보다는 미지에 민감하게 접근해 느끼고 탐구하며 어떤 신비한 연관성을 축적했다. 이 기운은 어디에나 존재하며, 역사, 문화, 사물 사이를 유영하고, 산과 들, 식물, 꽃과 새 사이를 관통한다. 나는 그것을 느끼고, 접근하고, 고민하고, 포착하고, 흡수하고, 방출하기 위해 노력했다. 이 모든 과정에서 나는 선지의 신비함과 귀력난신鬼力難神의 매력을 충분히 느낄 수 있었다.

환남皖南에서 선지宣紙를 탐방하던 어느 날 저녁, 청양현青陽縣의 청양창青陽腔 박물관에서 현지인들이 하는 청양창 공연을 관람했다. 이는 나에게 처음 듣는 고대의 노래였으며, 설명에 따르면 '희곡의 화석'으로 불리는 귀지나貴池儺에까지 거슬러 올라갈 수 있다고 했다. 어둠 속에서 청양창의 은은하고 구성진 선율을 들으며, 구름 위를 날아다니는 종달새, 혹은 비 오기 전의 구름과 안개가 몽롱하게 휘감는 것 같은 느낌을 받았다. 연무 속에서 마치 하늘과 땅을 이어주는 듯, 시간의 흐름이 느꺼지지 않는 창망감과 미실감을 느꼈다. 나는 갑자기 생각했다, 고대의 선지도 이 청양창처럼, 희미한 시간 속에서 떠오른 구름 한 조각이 아닐까. 생명의 본질은 구름과 안개처럼, 어디서 왔는지 어디로 가는지 모르는 것이다. 그 속에서 살면서, 상상과 감각으로 현실을 초월해 현재와 미래를 연결한다면, 그 또한 풍성한 자유와 행복이 아닐까?

안휘문예출판사安徽文藝出版社에 감사드리고, 중국선지주식유한회사 中國宣紙股份有限公司 선지연구소의 황비송黃飛松 선생님, 관계자 여러분들, 그리고 모든 도움을 주신 분들에게 감사한다. 한동안 나는 자주 새벽에 이유 없이 깨어나, 머리가 마치 오래된 샘처럼 열기를 뿜어내는 느낌을 받았다. 혹은 콩나물이 움트는 것처럼, 갑자기 몇 마디 단어와 문장이 솟아나곤 했다. 나는 옷을 걸치고 일어나 컴퓨터 앞에서 생각을 쏟아내고, 그것들을 줄지어 배열했다. 마치 신비한 힘이 활성화되어 의도적으로 혹은 무의식적으로 이 사명감에 찬 글쓰기를 완성하도록 도와주었다. 그렇게 2020년 봄, 나는 이 책의 틀을 완성했고 마침내 마음이 홀가분해졌다.

선지에 관한 글을 쓰는 동안, 나는 어린 시절의 장면을 자주 떠올렸다. 그때 하늘은 높고 푸르렀으며, 나는 푸른 잔디가 우거진 모래사장에서 노는 것을 무척 좋아했다. 때로는 물고기를 잡고, 때로는 혼자서 풀밭에 누워 하늘에 떠 있는 구름을 바라보곤 했다. 그것은 마치 솜처럼 희고 솜사탕처럼 부드러운 유혹이었다. 마치 수없이 교차하는 영혼들처럼, 끊임없이 움직이고, 만지고, 얽혔다…… 선지는 한 조각 구름이며, 시간의 강 위에 떠있는 백운창구白雲蒼狗(당대 시인 왕계우王季友의 시에서 유래된 말로 '세상사 별의 별 일'이라는 의미이다-역자주)이다.

참고문헌

1. [唐] 張彥遠著, 『歷代名畫記』, 杭州：浙江人民美術出版社, 2011年版.
2. [宋] 蘇易簡著, 石祥編著, 『文房四譜』, 北京：中華書局, 2011年版.
3. [宋] 蘇軾著, 『東坡志林』, 北京：中國書店, 2018年版.
4. [宋] 趙希鵠等著, 『洞天清錄(外二種)』, 杭州：浙江人民美術出版社, 2016年版.
5. [宋] 陳思編, 『書小史』, 北京：中國書店, 2018年版.
6. [明] 宋應星著, 鍾廣言註釋, 『天工開物』, 廣州：廣東人民出版社, 1976年版.
7. 胡樸安編著『樸學齋叢書』, 安徽：安吳胡氏刊本, 1943年版.
8. 佚名著, 『墨緣匯觀錄・書畫說鈴』, 上海：商務印書館, 1937年版.
9. 祝嘉著, 『書學史』, 長沙：嶽麓書社, 2011年版.
10. 傅抱石著, 『中國繪畫變遷史綱』, 南京：江蘇文藝出版社, 2007年版.
11. 『辭海・藝術分冊』, 上海：上海辭書出版社, 1980年版.
12. 徐邦達著, 『古書畫鑑定概論』, 北京：文物出版社, 1981年版.
13. 鍾明善著, 『中國書法簡史』, 石家莊：河北美術出版社, 1983年版.
14. 中國大百科全書總編輯委員會, 『紡織』編輯委員會, 中國大百科全書出版社編輯部編, 『中國大百科全書・紡織』, 北京：中國大百科全書出版社, 1984年版.
15. 蔣玄佁著, 『中國繪畫材料史』, 上海：上海書畫出版社, 1986年版.
16. 劉仁慶主編, 『宣紙與書畫』, 北京：輕工業出版社, 1989年版.
17. 張安治著, 『中國畫發展史綱要』, 北京：外文出版社, 1992年版.
18. 曹天生著, 『中國宣紙』, 北京：中國輕工業出版社, 1993年版.
19. 盧嘉錫總主編, 潘吉星著, 『中國科學技術史・造紙與印刷卷』, 北京：科學出版社, 1998年版.
20. 陳綬祥著, 『魏晉南北朝繪畫史』, 北京：人民美術出版社, 2000年版.
21. 李鬆著, 『遠古至先秦繪畫史』, 北京：人民美術出版社, 2000年版.
22. 林木著, 『20世紀中國畫研究』, 南寧：廣西美術出版社, 2000年版.
23. 楊仁愷, 『中國書畫鑑定學稿』, 瀋陽：遼海出版社, 2000年版.
24. 李鑄晉, 萬青力著, 『中國現代繪畫史・民國之部』, 上海：文匯出版社, 2003年版.
25. 路甬祥總主編, 張秉倫, 方曉陽, 樊嘉祿著, 『中國傳統工藝全集・造紙與印刷』, 鄭州：大象出版社, 2005年版.

26. 趙權利著, 『中國古代繪畫技法・材料・工具史綱』, 南寧：廣西美術出版社 2006年版.
27. 謝稚柳主編, 周克文執筆, 『中國書畫鑑定』, 上海：東方出版中心, 2007年版.
28. 朱良志著, 『南畫十六觀』, 北京：北京大學出版社, 2013年版.
29. 餘秋雨著, 『極端之美』, 合肥：安徽文藝出版社, 2014年版.
30. 丁建順著, 『中華人文藝術史・古代卷』, 上海：上海人民出版社, 2014年版.
31. 蔣勳著, 『寫給大家的中國美術史』, 北京：生活・讀書・新知三聯書店, 2015年版.
32. 朱新建著, 『打回原形』, 桂林：廣西師範大學出版社, 2015年版.
33. 鄭重著, 『畫未了：林風眠傳』, 北京：中華書局, 2016年版.
34. 蔣勳著, 『南朝歲月』, 北京：九州出版社, 2017年版.
35. 李霖燦著, 『李霖燦讀畫四十年』, 北京：中信出版社, 2018年版.
36. 華覺明, 馮立昇主編, 『中國三十大發明』, 鄭州：大象出版社, 2018年版.
37. 顧隨著, 『傳學』, 北京：北京大學出版社, 2019年版.
38. 黃飛鬆著, 『宣紙』, 合肥：安徽科學技術出版社, 2020年版.
39. [美] 馬克・科爾蘭斯基著, 吳奕俊, 何梓健, 朱順輝譯, 『一閱千年：紙的歷史』, 北京：中信出版社, 2019年版.

지은이

자오얜 趙焰

중국작가협회中國作家協會 회원, 안후이성安徽省 작가협회부주석.
장편소설『이퉁異瞳』,『무상無常』,『피안彼岸』, 중단편소설집『여안경사동행與眼鏡蛇同行』, 역사 전기 『만청삼부곡晚清三部曲』,『만청지후시민국晚清之後是民國』, 문화 산문집『사상휘주思想徽州』,『행주신 안강行走新安江』,『천년휘주몽千年徽州夢』,『재회하변상강중국역사在淮河邊上講中國歷史』, 영화 수필집 『파리적우상巴黎的憂傷』,『접영초蝶影抄』, 산문집『야호선野狐禪』등 30여 권의 작품을 출판했다.
안후이문예출판사는『자오옌문집권일趙焰文集卷一: 휘주문화산문정편徽州文化散文精編』,『자오옌문집 권이趙焰文集卷二: 산문수필정편散文隨筆精編』,『자오옌문집권삼趙焰文集卷三: 장편소설정편長篇小說精 編』을 출판했다.

옮긴이

뤼이쉬앤 呂翌炫

한국 가천대학교 국어국문학과 문학박사.
현 중국 산동대외무역직업대학山東外貿職業學院 비즈니스외국어학부 한국어과 강사.
역서:『황제 이야기 6부작-3』,『깔깔마을의 새로 쓰는 고사성어 05-부용풍아』,『강물 위의 세상-중 국 운하의 역사』등.
저서:『한·중 신어의 대조 연구』,『한국 국정』(2021)

한정은 韓正恩

한국외국어대학교 통번역대학원 통번역학 박사, 한국외국어대학교 통번역대학원 한중과 강사.
주요 역서로『실크로드 문명15강』, 2019년 한국번역원 선정 번역사.
중국 고전문학 4대 명저『수호전』,『서유기』,『삼국지』,『홍루몽』만화판,『중국민생70년』등.
2020 후난교육출판사 실크로드 도서 프로젝트 30여 편 역사.

중국학총서
22

종이에 깃든 아름다움,
선지宣紙

초판 1쇄 발행 2025년 10월 30일

지은이 자오얜趙焰
옮긴이 뤼이쉬앤呂翌炫 · 한정은韓正恩

주간 조승연
편집·디자인 오경희 · 조정화 · 오성현
　　　　　신나래 · 박선주 · 정성희
관리 박정대

펴낸이 홍종화
펴낸곳 민속원
창업 홍기원
출판등록 제1990-000045호
주소 서울시 마포구 토정로 25길 41(대흥동 337-25)
전화 02) 804-3320, 805-3320, 806-3320(代)
팩스 02) 802-3346
이메일 minsokwon@naver.com
홈페이지 www.minsokwon.com

ISBN 978-89-285-2179-1 94820
SET 978-89-285-1595-0

ⓒ 뤼이쉬앤 · 한정은, 2025
ⓒ 민속원, 2025, Printed in Seoul, Korea

이 책은 저작권법에 따라 보호를 받는 저작물이므로 무단전재와 복제를 금지하며,
이 책의 전부 또는 일부를 이용하려면 반드시 저작권자와 출판사의 서면동의를 받아야 합니다.